Liebe im Fokus der Paartherapie

Astrid Riehl-Emde

Klett-Cotta

Klett-Cotta

© J. G. Cotta'sche Buchhandlung GmbH, gegr. 1659,
Stuttgart 2003
Alle Rechte vorbehalten
Fotomechanische Wiedergabe nur mit Genehmigung des Verlags
Printed in Germany
Umschlaggestaltung: heffedesign, Rodgau
Gesetzt aus der Garamond von Kösel, Kempten
Auf säure- und holzfreiem Werkdruckpapier gedruckt und gebunden von
fgb, freiburger graphische betriebe
ISBN 3-608-91081-6

Bibliographische Information Der Deutschen Bibliothek
Die Deutsche Bibliothek verzeichnet diese Publikation in der
Deutschen Nationalbibliographie; detaillierte bibliographische
Daten sind im Internet über <http://dnb.ddb.de> abrufbar.

Inhaltsverzeichnis

Danksagung 8

1 Einführung 9
1.1 **Die Liebe wird (wieder) entdeckt** 13
1.2 **Psychotherapeuten beschreiben die Liebe** 16
1.3 **Eigene Befunde zur »Liebe«** 19

2 Gesellschaftlicher Kontext 26
2.1 **Paarbeziehungen im Spannungsfeld
   von Liebe und Ökonomie** 26
2.2 **Zur Geschichte der Liebesehe** 31
   Das Ideal der romantischen Liebe im 18./19. Jahrhundert 32
   Liebesehe heute 37
2.3 **Die Paarbeziehung als Kommunikationssystem** 40
   Liebe als Kommunikationscode 41
   Die Handlungslogiken von Liebe und Partnerschaft 43
   Das Spannungsverhältnis von Liebe und Partnerschaft 47

3 Liebe aus psychologischer Sicht 51
3.1 **Zur Phänomenologie der Liebe** 52
   Zur Entstehung der Liebe 52

Inhaltsverzeichnis

      Mythologische und psychoanalytische Sicht 54
      Erklärungen der Verliebtheit nach Platon 54
      Erklärungen der Verliebtheit nach Freud 59
      Verliebtheit und der Übergang in den
      »emotionalen Normalzustand« 63
      Exkurs: Persönlichkeit und Beziehung. 66
      Die zwiespältige Natur der Liebe 69
      Die verschiedenen Facetten der Liebe 73
      Erscheinungsformen der Liebe 73
      Empirisch ermittelte Liebesstile und Liebesarten 78
      Zusammenfassung. 83

3.2 Liebe aus beziehungspsychologischer Sicht 85
      Ein strukturelles Rahmenkonzept der Paarentwicklung 87
      Epigenese: Entwicklung zur Gegenseitigkeit 91
      Von der Liebe als Entwicklungsanstoß zur Ehe
      als Individuationsweg 98
      Zusammenfassung 105
      Liebe im Alter 106

4 Fallbeispiele 110

4.1 Fallbeispiele 112
      Fallbeispiel 1 112
      Fallbeispiel 2 122
      Fallbeispiel 3 141
      Fallbeispiel 4 162

4.2 Liebesverhältnisse in der Paartherapie 169

5 Diagnostik und Therapie 174

5.1 Zur Diagnostik der Liebesbeziehung 175
Zur Bedeutung von Liebe und Partnerschaft. 175
Exploration der Liebesbeziehung 181
Leitfragen zur Exploration der Beziehungsgeschichte. 183
Liebesgeschichten als Ressource 186
Exploration der sexuellen Beziehung. 190
Sexuelle Lust und Leidenschaft in »festen« Beziehungen 192
Exkurs: Sexualtherapie 197

5.2 Zur Therapie der Liebesbeziehung 200
Paarbeziehung und Macht 201
Geschlechtsspezifische Muster im Umgang mit Liebe und Gewalt 203
Liebe und Gewalt 205
»Verrechnungsnotstände« – Vergessen und Vergeben 210
Diskretion und Geheimnisse voreinander 216
Fruchtbar werden in etwas Drittem bzw. Entlastung
durch etwas Drittes 221
Arbeit an der Ambivalenz (Paradoxie der Liebe) 225
Zur Utopie der Paartherapie 230

Anmerkungen 233

Literatur 237

Personenregister. 247

Sachregister 251

Danksagung

Während das hier vorliegende Buch entstand, lebte und arbeitete ich zunächst im Raum Zürich, später im Raum Heidelberg. An beiden Orten habe ich viel Unterstützung erfahren, für die ich mich bedanken möchte bei

- Jürg Willi, mit dem mich eine intensive Zusammenarbeit verbindet und der mir wichtige Impulse für das Erscheinen dieses Buches gab,
- den Paaren, die sich an meinen Untersuchungen beteiligt und meinen Fragebogen beantwortet haben,
- den Kolleginnen und Kollegen, die sich in Fort- und Weiterbildung zur Auseinandersetzung mit dem Thema Liebe anstiften ließen,
- den Kollegen und Kolleginnen, Freunden und Freundinnen, die Vorfassungen des Manuskripts gelesen und kommentiert haben,
- meinem Zürcher Clübli, das in Freud und Leid zusammenhält,
- meiner Zürcher Intervisionsgruppe, deren Potential Visionen zu wecken vermag,
- Adolf Guggenbühl-Craig und
- meinem Ehemann.

Heidelberg, im Januar 2003   Astrid Riehl-Emde

1 Einführung

In den 90er Jahren hatte ich Gelegenheit, fast 1000 Personen, die mit ihrem Partner bzw. ihrer Partnerin zusammenlebten, verheiratet oder gerade geschieden waren, mit Hilfe eines von mir entwickelten Fragebogens zur Qualität und Stabilität ihrer Beziehung zu befragen (Riehl-Emde 1998). Da es sich um eine Testfassung des Fragebogens handelte, wurden die Befragten auch um eine Rückmeldung zum Fragebogen selbst gebeten. Die bedeutsamste und folgenreichste Rückmeldung bestand darin, daß sich etliche Personen erstaunt zeigten, daß bei einer solch wichtigen Thematik wie der Qualität und Stabilität ihrer Paarbeziehung nicht nach der Liebe gefragt wurde; außerdem wurden Fragen nach der Religion bzw. nach der Weltanschauung als bindende Kraft vermißt. Diese Kritik der Befragten löste einiges aus. In der Tat war das offensichtliche Vergessen der Liebe höchst frappierend angesichts der Bedeutung, die das Ideal der Liebesheirat in unserer Zeit hat. Allerdings hatte ich »die Liebe« nicht völlig vergessen. In der ursprünglichen Themensammlung für den Fragebogen war »die Liebe« noch enthalten gewesen. Wegen der Schwierigkeit, diese adäquat zu definieren, hatte ich das Thema allerdings zunächst etwas an den Rand gestellt. Die Schwierigkeit bestand darin, daß jeder Definitionsversuch entweder allgemeinen Widerspruch erzeugte oder immer nur einen Teilaspekt des offensichtlich komplexen Ganzen erfaßte, das Menschen unter Liebe verstehen. Die Entwicklung des Fragebogens wurde mehrfach mit Fachleuten diskutiert, doch niemand schien »die Liebe« zu vermissen, zumindest wurde über dieses Thema nicht mehr gesprochen, was ich mit einer gewissen Erleichterung zu Kenntnis nahm. Auf diese Art rückte »die Liebe« immer weiter in den Hintergrund, geriet dann aus dem Blick und

1 Einführung

scheinbar in Vergessenheit – bis die Befragten so konfrontativ daran erinnerten. Sie machten gleichsam auf einen »blinden Fleck« aufmerksam. Die weitere Beschäftigung mit dem Thema zeigte mir, daß dieser »blinde Fleck« nicht nur der Testfassung des erwähnten Fragebogens anhaftete. Auch in der empirischen Paarforschung und sogar in der Paartherapie ist »die Liebe« – was immer sie auch ist – eine offensichtlich vernachlässigte Dimension.

In der Paartherapie werden Mann und Frau weniger als Liebespaar behandelt denn als zwei Personen einer Partnerschaft, die Anspruch haben auf das Aushandeln ihrer Lebensbedingungen, auf Gleichheit und Gerechtigkeit. Entsprechend gibt es kaum theoretische Modelle und praktische Interventionen für einen therapeutischen Umgang mit dem Thema Liebe in der Paartherapie. Die übliche paartherapeutische Praxis im Umgang mit dem Thema läßt sich vereinfacht so beschreiben: »Die Liebe« wird von Therapeutenseite nicht direkt angesprochen; nur dann, wenn das Paar trotzdem darüber reden will und wenn es sich nicht vermeiden läßt, wird sie zum Thema. Geht es jedoch um Zweifel an der »wahren Liebe« des Partners, werden solche Fragen zu »zerstreuen« versucht, weil sie sich letztlich nicht befriedigend beantworten lassen und häufig zu destruktiven Kommunikationsschleifen führen. Fragen wie »Liebst Du mich (wirklich)?« werden spätestens seit den verstrickenden und unlösbaren Sprachspielen von Laing (1978) mit Vorsicht betrachtet. Die Vernachlässigung des Themas hat vermutlich auch damit zu tun, daß Kommunikation und sexuelle Verhaltensweisen als leichter beeinflußbar und veränderbar gelten als Gefühle. Die Annahme vieler Paartherapeuten, Liebe lasse sich weder verordnen noch willentlich erzeugen, die Vorstellung, man könne nicht über die Liebe reden, ohne daß diese sich verflüchtigt, aber auch die Vorstellung, mit Hilfe der Paartherapie könne keine Liebe geschaffen werden, mag zusätzlich zu einer Vermeidung des Themas geführt haben. Insbesondere eine systemische Therapie, die ihren Schwerpunkt in den Interventionsmustern des Handelns hat, tut sich schwer mit der Liebe, zumindest wenn sie als Gefühl bzw. als intrapsychisches Phänomen verstanden wird. Diese Vorgehensweisen zeigen, daß von Therapeutenseite nur ein geringer Handlungsspielraum besteht. Wenn ein Therapeut oder eine Therapeutin bei dieser Thematik erschrickt oder meint, die Paarbeziehung (in diesem Fall oft auch gleichbedeutend mit der therapeutischen Beziehung) sei unweigerlich am Ende, wenn die Frage »liebst Du mich wirklich?« verneint wird, kann er oder sie sich ähnlich diffus, blockiert oder zu schnellem, unüberlegtem Handeln veranlaßt fühlen wie das gegenübersitzende Paar. Wer hört, nicht mehr geliebt zu werden, oder sagt, die andere oder den anderen nicht mehr zu lieben, oder diesbezüglich Zweifel eingesteht, muß womöglich direkte Konsequenzen ziehen, zumindest solange die Liebe als das entscheidende Fundament der Beziehung gilt.

Wäre es denn überhaupt sinnvoll, die Liebe direkt zum Thema in der Paartherapie zu machen? Sie mehr in den Vordergrund zu holen mit dem Risiko, daß dafür etwas anderes in den Hintergrund gerät? Worin läge der Gewinn? Verträgt die Liebe überhaupt Offenheit? Oder verflüchtigt sie sich, wenn man darüber spricht? Kann ein Therapeut oder eine Therapeutin als dritte Person bei einem solchen Gespräch nützlich sein oder stört sie? Ist es hilfreicher, in der Paartherapie über die Liebe zu reden oder über die Liebe zu schweigen? Und wenn es hilfreich wäre, darüber zu reden, wie ließe sich ein solches Gespräch gestalten? Diese und andere Fragen haben zum Konzept und zur Realisierung dieses Buches geführt.

Der Anstoß für dieses Buch stammt aber nicht nur aus dem Kontext von Paartherapie und Paarforschung, sondern auch aus meiner Tätigkeit in der Ausbildung angehender Paar- und Familientherapeuten. Denn auch aus dem Ausbildungskontext bleibt das Thema Liebe weitgehend verbannt. Dabei gibt es ganz wesentliche Fragen, die sich den einzelnen nicht nur im Rahmen ihrer Sozialisation zur Paartherapeutin und zum Paartherapeuten stellen, sondern die sie auch im Rahmen ihres persönlichen Beziehungsalltags beschäftigen. Gibt es mehr Raum dafür, z. B. in

1 Einführung

Selbsterfahrungssequenzen, wünschen sich Ausbildungsteilnehmer den persönlichen Austausch mit ihren Kolleginnen und Kollegen darüber, wie Liebe und Erotik in »festen« Paarbeziehungen lebendig bleiben können. Es besteht ein Wunsch nach Orientierung, zum Beispiel mehr davon zu erfahren, ob andere auch eine Abnahme der Leidenschaft in längerdauernden Beziehungen erleben und wie sie damit zurechtkommen. Die Ehe oder die »feste« Beziehung kann als Gefängnis und als Liebestöter erlebt werden. »Bleiben Sie immer ein bißchen unverheiratet!« empfahl kürzlich dazu passend ein großes Modehaus in seiner ganzseitigen Werbung für ein sehr weibliches Kleidungsstück. Doch kann diese Empfehlung ein Garant für das Aufrechterhalten einer lebendigen Ehe sein? Und wie läßt sie sich umsetzen? Es ist inzwischen fast zur Binsenweisheit geworden, daß ein einziger Partner nicht alle Bedürfnisse erfüllen kann; doch wie kommt man im Alltag damit zurecht?

Seit mir meine Forschungsarbeit vor etwa 10 Jahren vor Augen führte, daß die Liebe als grundlegende Dimension nicht nur in der Paarforschung, sondern auch in der Paartherapie vernachlässigt ist, schien das Thema förmlich »in der Luft zu liegen«. Gab es zuvor vereinzelt Fachliteratur zum Thema der Liebe in der Paartherapie (z. B. Eiguer und Ruffiot 1991; Jellouschek 1992), erscheinen seither im soziologischen, im psychologisch-psychotherapeutischen und sogar im philosophischen Gebiet vermehrt Fachbücher und Artikel dazu (z. B. Alberoni 1998; Burkart 1998; Cöllen 1997; Retzer 2002; Revenstorf 1999; Thomä 2000; Willi 2002). Von Vernachlässigung kann man heute folglich nicht mehr sprechen, eher von einer »neuen Welle« und von unterschiedlichen Annäherungsversuchen an das Thema. Einige psychoanalytisch und tiefenpsychologisch arbeitende Kollegen und Kolleginnen meinen übrigens, diese Dimension schon immer in ihren Therapien berücksichtigt zu haben. Die Berücksichtigung eines Themas sagt aber zunächst noch nicht viel aus über die praktische Umsetzung in der Psychotherapie. Denn kaum jemand hat über handwerklich-technische Aspekte im Umgang damit geschrieben.

Das vorliegende Buch richtet sich in erster Linie an Paartherapeutinnen und -therapeuten, aber auch an Personen mit Interesse an Liebesbeziehungen. Es wird keine Patentrezepte anbieten, wie Liebesbeziehungen herzustellen oder zu erhalten sind. Das Anliegen dieses Buches besteht vielmehr darin, Denk- und Handlungsspielräume im therapeutischen Umgang mit dem Thema »Liebe« zu erweitern, deren direkte Thematisierung als eine Möglichkeit zur Vertiefung des paartherapeutischen Prozesses zu prüfen und damit die Paartherapie um die grundlegende Dimension der Liebe zu ergänzen.

In diesem ersten Kapitel wird zuerst über die wachsende Bedeutung des Themas für Paarforschung und -therapie gesprochen, zumal die Liebesheirat das dominante Konzept in unserer Kultur ist. Dann kommen Psychotherapeutinnen und -therapeuten zu Wort, die ich in Weiterbildungskursen dazu anstiften konnte, »die Liebe« zu beschreiben. Abschließend werden einige ausgewählte Ergebnisse der eingangs erwähnten eigenen empirischen Untersuchung dargestellt.

1.1 Die Liebe wird (wieder) entdeckt

In der empirischen *Paarforschung* wurden bereits vor dem Zweiten Weltkrieg die ersten Untersuchungen zu den Determinanten der Ehequalität und Ehestabilität durchgeführt (Hamilton 1929; Terman 1938). Es bestand ein großes Interesse daran, im vorhinein prognostizieren zu können, ob eine Ehe hält oder nicht. Was macht eheliche Zufriedenheit aus? Lassen sich Trennungsrisiken voraussehen? Welche Kriterien gibt es für eine »gelingende« Paarbeziehung? Damit wurde eine Tradition begründet, die insbesondere in den USA eine rege Forschungsaktivität auslöste. Im deutschen Sprachraum begann die empirische Forschung zu Ehe- und Partnerschaftsfragen erst nach 1970. In früheren amerikanischen Untersuchungen, etwa bis in die 50er Jahre, stand die Frage im Mittelpunkt, wie ein Mensch beschaffen sein muß, um eine glückliche Ehe zu

1 Einführung

führen; schwerpunktmäßig wurden sozioökonomische Variablen, Werthaltungen und Rollenkompatibilität untersucht. Etwa ab 1970 setzte sich zunehmend die Auffassung durch, daß Merkmale zu Beginn einer Paarbeziehung wenig darüber aussagen, was passieren wird, nachdem die Partnerwahl erfolgt ist. Die Betrachtungsweise verschob sich allmählich von einer eher statischen hin zu einer dynamischen und prozeßhaften Sicht der partnerschaftlichen Entwicklung; weg von »harten Daten« (z. B. Herkunft, Klassenzugehörigkeit) und damit auch weg von Merkmalen aus der Vergangenheit beider Partner, hin zu mehr »weichen« Daten, vor allem zum Interaktionsverhalten des Paares.

Etwa ab 1970 wurden eingeschränkte Kommunikations- und Problemlösefähigkeiten der Ehepartner in vielen Untersuchungen als wichtige, wenn nicht sogar als die wichtigsten Faktoren für das Scheitern von Ehen angesehen (Hahlweg 1986; Karney und Bradbury 1995; Notarius und Markman 1996). Daß der »Schlüssel« für gelingende Beziehungen allein in den Kommunikationsfertigkeiten liegt, ist allerdings zu bezweifeln, denn konstruktiv kommuniziert werden kann auch ohne liebevolle Verbundenheit; und es gibt Liebesbeziehungen, denen Kommunikationsschwierigkeiten kaum etwas anhaben können. Derartige Zweifel kommen inzwischen selbst aus den Reihen der Kommunikationsforscher: Gottman (2001) stellte mit Hilfe längsschnittlicher Untersuchungen von streitenden Paaren unter Laborbedingungen fest, daß viele Paare sich immer wieder wegen derselben Themen heftig streiten, ohne eine Lösung zu finden. Manche dieser Paare schaffen es, einen solchen Streit versöhnlich abzuschließen, während andere immer zynischer und verachtender werden. Gottman bezweifelte, ob Kommunikationstrainings, die auf dem Einüben spezifischer Sprecher- und Zuhörerfertigkeiten aufbauen, tatsächlich die beste Prävention gegen Trennung und Scheidung sind, wie oftmals behauptet wird. Hinzu kommt, daß die meisten Paare, die ihre Ehe als glücklich bezeichnen, im Streitfall keineswegs aktives Zuhören praktizieren. Es sei zwar insgesamt hilfreich, Kommunikationsfertigkeiten zu trainieren, meint Gottman, doch wirklich entscheidend für die Güte einer Beziehung sei die emotionale Nähe. Nur wer dem Partner grundlegend vertraue, sei bei Streitgesprächen in der Lage, zum Beispiel mit Humor oder mit Hilfe einer liebevollen Geste, die Situation zu »retten«.

Aktuell plädieren zunehmend mehr Autoren dafür, sich auch in der empirischen Forschung dem Entstehen und Vergehen der Liebe anzunähern – eventuell sogar mit Hilfe von Spekulation und Hermeneutik, wie Revenstorf (2000, S. 52) auf der Suche nach einer dem Gegenstand angemessenen Methodik vorschlägt. Der Blick würde sich dann neben den Merkmalen der Vergangenheit und Gegenwart auch auf die Zukunft richten, auf Hoffnungen und Erwartungen an die Liebesheirat, möglicherweise auch auf eher irrational anmutende Grundsätze einer Liebesbeziehung wie Verzeihung und Hingabe, die der Natur der Liebe näherkommen.

Schweitzer und von Schlippe (2000, S. 81) plädieren dafür, die Liebe in der *Paartherapie* »nicht als eine kommunikationstechnisch herstellbare« Dimension zu begreifen, sondern sie als eine »spirituelle, ontisch gegebene oder eben nicht gegebene, jedenfalls kaum operationalisierbare, aber gleichwohl zentrale Basis für Ehe und Beziehung« zu verstehen. Die Autoren betonen also einerseits die zentrale Bedeutung der Liebe in der Paartherapie, andererseits sprechen sie wortreich von einem irgendwie unfaßbaren Phänomen.

Das Thema der Verliebtheit wird hingegen von vielen Paartherapeuten geschätzt und in der Therapie auch aktiv angesprochen. Zwar wurde Verliebtsein von psychotherapeutischer Seite oftmals eher skeptisch betrachtet und als Projektion eines inneren Wunschbildes bzw. als Wiederherstellung eines früheren symbiotischen Zustandes interpretiert. Wegen der damit verbundenen Idealisierung sei eine Person kaum in der Lage, die geliebte andere Person so zu sehen, wie sie ist, was später zwangsläufig zu Krisen und Enttäuschungen führe. Im Zuge des allgemeinen Perspektivenwechsels weg von der Pathologie hin zu den Ressourcen werden seit Jahren jedoch vermehrt die Ressourcen der Verliebt-

1 Einführung

heit für das Individuum und für die Beziehung betont. Die Verliebtheit sei Anstoß zur individuellen Entwicklung und ermögliche eine erhöhte Anpassungsbereitschaft und Fähigkeit, ein gemeinsames Leben zu beginnen und sich aus den Beziehungen zu den Eltern zu lösen (Bösch 1988; Kast 1984; Person 1990). In der paartherapeutischen Praxis ist es inzwischen üblich, nach der anfänglichen Verliebtheit und den Beziehungsphantasien im Sinne von Ressourcen zu fragen: Ist noch »Glut unter der Asche« (Welter-Enderlin 1992) verblieben? Wenn es möglich ist, an solche Ressourcen anzuknüpfen, besteht zumeist auch ein Entwicklungspotential für die weitere Paarbeziehung.

1.2 Psychotherapeuten beschreiben die Liebe

In Weiterbildungsveranstaltungen für Psychotherapeuten, die ich in den letzten Jahren zum Thema »Die Liebe – ein blinder Fleck in der Paartherapie?!« durchgeführt habe, bestand eine Einstiegsübung für die Teilnehmenden darin, im Rahmen einer Gruppenarbeit zu viert oder zu fünft die Liebe zu beschreiben. Die im folgenden dargestellten Beschreibungen sind das Ergebnis dieser Gruppenarbeiten. Sie stehen allerdings ganz im Gegensatz zu der ent-romantisierten Auffassung, die angeblich so typisch für Eheberater, Psychotherapeuten und Familientherapeuten sein soll.

> »Die therapeutische Haltung läuft meist darauf hinaus, romantische Liebe abzuwerten und statt dessen eine leidenschaftslose Version von ›Liebe‹ zu unterstützen, die auf der rationalen Entscheidung gründet, sich verbindlich auf eine bestimmte Person oder Situation einzulassen. Angeraten wird eine Liebe, die von aller ›Exzessivität‹ frei ist und auf gegenseitiger Achtung, gemeinsamen Werten und Interessen gründet. Pflichtgefühl und Verantwortlichkeit werden höher bewertet als emotionales Glück und sexuelle Leidenschaft. Dahinter steckt die Hoffnung, daß solchermaßen domestizierte

1.2 Psychotherapeuten beschreiben die Liebe

Liebe steter und zuverlässiger ist als romantische Leidenschaft« (Person 1990, S. 16).

In den Beschreibungen der Kolleginnen und Kollegen wird zwar auch die Integration von Ambivalenzen (»Schwächen des anderen lieben«, »Unvollkommenheiten akzeptieren und integrieren«) erwähnt, doch überwiegend vermitteln sie hohe Erwartungen und Ansprüche an die Liebe, an die emotionale und sexuelle Verbundenheit eines Paares bis hin zu transzendenten Aspekten. Die Beschreibungen klammern die sogenannten dunklen Seiten der Liebe aus. Dies entspricht der Feststellung von C. G. Jung, daß die Liebe nicht nur zu den großen Freuden, sondern auch zu den großen Leiden der Menschheit gehört – allerdings sei letzteres weniger bekannt (vgl. Gibran 1994).

- Eine Gruppe stellte die Liebe in Form eines Hauses dar (Abbildung 1), das manch einem etwas überfüllt erscheinen mag. Das

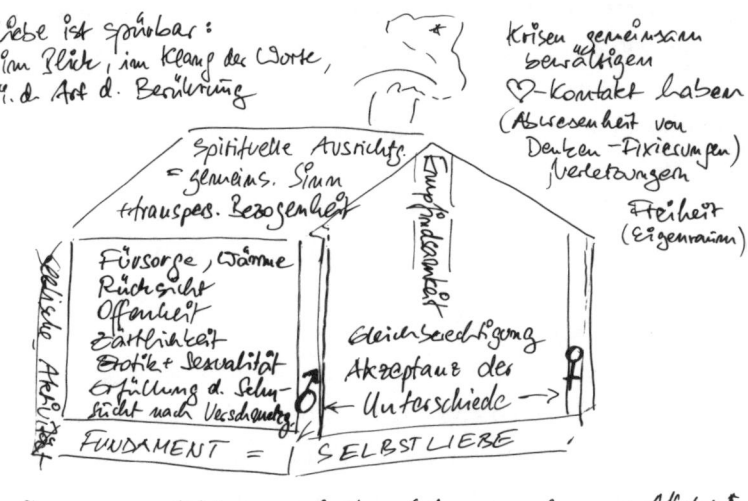

Abbildung 1: Das Haus als Symbol für die Liebe – Ergebnis einer Gruppenarbeit.

1 Einführung

> Fundament des Hauses besteht aus der Selbstliebe; es wird belebt – symbolisiert im rauchenden Schornstein – durch die vorwiegend emotionalen Attribute, die auf den Wänden geschrieben stehen. Im Dach ist das eher Transzendente beheimatet, das sich auf der Basis des Unterbaus entwickeln kann

In den genannten Weiterbildungsveranstaltungen wurden auch die drei folgenden Beschreibungen der Liebe erarbeitet:

- Liebe sei eine im Idealfall wechselseitige Beziehung zwischen zwei Menschen, die gekennzeichnet ist durch eine tiefe Verbundenheit auf sexueller, emotionaler und geistiger Ebene; die trotz begrenzter Fähigkeit der Betroffenen für diese von höchst möglicher Intensität ist, dabei höchst subjektiv im Erleben, Grenzen respektvoll einhaltend und Unvollkommenheiten akzeptierend und integrierend.
- Liebe entwickele sich, beinhalte etwas Mystisches, einen »Kick« und einen großen Anteil an unbewußter Kommunikation. Sie sei von hoher Wertschätzung füreinander geprägt. In der anderen Person könne das gesamte andere Geschlecht oder die gesamte Menschheit gesehen werden. Bekannte Facetten der Liebe werden gebildet von Geborgenheit, Sicherheit, gegenseitige Fürsorge, Achtung, Offenheit, Vertrauen, körperlicher und geistig-seelischer Anziehung, Akzeptanz von Ambivalenz (Aushalten der Spannung zwischen dem eigenen inneren Bild und der Realität des/der anderen); Faszination für die andere/den anderen, Berühren, Seelenverwandtschaft; eventuell Inkarnation?
- Eine Gruppe näherte sich der Liebe zunächst via Lyrik, im Sich-Erinnern an Liebesgedichte, dann über individuelles Erleben und schließlich abstrakt-distanziert mit Hilfe von Definitionen. Allgemein stellten die Teilnehmenden fest, Liebe sei ein Maß für die Bedeutung, die man jemandem oder etwas gibt («Libido«), verbunden mit einem Geheimnis, das mit anderen zu teilen die Liebe gefährde.

Die Liebe sei ein Sammelbegriff für qualitativ unterschiedliche Phänomene in der Beziehung zu Mann oder Frau, Eltern, Kind, Freund, Geliebten, oder einem Urlaubsort. Es handele sich um ein abgestuftes Phänomen: von Kontakt über Begegnung hin zu einer Beziehung (evtl. bis zur »reifen« Beziehung?). Wesentlich seien Wünsche, Grenzen und Projektionen von Idealen verbunden mit Wertschätzung, Vertrautheit, Nähe und Kenntnis der anderen Person. Ob die Kenntnis der anderen Person wirklich wichtig sei, darüber bestanden unter den Beteiligten jedoch unterschiedliche Meinungen.

Bei der Erarbeitung dieser Beschreibungen wurde oftmals kontrovers diskutiert und im Verlauf der Kurse wurde regelmäßig deutlich, wie diffus sich »die Liebe« für viele Kolleginnen und Kollegen darstellt; gleichzeitig waren alle von der Bedeutung der Liebe überzeugt. In Rollenspielen, in denen das Gespräch über die Liebe mit dem Paar geprobt wurde, erforderte es Mut der Therapeuten zum Thema, insbesondere zu direkten Fragen nach der Liebe, die ein Gespräch auch manchmal eher blockierten als beförderten. Es kristallisierte sich heraus, daß die Liebe weniger konkret beschrieben, als metaphorisch begriffen werden kann. Es hatte den Anschein, als sei es oftmals sogar leichter, in der Paartherapie damit umzugehen, daß die Liebe nicht gelingt, d.h. Paare durch Trennungszeiten zu begleiten, als die mit der Liebe einhergehenden Ambivalenzen als dazugehörig anzuerkennen, auszuhalten und in einer solchen Konstellation neue Optionen für die Beziehung zu entwickeln.

1.3 Eigene Befunde zur »Liebe«[1]

Weil sich jede Beschreibung von Liebe mit einer gleichzeitig auch zutreffenden gegensätzlichen Definition für ungültig erklären läßt und weil es unmöglich ist, »die Liebe« mit rationalen Mitteln vollständig zu

1 Einführung

fassen bzw. zu operationalisieren, hat auch die Beschreibung der Liebe in meiner eigenen Untersuchung Reaktionen erzeugt. Der zweite Satz dieser Beschreibung (Tabelle 1) schloß vor allem Qualitäten wie Zuneigung, Vertrauen, Nähe, Fürsorge ein und hat eigene Definitionen bei den per Fragebogen zu ihrer Beziehung befragten Paaren hervorgelockt. Diese eigenen Definitionen machen die vorliegende Beschreibung zwar nicht ungültig, zeigen aber doch, daß die Befragten leichter akzeptieren konnten, wie andere Bereiche des Fragebogens beschrieben waren, – zum Beispiel »Austausch im Gespräch«, »Gemeinsames Sexualleben« oder »Erotik« –, als daß sie sich vorschreiben lassen wollten, was »Liebe« bedeutet.

Zum Beispiel kritisierte eine 40jährige Frau: »Der Bereich ›Liebe‹ ist mir viel zu undifferenziert! Liebe hat für mich wenig mit ›starker gefühlsmäßiger Bindung‹ zu tun, sondern viel mehr mit Achtung und Wertschätzung und mit der Einstellung: ich will meinen Partner lieben.« – »Was ist Liebe?«, fragt ein 40jähriger Mann nach 15 Ehejahren, »wenn man keine Minute ohne Partner sein will? Wenn man dem Partner bei Abwesenheiten am liebsten hinterherfahren will, weil es einen förmlich zerreißt? Oder ist es, was diese Gefühle teilweise erst hervorruft, das Wis-

---

»Paarbeziehungen können eingegangen werden, weil sich zwei Menschen in Liebe verbunden fühlen. Mit Liebe ist hier eine starke gefühlsmäßige Verbindung gemeint, gegenseitige Fürsorge und Zuneigung, Vertrauen und Nähe. Es gibt aber auch Partnerschaften, in denen sich zwei Menschen weniger durch Liebe als beispielsweise durch eine gemeinsame Aufgabe, durch die Familie oder das gemeinsame Zuhause miteinander verbunden fühlen. Hieraus kann manchmal Liebe entstehen oder sich verstärken, das muß aber nicht so sein. Liebesgefühle verändern sich auch im Verlauf einer längerdauernden Partnerschaft: Sie können abflachen oder verschwinden, sie können sich aber auch vertiefen oder neu entstehen.«

Tabelle 1: Liebe (Einstimmung ins Thema, Fragebogen zur Partnerschaft).

sen, welche Tätigkeiten und Fähigkeiten des Partners man liebt? Wenn man weiß, weshalb man zusammen ist? Weil man es liebt, zusammen etwas zu unternehmen, beispielsweise ein Glas Wein zu trinken?« – Eine 36jährige Frau aus 5jähriger Ehe: »Liebe ist Vertrautheit, Geborgenheit, Gemeinsamkeit und Verantwortung gegenseitig.« – »Gemeinsam durchlebte Tiefpunkte vertiefen die Liebe« (34jährige Frau, ebenfalls nach 5 Ehejahren). – Eine 26jährige Frau nach 5 Jahren Ehe: »Die Liebe soll ewig brennen.« – Oder ganz schlicht die Antwort einer 42jährigen Frau nach 19 Ehejahren: »Die Liebe vereinfacht eine gute Beziehung«.

Dennoch oder gerade deswegen wurde die Liebe von den Befragten als am wichtigsten für den Zusammenhalt und für die Qualität ihrer Paarbeziehung bewertet. In dieser Untersuchung ergaben sich weitere für die Paartherapie wichtige Befunde:[2]

- Die Therapie- und Referenz-Paare unterschieden sich weniger in den beobachtbaren Phänomenen, das heißt in der Art, wie sie den jeweiligen Bereich gestalten, als in der Bewertung dieser Phänomene. Insbesondere bewerteten die Personen in Paartherapie ein ähnliches Phänomen als negativer bzw. als problematischer und stuften sich selbst als unzufriedener damit ein als die Referenzgruppe. Es ist folglich vor allem die Bewertung eines Phänomens, die Paare zur Therapie führt. Das heißt: Einer oder beide messen sich oder die Beziehung an impliziten oder expliziten Normen und stellen fest, daß etwas nicht stimmt.
- Die Liebe erwies sich als wichtigste Dimension für den Zusammenhalt des Paares, für die Qualität der Beziehung und für das eigene Wohlbefinden. Ein größeres Ausmaß an Verbundenheit in Liebe ging mit einem höheren Wohlbefinden einher.

Der Gipfel an Unzufriedenheit mit der Liebe liegt bei den Frauen der Referenzgruppe in 5 bis 10 Jahre alten Partnerschaften, während der entsprechende Gipfel bei den Männern in Partnerschaften von 21 bis 25 Jahren zu finden ist. Vermutlich hat diese Verschiebung

1 Einführung

am ehesten mit lebensphasenspezifischen Belastungen von Mann und Frau zu tun: Für die Frau sind es in der Regel die Jahre mit kleinen Kindern; für die Männer die Jahre, wenn Frau und Kinder sich verselbständigen.

- Abbildung 2 zeigt das Ausmaß an Verbundenheit in Liebe für die Therapie- und für die Referenz-Paare, differenziert zum einen nach Männern und Frauen, zum anderen danach, wie jede Person sich selbst und den Partner einstuft.

Die Therapie-Paare bewerten im Vergleich zu den Referenz-Paaren ihre Verbundenheit in Liebe als deutlich reduziert, und die Männer der Therapiegruppe meinen, ihre Frauen mehr zu lieben als diese es wahrneh-

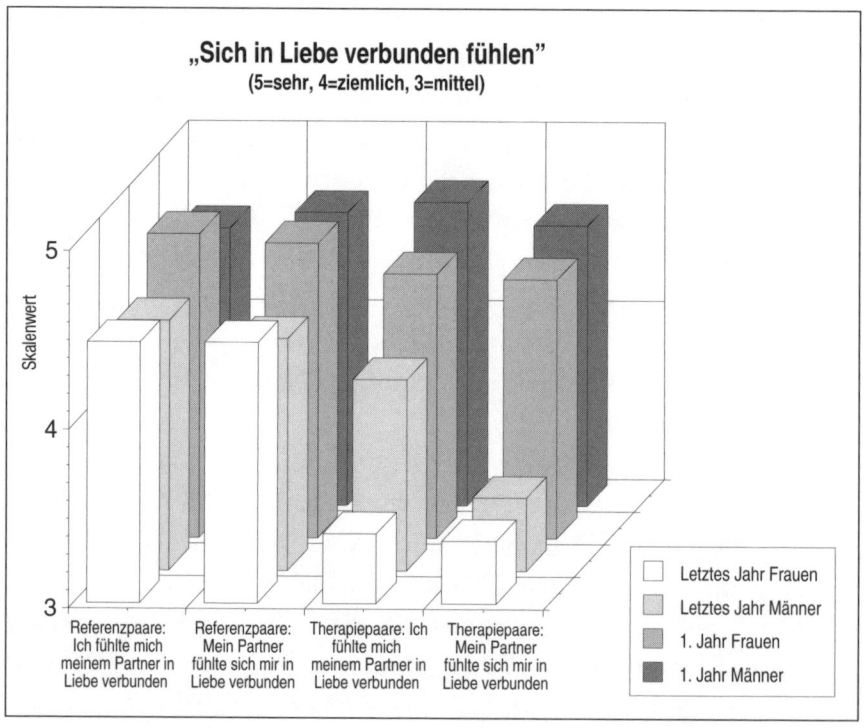

Abbildung 2: »Verbundenheit in Liebe« (3 = mittel, 4 = ziemlich, 5 = sehr).

men. Wie läßt sich die letztgenannte Diskrepanz erklären? Sind die Männer nicht in der Lage, den Frauen ihre Liebe zu zeigen? Oder können die Frauen das Ausmaß der Liebe ihrer Männer nicht richtig einschätzen? Oder ist das Ganze Ausdruck eines interaktionellen Phänomens? Gewißheit über das Ausmaß der Liebe im Sinne von »objektivem Wissen« läßt sich in solch einer Situation nicht erlangen (siehe auch S. 220f.); da aber die Referenz-Paare in der Einschätzung des Ausmaßes der jeweiligen Liebe relativ gut übereinstimmen, ist es unwahrscheinlich, daß Männer und Frauen generell nicht in der Lage sind, ihre Liebe zu zeigen oder die der anderen Person wahrzunehmen. Entsprechend ist es wahrscheinlicher, daß die Wahrnehmung der Männer zumindest teilweise aus der Interaktion entsteht, d.h., daß die Männer versuchen, die reduzierten Liebesgefühle ihrer Frauen wettzumachen, zumal aus der Literatur bekannt ist, daß das Wohlbefinden des Mannes stärker von der Übereinstimmung mit der Partnerin abhängt als umgekehrt (Berger 1984). Man könnte spekulieren, daß viele Männer unter den Bedingungen der Ehekrise ihre Gefühle mobilisieren, um ihre Frauen und sich selbst davon zu überzeugen, die Ehesituation sei nicht so schlecht. Frauen meinen im allgemeinen früher als ihre Männer, eine Verschlechterung der Ehe wahrzunehmen, und bringen mit gewissem Druck ihre Männer in die Paartherapie. Dies ist möglich, da die Person, die weniger liebt, in der Beziehung mehr Macht und Einfluß hat als die Person, die stärker liebt. Das Gefühl, weniger geliebt zu werden, als man selbst liebt, löst oftmals die Bereitschaft aus, viel einzusetzen, um die Liebe der anderen Person wiederzugewinnen.

- Die Bereiche »Verbundenheit in Liebe«, »Identifikation mit der Partnerschaft«, »Austausch im Gespräch« und »Persönliche Entwicklung in der Partnerschaft« sind zentrale Themen für den Bestand der Paarbeziehung. Im Laufe ihrer Beziehung sind die Therapie-Paare – Männer und Frauen – in diesen für das romantische Beziehungsideal konstitutiven Bereichen deutlich unzufriedener ge-

1 Einführung

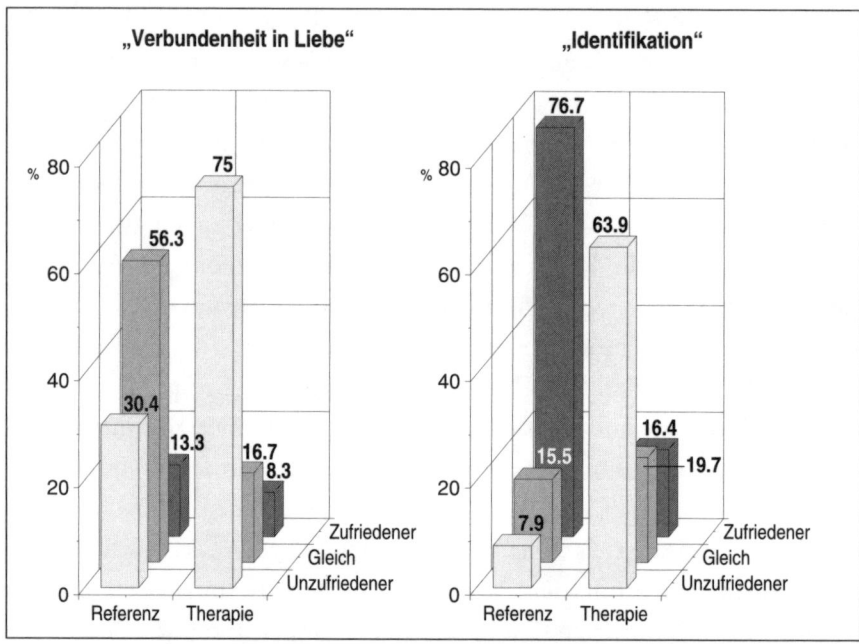

Abbildung 3: Prozentsatz der Personen, die weniger, mehr oder unverändert zufrieden sind im Vergleich des ersten und letzten Jahres der Beziehung – im Hinblick auf die Bereiche »Verbundenheit in Liebe« (links) und »Identifikation mit der Partnerschaft« (rechts).

worden als die Referenz-Paare. Die folgende Abbildung 3 zeigt das Ergebnis für die Bereiche »Verbundenheit in Liebe« und »Identifikation mit der Partnerschaft«.

■ Alle Paare beschreiben sich aktuell weniger glücklich und weniger zufrieden als im ersten Jahr ihrer Partnerschaft. Die Therapie-Paare sind allerdings nochmals deutlich unglücklicher und unzufriedener mit der Beziehung als die Referenz-Paare.

Mit der Frage zum ersten Jahr wird die Rekonstruktion der Vergangenheit aus aktueller Perspektive erfragt. Diese Rekonstruktion ist durch die Erlebnisse und Erfahrungen der Zwischenzeit sowie durch die aktuelle Situation der Partnerschaft gefärbt. Bei den Män-

1.3 Eigene Befunde zur »Liebe«

nern beider Stichproben und bei den Frauen der Referenzgruppe fällt diese Erinnerung eindeutig positiver aus als bei den Frauen der Therapiegruppe. Dieses Ergebnis deckt sich mit anderen Befunden, denen zufolge bei unglücklichen Paaren im Unterschied zu glücklichen Paaren ungünstige Beziehungserinnerungen bei der Rekonstruktion der gemeinsamen Geschichte dominieren (Übersicht bei Halford et al. 1997).

- Der Austausch im Gespräch wird um so wichtiger, je unsicherer, gefährdeter oder brüchiger die emotionale Basis der Beziehung ist. Wenn »die Liebe« erschüttert ist, lassen sich im Gespräch noch Halt, Nähe und das Gefühl von Zugehörigkeit finden, auch wenn diese vorwiegend durch die Benennung gemeinsamer Probleme entstehen.

Wie eingangs erwähnt, wurde in der Testfassung des in der eigenen Untersuchung eingesetzten Fragebogens (Riehl-Emde 1998) nicht nur die Liebe, sondern auch die Religion als ein für den Bestand der Paarbeziehung wichtiger Bereich vermißt.[3] Liebe und Religion haben gemeinsam, daß sie eine nicht alltägliche, weder leicht beobachtbare noch leicht operationalisierbare Dimension berühren. Insofern werden eine Paarforschung und -therapie, die Paarbeziehungen vor allem rational, nüchtern, pragmatisch und distanziert betrachten und vor allem auf Funktionstüchtigkeit (Kommunikation, Problemlösung) ausgerichtet sind, unseren heutigen Beziehungen nicht gerecht.

Bevor es um eine Beschreibung der Liebe und der ihr innewohnenden Widersprüchlichkeiten geht (Kap. 3), sowie mögliche therapeutische Umgangsweisen mit der Liebe des Paares dargestellt werden (Kap. 4 und 5), soll im folgenden (Kap. 2) auf den gesellschaftlichen Kontext heutiger Paarbeziehungen und insbesondere auf das romantische Beziehungsideal eingegangen werden.

2 Gesellschaftlicher Kontext

In diesem Kapitel geht es um das Wechselspiel zwischen der gesellschaftlichen Definition von Liebe und der jeweiligen Perzeption des Individuums. Soziologisch gesehen handelt es sich bei der Liebe um ein kulturelles Muster, das darüber unterrichtet, was man zur jeweiligen Zeit unter Liebe zu verstehen hat und wie die Liebe im gesellschaftlichen Kontext inszeniert, gelebt und gefühlt wird. In diesem Zusammenhang werden die Geschichte der Liebesheirat und die Merkmale des romantischen Beziehungsideals dargestellt. Darüber hinaus wird die damit kontrastierende Leitvorstellung Partnerschaft erläutert. Weil Liebe und Partnerschaft das Geschehen in modernen Ehen bzw. in festen Beziehungen strukturieren, sind beide Prinzipien in der Paartherapie zu berücksichtigen.

2.1 Paarbeziehungen im Spannungsfeld von Liebe und Ökonomie

Die gegenwärtigen Entwicklungen in den Paar- und Familienbeziehungen kennzeichnet Stierlin (1997) mit den Begriffen Individualisierung und Demokratisierung. In bezug auf die Paarbeziehung meint *Individualisierung,* daß Form, Qualität und Dauer zunehmend mehr von den individuellen Bedürfnissen und Erwartungen der beiden Partner und immer weniger durch Traditionen und Institutionen bestimmt werden. Mit solcher Individualisierung wachse auch der Zwang zu Entscheidungen und zu möglichst genauen Berechnungen der Risiken sowie der Aussichten auf Kosten und Gewinn. Man gewöhne sich daran, daß Beziehungen

2.1 Paarbeziehungen im Spannungsfeld von Liebe und Ökonomie

nicht mehr für das ganze Leben gemacht sind. Auch Elternschaft und Zahl der Kinder werden nicht mehr dem Schicksal überlassen, sondern auf der Grundlage von Kosten-Nutzen-Berechnungen entschieden. Das Gesamtergebnis einer solchen Entwicklung bestehe in einer zunehmenden Pluralisierung und Differenzierung der Beziehungsformen und zugleich in einer allmählichen Abkehr vom Familiensinn als Leitwert (Stierlin 1997, S. 146/7).

Mit der Individualisierung verbindet sich ein Trend zur *Demokratisierung:* Frauen verstehen sich als gleichberechtigt und ebenbürtig – sie beanspruchen, daß Männer ihren Beitrag zur Demokratisierung leisten –, und mit diesem Trend wächst die Möglichkeit, gemeinsam auszuhandeln, was innerhalb der Beziehung möglich ist. Auf diesem Wege wird nicht nur die Sexualität, sondern auch der jeweilige Beitrag zu Haushalt, Kindererziehung und Freizeitgestaltung »zum Teil der demokratisch zu behandelnden Verhandlungsmasse« (ebd., S. 148). Stierlin nimmt »Verrechnungsnotstände« in den Blick und schreibt von Paaren, die wegen Verrechnungs- bzw. Gerechtigkeitsproblemen den Therapeuten aufsuchen, angeblich wohl wissend um den irrationalen Untergrund, aus dem das Streben nach Ordnung und Rationalität erwächst.

Das klingt überwiegend so, als sei die Partnerwahl in unserer Zeit ausschließlich eine Frage des kalkulierten Nutzens, als hätten Ehe und Familie nichts mit Liebe zu tun, als könnte Eheschließung das Ergebnis instrumenteller Gründe sein und der Kinderwunsch nur eine Frage des individuellen Lebensentwurfs. Eine solche Art der Partnerschaft wäre dann das Produkt einer Kosten-Nutzen-Analyse und entspräche einem Vertragsabschluß zwischen zwei geschäftsfähigen Vertragspartnern. Doch wie lassen sich Werte wie liebevolle Zuwendung, Verläßlichkeit, Loyalität und die Bereitschaft, eigene Bedürfnisse um des anderen willen hintanzustellen, verrechnen? Geht es inzwischen darum, die Liebe gegen die Zwänge der Ökonomie zu verteidigen?

Die Kritik an der Individualisierungstheorie bündelt sich in der empirischen Untersuchung von Burkart und Kohli (1992), in der die unterschiedlichen Bedeutungen von »Liebe, Ehe, Elternschaft« in verschiedenen sozialen Milieus Deutschlands untersucht wurden. Die Autoren fanden in lebensgeschichtlichen Interviews mit 40 Personen durchaus verschiedene partnerschaftliche Leitbilder, in denen auch die »Familien-Ehe« immer noch einen wichtigen Platz innehat. Mit »Familien-Ehe« ist eine Liebes- oder Versorgungsehe gemeint, die mit dem Ziel der Elternschaft geschlossen wird und in der sehr verbindliche Beziehungsvorstellungen gelten, die Trennung und Scheidung ausschließen. Diesen Ehetypus lokalisierten sie vor allem in ländlichen Regionen und bei städtischen Arbeitern. In ländlichen Milieus sowie in Arbeiter- und Angestelltenmilieus finden sich weiterhin eher traditionelle Vorstellungen vom Leben als Paar, von der Rolle der Geschlechter und von der Familie, während die Rede von der Individualisierung offenbar vorrangig für Akademiker, für das »technische« und das »Selbstverwirklichungsmilieu« gilt. Und auch die drei letztgenannten Gruppen sind offenbar latent viel stärker an traditionellen Mustern orientiert, als es deren Diskurs vermuten läßt.

Burkart und Kohli schließen aufgrund ihrer Ergebnisse, daß Individualisierung kein universeller Trend ist und daß der Anteil an Entscheidungsautonomie in bezug auf die Lebensform häufig überschätzt wird. Sie kommen zum Ergebnis, die Individualisierung konzentriere sich strukturell in bestimmten Milieus und finde – soziologisch gesprochen – vor allem auf einer diskursiven bzw. ideologischen Ebene statt; letzteres bedeutet: man glaubt heute immer mehr, es komme auf die eigene Entscheidung an. Burkart (1997, S. 10) hält eine Polarisierung bzw. Auseinanderentwicklung von familienorientierten und individualistischen Milieus für wahrscheinlicher als eine allgemeine Individualisierung.

Befinden wir uns noch in der Phase der romantischen Liebesheirat oder bereits in irgendeiner »post«-romantischen Folgephase, oder zumindest im Übergang dazu? Beck (1990) meint, daß von einer Auflösung des romantischen Liebesideals nicht die Rede sein kann; er konstatiert eine extreme Bedeutungssteigerung der Liebe, der sogar der Rang

2.1 Paarbeziehungen im Spannungsfeld von Liebe und Ökonomie

einer »irdischen Religion« zuerkannt wird. Dabei können sowohl die Liebe als auch die Religion einen Schlüssel aus dem Käfig der Normalität bedeuten. Das heißt, daß der Liebe und der Religion ein utopisches Moment innewohnt, die Normalität auf einen anderen Zustand hin zu öffnen.[4] Die Relevanz der Liebe werde um so überwältigender, je stärker die Individualisierung voranschreite. Liebe sei die Utopie der Gegenindividualisierung, die auf gemeinsame Selbstentfaltung ausgerichtet ist. Fast ein Jahrzehnt zuvor prognostizierte Luhmann (1982) den Niedergang des romantischen Liebesideals. Er konstatierte, »daß der semantische Gehalt von ›romantisch/Romantik‹ unter der Hand längst ausgetauscht sei« (S. 201), daß die Sexualität eine enorme Bedeutungssteigerung (vom Bestandteil zur »Sache selbst«) erfahren habe und daß die Suche nach Liebe in erster Linie der Validierung der Selbstdarstellung bzw. der Bestätigung des persönlichen individuellen Erlebens diene.

Im Gegensatz zu Luhmanns inzwischen 20 Jahre alter Prognose vom Niedergang des romantischen Beziehungsideals spricht einiges dafür, daß die romantische Liebe immer noch das dominante Konzept ist, zumindest auf der Diskursebene (Burkart 1998, S. 25); in der Praxis hat man es dagegen immer mit einer Vermischung verschiedener Konzepte zu tun. Das Ideal der romantischen Liebe gilt weiterhin als Begründung für Paarbeziehungen und für die Eheschließung. Für letztere werden oftmals neben der Liebe auch noch weitere Gründe angegeben, finanzielle bzw. steuerliche Gründe und vor allem der Wunsch nach einem oder mehreren Kindern. Mit dem Ideal der Liebesheirat gehen Wünsche nach einer intensiven emotionalen Bindung und gemeinsamem Glück einher sowie nach einer Zweierbeziehung als Ziel und lebenslanger Einrichtung, in der jeder alles für den anderen bedeutet. Auch Willi (2002) knüpft an das moderne Liebesideal an, gleichzeitig überträgt er jedoch den Begriff »Eigennutz« aus der Ethologie, der sich auf die Maximierung des Fortpflanzungserfolgs bzw. auf die Verbreitung der eigenen Gene bezieht, auf den Menschen: »Eigennützig« werde die Herausforderung zur Verwirklichung des eigenen Potentials in und

2 Gesellschaftlicher Kontext

durch eine Partnerbeziehung, insbesondere in und durch eine Liebesbeziehung, gesucht.

Eine repräsentative Befragung in den alten und neuen Bundesländern (Brähler und Richter 2000) spricht für eine Zunahme von Wünschen nach engeren Bindungen: Die Menschen beschreiben die Tendenz, ihr persönliches Zusammenleben enger, verträglicher, verantwortungsvoller und gefühlsintensiver zu gestalten. Diese Tendenz stehe allerdings im Gegensatz zu Veränderungen in den ökonomischen Bedingungen, die eine zunehmende Flexibilisierung und Fragmentierung der Arbeitswelt und damit auch der sozialen Beziehungen nach sich ziehen (Sennett 1998). Auch die eigenen Untersuchungen zeigen (Riehl-Emde 1998), daß »die Liebe« das entscheidende Merkmal ist, das einer potentiellen Trennung entgegensteht (neben den Kindern), also das »Bindemittel« darstellt, das Paare zusammenhält; und das Ausmaß an Verbundenheit in Liebe ist der aussagekräftigste Prädiktor für das Wohlbefinden des Paares – größeres Wohlbefinden bei mehr Verbundenheit. In einer früheren Befragung an über 600 Personen (Riehl-Emde und Willi 1997)[5] gaben 86% der Verheirateten an, sie seien »ziemlich« oder »sehr« in ihren Partner verliebt gewesen. Knapp 5% gaben an, »nie« oder »wenig«, 10% »mittelmäßig« in den aktuellen Ehepartner verliebt gewesen zu sein. Jene, die ihre große Liebe geheiratet hatten oder sehr verliebt waren, bezeichneten sich als glücklicher in der Partnerschaft als diejenigen, die nicht oder wenig in den Partner verliebt waren.

Mit der Titelgeschichte »Die neue Zweisamkeit. Sehnsucht nach der Beziehungsidylle« deckte die Wochenzeitschrift »Der Spiegel« (2000) eine aktuelle Tendenz zur Re-Romantisierung auf: Bei jungen Menschen sei eine neue Wertschätzung von Paar- und Familienbeziehungen erkennbar im Sinne von emotionaler Heimat und sinnstiftendem Element. Dieser Trend sei bei Jugendlichen besonders stark ausgeprägt, wo die feste Bindung »romantisch überhöht« werde und die Sehnsucht nach Bindung zur Ideologie geworden sei. Weiterhin zeigt sich, daß die Paarbeziehung, die Elternschaft und die Familie als Beziehungsoptionen inzwischen auch unabhängig voneinander bestehen. In jedem Fall gilt die auf Liebe basierende Paarbeziehung nicht nur bei jungen Menschen, sondern auch über alle Altersstufen als bevorzugte Option.

2.2 Zur Geschichte der Liebesehe

Vor dem 12. Jahrhundert gab es Haug (2001) zufolge nirgendwo in der Literatur eine Reflexion über die erotische Leidenschaft als Idee für einen Lebensentwurf. Dies bedeutet keineswegs, daß es vorher keine leidenschaftliche Liebe gab. Denn die erotische Beziehung zwischen zwei Personen liegt im Wesen des Menschen und bestand sicher auch schon früher; sie blieb allerdings bis zum 12. Jahrhundert im Faktisch-Biographischen verhaftet. Im Sinne einer Geschichte machenden Idee wurde die erotische Leidenschaft literarisch erst ab dem 12. Jahrhundert faßbar, und bis zum ausgehenden 18. Jahrhundert wurde sie vor allem literarisch beschrieben und nur von Minoritäten als Motiv der Partnerwahl genutzt.

Seit dem Ausgang des 18. Jahrhunderts wurde die Liebe zum Prinzip der Wahl des Ehepartners. Die Liebe war nicht mehr nur eine unter anderen gleichberechtigten Möglichkeiten – literarisch kultiviert und nur von Minoritäten genutzt –, sondern wurde als soziale Erwartung institutionalisiert. Das bedeutet, daß man sich verlieben mußte, um legitimerweise heiraten zu können. Und bald folgte daraus auch der Umkehrschluß, daß man die Ehe nicht verweigern kann, wenn man liebt (Leupold 1983, S. 301). Eheschließung und Eheleben wurden auf diese Weise zunehmend zur Privatsache der Beteiligten, und sowohl der Einfluß der Kirchen als auch der Einfluß von Eltern und Verwandten auf Partnerwahl und Eheleben nahmen ab.

2 Gesellschaftlicher Kontext

Das Ideal der romantischen Liebe im 18./19. Jahrhundert[6]

Gegen Ende des 18. Jahrhunderts entwarfen Autoren und Autorinnen der deutschen Romantik[7] in literarischen und theoretischen Werken den Code der romantischen Liebe, der als eine Gegenbewegung auf das in den Zeiten der Aufklärung extrem hochbewertete Ideal von Ratio bzw. Vernunft folgte. Das neue Ideal kann in sieben Grundzügen beschrieben werden (Lenz 1998; Luhmann 1982):

1. *Die Einheit von sexueller Leidenschaft und affektiver Zuneigung, von Lust und Gefühl.* Während die vorangegangene höfische Liebe die Leidenschaft des reinen Gefühls als das Wesentliche hervorgehoben und diese über die bloße Befriedigung der sexuellen Lust des Mannes und in Gegensatz dazu gestellt hat, wird dieser Dualismus in der romantischen Liebe versöhnt. Die Sexualität wird aufgewertet und untrennbar an die Liebe gebunden.
2. *Die Einheit von Liebe und Ehe.* Die höfische Dichtung ließ das Verhältnis von Liebe und Ehe weitgehend offen; das romantische Liebesideal wurde zunächst sogar in bewußter Abgrenzung von der Ehe formuliert. Im neuen Liebesideal hingegen wird die Liebe »zur einzig legitimen Begründung der Ehe. Und es wird erwartet und gehofft, daß die Liebe auch in der Ehe ihren Fortbestand hat« (Lenz, S. 67).
3. *Das romantische Liebesideal integriert die Elternschaft.* Elternschaft bedeutet die Vollendung einer auf Liebe gegründeten und von Liebe getragenen Ehe. Durch das Kind erreicht die Beziehung gleichsam die höchste erreichbare Stufe. Mit dem Kind als »Liebespfand« geht die Emotionalisierung der Ehebeziehung nahtlos über in eine Emotionalisierung der Eltern-Kind-Beziehung.
4. *Die Aufrichtigkeit des liebenden Gefühls* hat hohen Wert. Romantisch Liebende bauen auf *die Dauerhaftigkeit ihrer Liebe,* aus deren Wesen sich die Treue ergibt. Die Liebenden sind füreinander unersetzbar und sie werden füreinander zu einem Zentralerlebnis ihres Lebens, von dem aus dieses erst Sinn und Bedeutung gewinnt. »Wahre Liebe

sei von sich aus, naturgemäß, und ohne daß es Stabilisatoren brauche, zeitlich unbegrenzt«, so wird Schlegel zitiert (ebd., S. 68).

5. *Die Einbeziehung einer »grenzenlos steigerbaren Individualität«* (Luhmann 1982) der Liebenden ist ein weiteres Merkmal des romantischen Liebesideals. Die Liebe ist auf ein einzigartiges Individuum ausgerichtet, auf die Person als Ganzes, und die Beziehung wird einmalig durch die Verbindung zweier einzigartiger Individuen. Die starke Betonung der Individualität mündet in der »Reflexivität des Liebens« (Luhmann): Der Grund der Liebe kann nur in der Liebe selbst liegen.

6. Durch diesen Individualitätsanspruch bzw. diese Wertschätzung der Individualität verheißt die romantische Liebe die *einmalige Chance, als Individuum in seiner Einzigartigkeit anerkannt und bestätigt zu werden*. Damit gehen hohe Glückserwartungen einher, und die Liebe wird zur wichtigsten Angelegenheit im Leben erhoben, welche die Person total beansprucht und andere Umweltbezüge entwertet. Dies betont zum einen die Individualisierung und die gegenseitige Anerkennung der Liebenden in ihrer Einzigartigkeit und zum anderen das von der Umwelt isolierte Paar bzw. die Ausblendung der Umwelt der Liebenden.

7. Erst die *erwiderte Liebe* wird zur eigentlichen Liebe. Es geht in der romantischen Liebe immer um das Glück beider Personen, d. h. um eine seelische und körperliche Verschmelzung beider Partner. Die Frau wird als ein autonomes Subjekt entworfen, die das Recht auf eigene Gefühle und auch das Recht auf ein »Nein« in Liebesangelegenheiten hat. Dort, wo der romantische Liebescode seinen vollen Ausdruck erhält, wird die Frau aufgewertet bzw. dem Manne gleichwertig angesehen.

Dieses romantische Liebesideal versucht, alle bisherigen Differenzierungen und Ausgrenzungen in einem Konzept zu integrieren, das Burkart (1998, S. 24) als einen »platonisch-leidenschaftlich-romantischen Komplex« bezeichnet: Sinnlichkeit und Sexualität; Freundschaft und vernünftige Liebe; Gefühl und Empfindsamkeit; die Steigerung der Individualität in der Dyade; und Einschluß der Ehe. In diesem Ideal kommt das abendländische Liebesverständnis, in das zahlreiche Elemente aus verschiedenen Epochen eingeflossen sind, zumindest zu einem vorläufigen Abschluß (ebd.). Das romantische Liebesideal ist also ein äußerst anspruchsvolles Programm, das sich von unserem modernen (romantischen) Liebesgefühl, das auf Erotik und Sexualität gründet, unterscheidet.

Das literarische Programm – die Diskursebene – wurde sukzessive in beziehungsrelevante Orientierungsvorgaben für Paare umgesetzt. Ab dem ausgehenden 18. Jahrhundert schlug es sich in der Norm der Liebesheirat nieder, die zum kulturellen Leitbild des Bürgertums wurde und nach und nach auch über das Bürgertum hinaus die Partnerwahl begründete und die zuvor geltenden, eher sachlichen Kriterien der Partnerwahl ablöste. Bei der Umsetzung des Ideals wurden einige »Anpassungen« vorgenommen; das Ideal wurde gleichsam entschärft. Manche Autoren sprechen in bezug auf die Umsetzung von »Trivialisierung« oder »Verflachung«, um zum Ausdruck zu bringen, daß das literarische Ideal nur in Teilaspekten umgesetzt wurde.[8] Lenz zieht es vor, von fortschreitenden Realisierungsstufen zu sprechen, um auszudrücken, daß sich im Laufe des 19. und 20. Jahrhunderts das Liebesideal zunehmend dem literarischen Vorbild angenähert hat. Doch zunächst kam es zu gewissen Einschränkungen:

- *Liebe und Leidenschaft wurden zeitlich »gezähmt«,* indem sie auf die Zeit der Werbung beschränkt, also gleichsam zu einem Phänomen der Ehevorbereitung oder Ehestiftung wurden (anstelle der Gleichsetzung von Liebe und Ehe).
- Zumindest für die Frauen wurde die *erste Liebe zur wahren Liebe* geadelt. (In der Romantik war die wahre Liebe für beide Geschlechter an Beziehungserfahrungen gebunden.) Damit verband sich das

neue Ideal mit einer stärkeren Kontrolle der Frau, der diese – einer langen Tradition folgend – ausgesetzt war. »Das neue Ideal verpflichtete junge Frauen des Bürgertums, darauf zu warten, bis der ›richtige‹ Mann kam, der die erste und einzige Liebe sein sollte. Ihre Chancen auf dem Heiratsmarkt waren sehr stark an die Bewahrung ihrer ›sexuellen Unschuld‹ gebunden. Die sexuelle Unschuld wird gleichsam zum Beweis der ersten und wahren Liebe« (S. 72/3).

- In der frühen Realisierungsstufe kommt es zu einer »*Feminisierung der Liebe*«. Die Liebe wird zur Natur der Frau erklärt, dem Mann wird die Fähigkeit zu lieben abgesprochen. Für die Liebe sind die Frauen zuständig; sie werden zu emotionalen Wesen, die in der wahren und ersten Liebe aufgehen und gleichsam für den Mann mitlieben.

Auch mit diesen Einschränkungen setzte sich die Liebesheirat im 18. und 19. Jahrhundert zunächst nur zögerlich durch. Einerseits wurde die Liebe als Motiv für die Ehe betont, andererseits wurde vor der leidenschaftlichen und blinden Liebe gewarnt und eine »vernünftige Liebe« favorisiert, die zwar die Gefühle betont, jedoch offenbleibt für ein Abwägen von materiellen Vor- und Nachteilen der Verbindung.

»In der ›vernünftigen Liebe‹ geht es eher um Tugendhaftigkeit des geliebten Menschen denn um sexuelle Attraktivität. Das spontane, leidenschaftliche und auf Erfüllung drängende Gefühl wird abgelehnt, solange es nicht durch den ›Filter der Vernunft‹ gelaufen ist. Leidenschaft ist irrational. Liebe ist eher mit Freundschaft vergleichbar, Verständnis für die Fehler und Einsicht in die Vorzüge des Partners sind wichtig. Die eheliche Liebe sollte also zum einen ›vernünftige Liebe‹, zum anderen Gefühlsgemeinschaft, zum dritten: ›geistige Gemeinschaft‹ der Eheleute sein. Sie sollten miteinander kommunizieren, über sich und ihre gemeinsamen Angelegenheiten« (Burkart 1997, S. 28).

2 Gesellschaftlicher Kontext

Es waren vor allem wirtschaftliche Bedingungen, die einer weitergehenden Übernahme des Ideals der Liebesheirat zunächst entgegenstanden: Für die Frauen des Bürgertums, die bis zum Anfang des 20. Jahrhunderts vom Erwerbsprozeß ausgeschlossen waren, stellten Ehe und Familie neben dem Kloster die einzigen Möglichkeiten dar, sich von ihrer Herkunftsfamilie abzulösen und zu verselbständigen. Von daher bestand ein entscheidendes Interesse an einer standesgemäßen Heirat mit Aussicht auf eine verläßliche Existenzgrundlage. Für den Mann war die standesgemäße Heirat Ausdruck seines beruflichen Status und unerläßlich für seine Stellung in der bürgerlichen Gesellschaft; in diesem Zusammenhang war auch die Mitgift der Ehefrau bedeutsam. Doch die Realisierungschancen der Liebesheirat nahmen zu: Den Gefühlen der Beteiligten konnte um so mehr Raum und Einfluß zugestanden werden, je unwichtiger der Besitz für die Ehe wurde (als Erwerbsquelle oder als Mitgift), je mehr der Lebensunterhalt aus unselbständiger Arbeit bestritten wurde und je mehr die Berufswelt auch für Frauen offenstand. Diese Bedingungen bildeten sich im Zuge der Industrialisierung zunehmend heraus. »Die Verbreitungskanäle der romantischen Liebe (liegen) noch stark im Dunkeln«, doch es läßt sich vermuten, daß vor allem die Besitzlosen in guten materiellen Verhältnissen die Norm der Liebesheirat zur Grundlage ihrer Partnerwahl machten. »Je umfangreicher diese Sozialgruppe wurde und je mehr sie zahlenmäßig gesellschaftliche Dominanz gewann, desto mehr verbreitete sich auch die Norm der Liebesheirat, die somit erst im 20. Jahrhundert ihre Blüte erlangt haben dürfte« (Lenz, S. 74/75).

Das romantische Liebesideal wurde zunächst vom Bürgertum getragen, breitete sich jedoch zunehmend aus und gewann »eine milieuübergreifende kulturelle Dominanz« (ebd., S. 70); Tyrell (1987) spricht von einem »ungeheuren Kulturerfolg« der romantischen Liebe seit dem 19. Jahrhundert.

Dieser historische Rückblick zeigt, daß es eher ungewöhnlich ist, Ehe und Familie auf Liebe aufzubauen. Erst ab dem späten 18. Jahrhundert setzte sich ganz allmählich die Liebesheirat durch, wobei romantische Liebe zunächst ein hohes (literarisches?) Ideal war, später mit vernünftiger Liebe gleichgesetzt wurde, und das Ideal der Eheschließung auf der Basis einer Liebesbeziehung, die sich durch Verliebtheit, Leidenschaft und Sexualität auszeichnet, in der aktuellen Verbreitung im Sinne einer Norm absolut ein Phänomen der Neuzeit ist; ein Phänomen, das sich in fast allen Kulturen durchgesetzt hat. Sich leidenschaftlich zu verlieben hat daher Bedeutung und Konsequenzen für das weitere Leben.

Liebesehe heute
Nach Lenz (1998) wird weder die These vom Niedergang des romantischen Liebesideals (Luhmann 1982), noch die von dessen Bedeutungssteigerung (Beck 1990) den gegenwärtigen Veränderungsprozessen der Liebe gerecht. Lenz stellt die These auf, die Liebesvorstellungen der Gegenwart seien das Resultat zweier widersprüchlicher Tendenzen: Sie seien einerseits »romantisch gesteigert« und in ihrer Realisierung dem literarischen Diskursideal der romantischen Liebe näher; sie seien andererseits »entromantisiert«, hätten sich also gleichzeitig von diesem Ideal entfernt.

Für die »*romantische Steigerung*« spricht seiner Meinung nach dreierlei:

1. Die Betonung der Individualität habe erst in der Gegenwart ihren Höhepunkt erreicht. Hierzu trage das zunehmende Verschwinden geschlechtsspezifischer Zuschreibungen zugunsten der Akzentuierung der Eigenart und Einzigartigkeit des Individuums bei; der Anspruch auf Selbstverwirklichung und persönliches Wachstum sei gestiegen, wenn nicht sogar zur Pflicht geworden. Die frühere Verpflichtung, sich gegebenenfalls für eine Liebesbeziehung aufzuopfern, wurde ersetzt durch die Pflicht, die Eigenständigkeit zu wahren und auch die der geliebten Person anzuerkennen. Die andere Person kann und soll das persönliche Wachstum stimulieren, darf jedoch

nicht zum Lebensinhalt werden; des weiteren trägt die Aufwertung einer offenen und aufrichtigen Kommunikation in Zweierbeziehungen entscheidend zur Individualität bei. Da geschlechtsspezifische Vorgaben und Normen weitgehend fehlen, wird das Gespräch zum entscheidenden Medium für die Aushandlung der Grundlagen des Zusammenlebens. Dies bedingt ein hohes Maß an Kommunikationsbereitschaft und -fähigkeit. Konflikte werden als Chance zur individuellen und gemeinsamen Weiterentwicklung aufgefaßt.
2. Des weiteren spricht der veränderte Stellenwert der Sexualität für eine höhere Realisierungsstufe des Liebescodes. Die Qualität der Zweierbeziehung wird heute eng verknüpft mit der sexuellen Zufriedenheit beider Partner; Sexualität wird zu einem lustvollen gemeinsamen Erfahrungsbereich für Männer und Frauen, wobei eine Balance zwischen der Sehnsucht nach Sexualität und der Sehnsucht nach Liebe angestrebt wird. Dies ist eine Entwicklung, die dem Ideal der Einheit von seelischer und sinnlicher Liebe näher gekommen ist.
3. Die Entkoppelung von Liebe und Ehe entspricht einer höheren Realisierungsstufe des romantischen Ideals. Wenn das personale Verhältnis im Mittelpunkt steht, also die Seelenverbindung zweier Menschen, und die Heirat sekundär wird, d. h. zu einer Formsache, die hinzutreten kann oder nicht, sind die Beziehungsnormen der Liebe stärker im Sinne des literarischen Diskursideals der romantischen Liebe realisiert.

Die »*Entromantisierung*« ergibt sich nach Lenz im wesentlichen aus der Notwendigkeit, das Ideal lebbarer zu machen bzw. das Risiko des Scheiterns zu minimieren. Darauf verweist er in zwei Punkten:

1. Die Widersprüchlichkeit: Der Widerspruch besteht zwischen der hohen Bewertung von Individualität auf der einen Seite und dem Versprechen von Dauerhaftigkeit auf der anderen. Wenn die Liebe das einzig legitime Fundament der Zweierbeziehung ist – nicht nur

für den Anfang, sondern auch für die Dauer – und wenn diese Liebe erlischt, wird man »zu einem Wortbrüchigen an der Liebe – im Namen der Liebe« (S. 81). Es liegt in der Logik der romantischen Liebe, daß die Individualität im Konfliktfall Vorrang hat vor der Sicherung der Dauer. Viele Autoren vergleichen den Versuch, eine langfristige Beziehung auf lebendiger Liebe und Leidenschaft aufzubauen, mit dem Bemühen, Feuer und Wasser zusammenzubringen, oder sprechen von der Quadratur des Kreises. Denn das Ideal der Liebesehe enthält die Paradoxie, daß eine auf Dauer angelegte Beziehung, nämlich Partnerschaft und Ehe, auf etwas Flüchtigem und Unzuverlässigem, auf vergänglicher Liebe und Leidenschaft aufgebaut ist. Die Ehe wird – wenn die romantische oder leidenschaftliche Liebe im Sinne eines »emotionalen Naturereignisses« die alleinige bzw. die entscheidende Grundlage der Beziehung bildet – durch etwas begründet, das man selbst nicht beeinflussen kann; sie kommt und geht schicksalhaft.

2. Der Wegfall überkommener Elemente: Zum einen wurden Liebe und Elternschaft entkoppelt: Liebe ist heute möglich mit und ohne Kinderwunsch; und Kinderwunsch ist möglich mit und ohne Liebe (neuerdings sogar ohne Partner). Zum anderen wurde die Beziehung zur Umwelt neu definiert: War im romantischen Ideal die Liebe auf Zweisamkeit angelegt, die Außenwelt gewissermaßen als Störquelle gesehen, der Bezug zur Umwelt entwertet, so gilt es heute – im Sinne der eigenen Selbstverwirklichung – geradezu als notwendig, auch Kontakte mit weiteren Personen außerhalb der Zweierbeziehung zu haben. Hierzu gehört auch der Einbezug von Dritten in Eheprobleme.

Ist das romantische Liebesideal noch zeitgemäß? Oder sind wir grenzenlos überfordert davon? Ist das Scheitern an diesem Ideal inbegriffen? Denn die innere Ambivalenz der Liebenden und die Widersprüchlichkeit der Liebeswünsche, die der Liebe immanent sind, kommen darin

2 Gesellschaftlicher Kontext

gar nicht mehr vor. Im Blick stehen das Glück beider Personen und deren seelische und körperliche Verschmelzung, d. h. der eindeutig positive Wunsch nach Nähe und Geborgenheit, nach persönlicher Kommunikation und nach dem Ungewöhnlichen. Daß die Liebe paradox ist und daß mit der Liebesbeziehung gleichzeitig die Furcht vor Abhängigkeit, vor Verlust an Kontrolle und Autonomie verbunden ist, wird ausgeblendet und gar nicht als zum Phänomen der Liebe dazugehörend erlebt. Gerade dadurch kann die Liebe zu einem Problem werden.

Um das Thema Liebe in der Paartherapie gestalten zu können, muß jedoch zunächst das Thema Partnerschaft analysiert und dargestellt werden, weil Liebe und Partnerschaft in modernen Paarbeziehungen eng miteinander verwoben sind. Es wird im folgenden deutlich, daß bereits die zu Beginn erwähnten Merkmale der Individualisierung und Demokratisierung, welche nach Stierlin (1996) die gegenwärtigen Entwicklungen in Paarbeziehungen kennzeichnen, den unterschiedlichen Logiken von Liebe und Partnerschaft entsprechen: Die Individualisierung gehört zum Konzept der Liebe, die Demokratisierung zum Konzept der Partnerschaft.

2.3 Die Paarbeziehung als Kommunikationssystem

Nach der neueren Systemtheorie gelten nicht mehr Personen als Elemente eines sozialen Systems, sondern die Kommunikation zwischen den Beteiligten konstituiert das System (Luhmann 1984). Dementsprechend schlägt Retzer (2002) vor, sich auch Paarbeziehungen als sinn- und funktionsgeleitete Kommunikationssysteme vorzustellen. Eine Paarbeziehung läßt sich folglich nicht mehr nur als ein Gebilde zwischen zwei Menschen beschreiben, sondern es muß differenziert werden, welche unterschiedlichen Funktionen, Kommunikationscodes und welchen Sinn die Kommunikation eines Paares hervorbringt.

Mit dem Begriff »Code« ist nicht nur ein ideales Gebilde gemeint, vielmehr wird davon ausgegangen, daß ein Code strukturgebenden Charakter für die Konstitution sozialer Systeme hat (Leupold 1983, S. 297). »Romantische Liebe« und »Partnerschaft« gelten in der Soziologie demnach als unterschiedliche Codes bzw. semantische Leitvorstellungen. Dabei stellt sich dann die Frage, in welcher Weise und an welchen Stellen diese Codes das Geschehen in der Ehe strukturieren. Die Wirklichkeit von Intimbeziehungen wird seitens der Soziologie zu ordnen versucht mittels dieser beiden kontrastierenden Leitvorstellungen. Davon kann auch die Paartherapie profitieren, wie im weiteren Verlauf ausgeführt wird.

Liebe als Kommunikationscode
Einer der bekanntesten Versuche einer soziologischen Theorie romantischer Liebe stammt von Niklas Luhmann (1982), der die Liebe nicht als Gefühl oder als Praxis, sondern als ein Kommunikationsmedium verstand.[9] Seither wird in der Soziologie von der Liebe als einem kulturellen Muster gesprochen bzw. als einem Kommunikationscode, der Vorschriften bereithält, was man sich unter Liebe vorstellen kann, wie man Liebesgefühle erleben und ausdrücken kann, wie Liebe entstehen und enden kann usw. Die Liebe im Sinne eines Kommunikationscodes gibt Bedeutung und macht bedeutsam.

Die Liebe gehört zu den »großen Gestaltungskategorien des Daseienden«, schrieb bereits Simmel (1907/1985, S. 230) und fuhr fort: »Es ist gar keine Frage, daß der Liebesaffekt unzählige Male das als objektiv anzuerkennende Bild seines Gegenstandes verschiebt und fälscht, und insofern allerdings allgemein als ›gestaltend‹ anerkannt wird.« »Liebe ist immer eine sozusagen aus der Selbstgenügsamkeit des Innern sich erzeugende Dynamik, die durch ihr äußeres Objekt wohl aus dem latenten in den aktuellen Zustand übergeführt, aber nicht im genauen Sinn hervorgerufen werden kann; die Seele hat sie als eine letzte Tatsache oder sie hat sie nicht, wir können nicht hinter sie auf irgendein äußeres oder inneres Movens zurückgehen, das mehr als gleichsam ihre Gelegenheitsursache wäre« (ebd., S. 233).

2 Gesellschaftlicher Kontext

Der Kommunikationscode der Liebe läßt sich von den Kommunikationscodes anderer Funktionssysteme unterscheiden (vgl. Retzer 2002). Die wichtigsten Unterschiede bestehen darin, daß die Liebes-Kommunikation persönlich oder nach Luhmann sogar »*höchstpersönlich*« ist, insofern als alles, was der Person zugerechnet wird, Gegenstand der Kommunikation sein kann und *unselektiert* als kommunikationswürdig gilt. Demgegenüber finden in anderen Funktionssystemen, von der Familie bis hin zu hochdifferenzierten Organisationen, immer nur Teilaspekte der jeweiligen Person Eingang, meist unterschiedliche Teilaspekte in unterschiedlichen Funktionssystemen. Während also in einer Liebesbeziehung die ganze Person mit all ihren Möglichkeiten an der Kommunikation teilnimmt, ist man in anderen Funktionssystemen verpflichtet, dies gerade nicht zu tun: Wer seine kommunikativen Beiträge nicht selektiert, nicht auswählt und einschränkt und damit auf Funktionalität hin absichert, wird auffällig, und seine Beiträge werden als unpassend empfunden. Liebesbeziehungen sind gerade deswegen als Kommunikationssystem so bedeutsam, weil man als Gesamtperson teilnehmen kann und auch muß, und die Liebesbeziehung die höchste Steigerungsform der persönlichen und personenbezogenen Kommunikation darstellt. Die Dyade einer Liebesbeziehung ist mehr als alle anderen Kommunikationsformen auf die Unverwechselbarkeit und Nicht-Austauschbarkeit ihrer Teilnehmer angewiesen.

Ein weiteres Merkmal, das die Liebesbeziehung von anderen Funktionssystemen unterscheidet, betrifft die Koppelung von Psyche und Kommunikation. Diese Koppelung ist eng in der Liebesbeziehung, das Primat liegt auf der Psyche; sie ist locker in anderen Funktionssystemen, das Primat liegt auf der Kommunikation. Das bedeutet folgendes: In einer Liebesbeziehung wird versucht, das eigene Erleben einzubringen, »authentische Kommunikation« wird zum höchsten Wert. Es wird versucht, auch das einzubringen, was erlebt wird, wenn man kommuniziert. Das Gegenteil findet in unpersönlichen funktionalen Kommunikationssystemen statt, wo die Teilnehmenden sich in der Regel stärker an der Eigendynamik der laufenden Kommunikation als an der ihres eigenen Erlebens ausrichten, wodurch die Kommunikation affektdistanzierter erscheint.

Die Handlungslogiken von Liebe und Partnerschaft
Die Prinzipien von romantischer Liebe und Partnerschaft wurden in den letzten beiden Jahrhunderten in zwei verschiedenen Phasen entwickelt: Romantische Liebe, wie bereits erwähnt, im Übergang vom 18. zum 19. Jahrhundert; Partnerschaft mit Beginn der 20er Jahre des 20. Jahrhunderts.

Während die romantische Liebe »angesichts weit vorangetriebener Individualisierung Probleme der *Bildung* ›höchstpersönlicher‹ Beziehungen auffängt, dient Partnerschaft ... als Muster der *Regelung* von Beziehungen« (Leupold 1983, S. 298). Dies bedeutet nicht, daß ein Prinzip gegen ein anderes ausgetauscht wird, sondern es hat zu tun »mit einem *Wechsel des Primats* in der Formulierung und Bearbeitung von Problemen im Kontext höchstpersönlicher Beziehungen« (ebd.). Das Prinzip Partnerschaft wurde nicht zuletzt dadurch motiviert, daß der romantischen Liebe damals eine desorganisierende Wirkung auf Ehe und Familie zugesprochen wurde (Baber 1953; Burgess 1926).

Die unterschiedlichen Logiken, denen Liebe und Partnerschaft folgen, werden in Tabelle 2 dargestellt (Zusammenfassung bei Koppetsch 1998; Leupold 1983[10]). Liebe und Partnerschaft werden dabei als Idealschemata ehelicher Kommunikation verstanden, als gegensätzliche Positionen, die sich in der Praxis jedoch nicht ausschließen. Beide können sich in kurzer Folge abwechseln, sich gegenseitig neutralisieren und begrenzen, wie Cornelia Koppetsch (1998) zeigt.

Bei Betrachtung eines kurz- und mittelfristigen Zeitraums von Wochen bis Monaten fällt insbesondere die Gegensätzlichkeit in bezug auf Gerechtigkeit und Gegenseitigkeit auf. *Partnerschaft* ist auf Reziprozität und Gegenseitigkeit ausgerichtet, Leistungen sind an Bedingungen geknüpft, Gegenleistungen können eingeklagt werden, während der Liebe jegliche Symmetrie bzw. Reziprozität im Geben und Nehmen fehlt. Aus *Liebe* läßt sich kein Anspruch auf Gegenliebe ableiten, sie läßt sich nicht

2 Gesellschaftlicher Kontext

Liebe	Partnerschaft
Anfang und Ende bewußt nicht beeinflußbar, »Himmelsmacht«, nicht vertragsfähig	Bewußtes Ein- und Austreten (z. B. juristische Form der Ehe, Scheidung)
Irrationalität	Vernunft, Verständnis, dauerhafte Kooperation
Bedingungslosigkeit; Ansprüche sind nicht ableitbar: es wird nichts geschuldet	Bedingungen werden ausgehandelt, Kompromisse geschlossen, Ansprüche abgeleitet, Regeln festgelegt
Verzicht auf Gerechtigkeit	Anspruch auf Gerechtigkeit
Verzicht auf Gleichberechtigung	Anspruch auf Gleichberechtigung (egalitär, symmetrisch)
Verzicht auf Herrschaftsfreiheit: Überwältigung/freiwillige Unterwerfung	Anspruch auf Herrschaftsfreiheit
Keine Tauschhandel; Gabentausch	Austauschverhältnis: Leistung – Gegenleistung
Funktionsspezifisches Sinnangebot (exklusiver Sinn)	Funktionsunspezifisches Sinnangebot

Tabelle 2: Die Handlungslogiken von Liebe und Partnerschaft.

verdienen oder erzwingen; sie ist nicht an Bedingungen geknüpft, sondern kann nur eine freiwillige, spontane Gabe sein, unabhängig von Vorleistungen, unabhängig von Argumenten der Vernunft und unabhängig von moralischen Verpflichtungen. Liebe ist aus der Ökonomie gesellschaftlicher Tauschrelationen ausgenommen. Sie beruht nicht auf Berechnung, sondern auf Verausgabung; auf bedingungsloser und freiwilliger Hingabe. Je größer das individuelle Opfer, desto größer wird im allgemeinen die Liebe eingeschätzt; das Opfer ist eine Art Liebesbeweis und zeigt an, in welchem Maße die Liebenden bereit sind, auf etwas Wichtiges zu verzichten, zum Beispiel im Interesse der Beziehung auch mit der Vergangenheit oder mit sozialen Normen zu brechen. Wenn der Liebende seinen Partner wegen ehemals gebrachter »Opfer« anklagt, argumentiert er hingegen aus einer anderen Perspektive; denn in der Logik der Liebe gibt es kein »Recht« auf »Schadensersatz«.

Partnerschaft legt den Schwerpunkt auf die unmittelbare Reziprozität und gibt den individuellen Interessen Vorrang gegenüber einer blinden Investition in die gemeinsame Bindung. Der Code der Partnerschaft warnt davor, sich allzusehr in Abhängigkeit zu begeben, vollständig in der Beziehung aufzugehen. Die Individualität ist wichtiger als die soziale Einbindung, weshalb die ausschließliche Bindung an eine andere Person vor allem als erstickende Sicherheit und Abhängigkeit gesehen wird. Von daher ist es entscheidend, von einer Person nicht alles zu erwarten oder einer Person nicht alles hinzugeben bzw. für diese aufzugeben. Jeder soll Bereiche außerhalb der Partnerschaft pflegen, sowohl Bezugspersonen als auch eigene Interessen. Dies wird nicht zuletzt mit der Wahrscheinlichkeit von Trennungen untermauert. Über die Gestaltung der Paarbeziehung – zum Beispiel die Verteilung häuslicher Pflichten und die Freizeitgestaltung – soll rational und offen verhandelt werden. *Liebe* ist bedingungslos, sie verzichtet großzügig auf Gerechtigkeit; Liebe scheint frei von Unterdrückung und Ungleichheit, zieht jedoch einen Teil ihrer Kraft aus der Paradoxie von freiwilliger Unterwerfung, von Hingabe und Sich-Überwältigen-Lassen (Dux 1994).

Anders als die Liebesbeziehung ist die *Partnerschaft* kein Wert an sich, sie erfüllt keinen Selbstzweck, sondern ist den Interessen der beteiligten Personen untergeordnet. Zwei autonome Individuen treten zwecks Optimierung ihrer individuellen Gewinne in ein faires und rationales Tauschverhältnis ein, das bei Vertragsbruch aufgekündigt werden kann. Die *Liebesbeziehung* hingegen ist Selbstzweck. Es geht nicht darum, den individuellen Gewinn zu maximieren, sondern die Liebesgemeinschaft aufrechtzuerhalten. Wenn etwas gegeben wird, zählen Spontaneität, Bedingungslosigkeit und unberechnende Hingabe. Deswegen läßt sich der Austausch zwischen Liebenden nicht nach dem Prinzip des reziproken Tauschhandels äquivalenter Leistungen, sondern eher nach dem Prinzip des Gabentauschs begreifen. Beim Gabentausch wird nicht der Wert oder Preis einer Gabe aufgerechnet, sondern die Gabe hat einen symbolischen Wert. Sie gilt als Ausdruck der Zuneigung, der Stiftung des sozialen Bandes, sie soll aber auch den anderen in Form von Zuneigung und Dankbarkeit auf das Gemeinsame verpflichten. Mit dem Austausch von Gaben geht gleichsam ein Austausch von Gefühlen einher.

Aus der Perspektive der Interaktion eines Paares läßt sich sagen, daß sich die *Liebe* durch den Austausch der Gaben realisiert. Liebe ist kein frei flottierendes Gefühl, sondern eingebettet in Dankbarkeit für eine Gabe, und sie begleitet den Wunsch, diese Gabe zu erwidern (Hochschild 1989). Neben den konventionellen Formen des Schenkens gehören zu den Gaben, die eine Liebesbeziehung konstituieren und untermauern, sowohl die kleinen Aufmerksamkeiten im Alltag als auch die stillschweigend erbrachten Opfer, die sogenannten großen Gesten der Liebe. Dazu kann zum Beispiel auch der Wunsch gehören, an der geliebten Person etwas wiedergutzumachen, was dieser in früheren Beziehungen widerfahren ist. *Partnerschaft* realisiert sich eher durch den unmittelbaren Tausch von Leistungen, auf die Sicherstellung, daß Rechte und Pflichten wechselseitig und zuverlässig und auch innerhalb kurzer Zeitabschnitte wahrgenommen werden. Leistungen und Gegenleistungen werden verrechnet. Im Gegensatz dazu soll der Gabentausch als freiwillig und irreversibel erscheinen, was langfristige Zeitabschnitte begünstigt. Die Gegengabe wird gleichsam zeitlich aufgeschoben, diese ist nicht einklagbar wie in der Partnerschaft, ohne den Charakter des Gabentauschs zu zerstören.

Die Ökonomie der Partnerschaft ist also von der Durchsetzung persönlicher Interessen motiviert, während die Liebe getragen ist vom

Wunsch, sein Bestes für den anderen zu geben. Für die Gleichheit der Geschlechter, für die Reziprozität zwischen Mann und Frau sowie für den Erhalt der Individualität der Beteiligten bietet Partnerschaft eine bessere Gewähr als die Liebe.

Partnerschaft läßt sich als unspezifisches Sinnangebot begreifen, das in der Tendenz für alle sozialen Beziehungen gilt; sie kann jedoch für die Paarbeziehung keinen exklusiven Sinn stiften. Daher genügt die Bereitschaft, sich auf partnerschaftliche Formen der Gegenseitigkeit einzulassen, zwar als Motiv für eine Geschäftsbeziehung, sie stellt jedoch kein ausreichendes Motiv dar, sich auf eine Paarbeziehung einzulassen. Wenn die Paarbeziehung auf die Liebe verzichtet, dann nur auf die Gefahr hin, »ihre Bindungskraft, ihre Antriebsstruktur, d.h. ihre spezifische Sozialität vollständig einzubüßen« (Koppetsch 1998, S. 117).

In aktuellen Paarbeziehungen stellt die *Liebe* einen zentralen Wert dar, durch den sich diese Beziehung von allen anderen Beziehungsformen unterscheidet. Die Bedeutung der Liebe für die Paarbeziehung wird dadurch unterstrichen, daß der romantischen Liebe der Rang einer »irdischen Religion« zuerkannt wird, wie eingangs dargestellt. Die Liebe verheißt eine gesteigerte Glückserfahrung zur Kompensation einer Alltagswelt, die zunehmend mehr Flexibilität vom einzelnen verlangt und gleichzeitig dessen Anonymität steigert. Es sei nochmals hervorgehoben, daß der Bedarf nach einer Sphäre höchstpersönlicher Kommunikation steigt, wenn zunehmend mehr Bereiche unpersönlicher Kommunikation ausgegrenzt werden und damit die erfahrene Differenz von persönlichen und unpersönlichen Beziehungen wächst (Luhmann 1982).

Das Spannungsverhältnis von Liebe und Partnerschaft

Die Partnerschaft stellt im Vergleich zur Liebesbeziehung eine gemäßigtere Form der Paarbeziehung dar, weil sie sich gegen diesen Anspruch auf Höchstrelevanz und Exklusivität der Paarbeziehung wendet. »Partnerschaft« öffnet die Grenzen zwischen Ehe und sozialer Umwelt, sie regelt das Verhältnis von inner- und außerehelichen bzw. außerfamilialen

Beziehungen und zerlegt die Ehe gleichsam in zwei autonome Individuen. Nach dem Code der Partnerschaft genießen diejenigen einen Legitimitätsvorteil, die sich nicht in der Paarbeziehung isolieren, sondern den gesellschaftlich etablierten Werten wie Gerechtigkeit, Fairneß, Gleichheit der Geschlechter, Gleichheit der Rechte und Gleichheit des Anspruchs auf Selbstverwirklichung folgen. Auf diese Weise wird die Paarbeziehung gesellschaftlich eingebunden. Es wird gefordert, daß die Paarbeziehung mit allen anderen gesellschaftlichen Bereichen und einer unbegrenzten Vielzahl von außerehelichen Kontakten vereinbar ist (Koppetsch 1998, S. 127).

Bereits Ende der vierziger bzw. Anfang der fünfziger Jahre wurde – in Stellungnahme gegen die frühere Desorganisationsthese, der zufolge die romantische Liebe eine desorganisierende Wirkung auf Ehe und Familie hat – auf »positive, organisierende, gesellschaftsstrukturell notwendige Aspekte romantischer Liebe« hingewiesen (Leupold 1983, S. 304). Die Argumentation erfolgte schon zu diesem Zeitpunkt aus makrosoziologischem Blickwinkel: Angesichts des damals absehbaren Wandels sozioökonomischer Strukturen, die den einzelnen einer Situation sozialer Isolation, sozialer und emotionaler Verunsicherung, Konkurrenz und Anonymität aussetzten, sah man (z.B. Beigel 1951), daß der Liebe gesellschaftlich neue Funktionen zuwachsen; daß nämlich die Liebe zur Lösung der mit diesem Wandel einhergehenden Probleme beitragen kann. Ob man mit der romantischen Liebe, die sich auch makrosoziologisch als notwendig erwies, in der Ehe tatsächlich leben kann, blieb jedoch damals eine offene Frage.

Wie ist es nun heute um das Verhältnis von Liebe und Partnerschaft bestellt? Nach Ansicht mancher Autoren (z.B. Giddens 1993) können Liebe und Partnerschaft ohne Probleme miteinander verschmolzen werden. Andere wiederum meinen, Partnerschaft habe die seit dem 19. Jahrhundert zentrale Kodierungsform der romantischen Liebe ersetzt oder die Liebe sei nur für den Beginn der Paarbeziehung notwendig und werde im späteren Verlauf durch Partnerschaft ersetzt. Romantische

2.3 Die Paarbeziehung als Kommunikationssystem

Liebe dient dann dazu, den Sinn der Beziehung konstant zu halten; komplementär dazu dient die Partnerschaft zur Lösung der alltäglichen Fragen der Aufteilung von Zuständigkeitsbereichen und der Lösung von Konflikten usw. (z. B. Leupold 1993). Für Koppetsch (1998) stellen Liebe und Partnerschaft konkurrierende Prinzipien dar, die in der Interaktion von Paarbeziehungen unterschiedliche Aufgaben erfüllen. Koppetsch begreift Liebe als Interaktionsform, die in der alltäglichen Kommunikation realisiert wird, jedoch niemals in Reinform in Erscheinung tritt, sondern durch andere Regulative, wie z. B. Geschlechts- und Partnerschaftsnormen, überlagert oder ergänzt wird.

Insgesamt scheint die These vom gleichzeitigen Vorhandensein beider Codes, von denen unterschiedliche Aspekte und Ebenen im Zusammenleben eines Paares abgedeckt werden, von den meisten Autoren gestützt zu werden. Die meisten Paarbeziehungen folgen also sowohl der Logik der Liebe als auch der Logik der Partnerschaft. In der Regel ist es wichtig und hilfreich, beide Prinzipien anzuerkennen, zu unterscheiden und paarspezifisch auszubalancieren. Für die Verbindung dieser beiden Prinzipien gibt es keine Patentrezepte. Zum Beispiel stehen Paare mit Kindern in der Regel vor der Notwendigkeit, einen größeren Anteil ihrer Beziehung als Partnerschaft bzw. als »Geschäftsbeziehung« zu deklarieren und Raum zu schaffen für die Liebesbeziehung. Die vorhandene Liebesbeziehung ermöglicht es, Imbalancen längerfristig auszuhalten; dominiert die Partnerschaft, ist der Spannungsbogen deutlich kürzer.

Wie gesagt ist bei dieser idealtypischen Gegensätzlichkeit von Liebe und Partnerschaft auch die zeitliche Dauer zu berücksichtigen, die meisten Gegensätze gelten insbesondere für kurz- bis mittelfristige Zeiträume. Betrachtet man längere Zeiträume, womit Jahre oder sogar Dekaden gemeint sind, so bedarf auch das Prinzip Liebe – ähnlich wie Partnerschaft im kürzeren Zeitrahmen – einer Ausgewogenheit im Geben und Nehmen, wenn es nicht an seine Grenzen stoßen soll. Beispielhaft hierfür sind Beziehungen, in denen Frauen über Jahrzehnte ihren berufstätigen Männern »den Rücken freihalten«, dann jedoch nach der Pensionierung einen gewissen

2 Gesellschaftlicher Kontext

Ausgleich dafür erwarten und auch meinen, ein Anrecht darauf zu haben. Kommt es nicht zum Ausgleich, entstehen oft einschneidende Krisensituationen bis hin zur Aufkündigung der Beziehung. Offensichtlich kann die Liebe nicht über längere Zeit fortbestehen, ohne adäquat beantwortet zu werden: Kurz- und mittelfristig sind Imbalancen auszuhalten, doch langfristig unbalancierte Beziehungen gehen vermutlich mit seelischer Verkümmerung bis hin zu pathologischen Phänomenen einher.[11] Für die Paartherapie, deren Interventionsrahmen sich einerseits auf kurz- und mittelfristige Zeiträume bezieht, in die jedoch andererseits auch immer langfristige Beziehungsgeschichten hineinragen, sind sowohl das Wissen um die unterschiedlichen Logiken von Liebe und Partnerschaft als auch um die Notwendigkeit von mittel- bzw. längerfristig ausbalancierten Zuständen sehr wesentlich.

3 Liebe aus psychologischer Sicht

Von der Schwierigkeit, die Liebe zu definieren, wurde bereits gesprochen. Was ist die Liebe? Ein Gefühl? Eine grundsätzliche menschliche Disposition? Eine Geschichte? Ein soziales oder ein kulturelles Produkt, ein Kommunikationscode? Eine Interaktionsform? Ein biochemischer Erregungszustand? Eines scheint klar: Das Objekt der Liebe ist mehr als nur es selbst in seiner Begrenztheit. Die Liebe verändert ganz offensichtlich den Beobachter und seinen Blick. Die Imagination oder die Phantasie ist an jeder Art von Liebe, ob sie verwirklicht, idealisiert oder imaginär ist, entscheidend beteiligt. In diesem Sinne beschrieb bereits Simmel (1907) die Liebe als eine der großen »Gestaltungskategorien des Daseienden«. Die Liebe geht immer mit innerem Geschehen und Handeln einher, das heißt mit Gefühl, Empfindung, Zuneigung, Sehnsucht, Leidenschaft; sie ist allerdings *nicht nur* ein inneres Geschehen und Handeln, sie ist auch eine Verbindung zwischen zwei Menschen.

In diesem Kapitel geht es um die Liebe aus psychologischer Sicht. Zunächst erfolgt eine Annäherung an das Phänomen mit Hilfe von Beschreibung und Differenzierung unterschiedlicher Aspekte der Liebe und der mit ihr verbundenen Paradoxien, danach wird die Liebe als wechselseitiger Prozeß untersucht. Diese Themen habe ich im Hinblick auf ihr Potential und ihre Nützlichkeit für die Paartherapie ausgewählt.

3 Liebe aus psychologischer Sicht

3.1 Zur Phänomenologie der Liebe

Häufig wird zwischen Verliebtheit und Liebe unterschieden, so als sei die Verliebtheit das Anfangsstadium einer Liebesbeziehung, eine intensive Initialzündung, die in manchen Fällen in Liebe übergeht, in anderen Fällen aber wieder erlischt. Wesentlich ist, daß die Verliebtheit leichter zu beschreiben ist als die Liebe, da sie weniger Widersprüche und Paradoxien enthält.

Zur Entstehung der Liebe
Stendhal (1822) hat die Entstehung der Liebe als einen seelischen Vorgang in sieben Stufen[12] beschrieben. Mit dem berühmten Bild der Kristallisation schildert er die Idealisierung der geliebten Person aus dem Erleben eines Mannes. Während die erste Kristallisation noch relativ frei von Ambivalenzen ist, treten diese im Übergang zur zweiten Kristallisation, von Stufe 5 zu Stufe 7, hinzu und intensivieren die Anziehung durch die Geliebte.

> »5. Die erste Kristallisation beginnt ...
> Im Hirn eines Liebenden, das vierundzwanzig Stunden hindurch in Aufruhr ist, geht vergleichsweise folgendes vor: In den Salzburger Salzgruben wirft man in die Tiefe eines verlassenen Schachtes einen entblätterten Zweig; zwei oder drei Monate später zieht man ihn über und über mit funkelnden Kristallen bedeckt wieder heraus; selbst die kleinsten Zweiglein, nicht größer als die Krallen einer Meise, sind überzogen mit zahllosen schillernden, blitzenden Diamanten; man erkennt den einfältigen Zweig gar nicht wieder.
> Ich bezeichne als Kristallisation die Tätigkeit des Geistes, in einem jeden Wesenzuge eines geliebten Menschen neue Vorzüge zu entdecken ...
> Der entflammte Mann sieht alle Vollkommenheiten in seine Geliebte hinein; indessen kann die Anziehungskraft wieder nachlassen,

weil nämlich die Seele alles Gleichförmigen leicht überdrüssig wird, selbst eines vollkommenen Glückes. Das bedeutet, daß dieselbe Nuance des Seins immer nur einen Augenblick völligen Glückes gewährt, die Art und Weise des Seins also bei einem leidenschaftlichen Menschen zehnmal des Tages wechselt.
Um die Anziehung zu verstärken, tritt noch folgendes hinzu:
6. Es erhebt sich der Zweifel.
Nach zehn oder zwölf Begegnungen oder einer Reihe anderer blitzartiger oder über ganze Tage sich hinziehender Erlebnisse, die zunächst Hoffnungen erweckt und sodann bestätigt haben, überwindet der Liebhaber die anfängliche Befangenheit, und an Erfolg gewöhnt oder von einer Allerweltsansicht verführt, ... verlangt er zwingende Beweise und möchte sein Glück ergreifen ... Der Liebhaber beginnt an dem erhofften Erfolg zu zweifeln, er sinnt über die Gründe nach, die ihn zu seiner Hoffnung verleiteten. Er möchte sich wieder den anderen Erfreunissen des Lebens zuwenden: aber er findet sie nichtig. Das Bewußtsein eines entsetzlichen Jammers ergreift ihn und damit zugleich ein tiefes Verlangen.
7. Die zweite Kristallisation beginnt.
Nun beginnt die zweite Kristallisation und erzeugt wie Diamanten die Bestätigung des einen Gedankens: Sie liebt mich ... Und die Kristallisation bringt neue Reize hervor; danach naht wieder der Zweifel ... Und in einem freud- und leidvollen Wechselspiele fühlt der arme Liebhaber deutlich: Sie könnte mir Freuden gewähren, wie auf der ganzen Welt allein sie welche zu vergeben hat. Die offenbare Tatsache dieses Wandelns am Randes eines schrecklichen Abgrundes, während das vollkommene Glück greifbar vor einem schwebt, verleiht der zweiten Kristallisation ihren großen Vorrang vor der ersten ...
In einen ganz niederschmetternden Zustand gerät die junge Liebe, wenn sie sich einer falschen Schlußfolgerung bewußt wird und ein Teil der Kristallbildung wieder vernichtet werden muß.

3 Liebe aus psychologischer Sicht

Man zweifelt an der Kristallisation selbst.« (Stendhal 1822/1975, S. 44 ff.)

Das Sich-Verlieben ereignet sich meist plötzlich (»auf den ersten Blick«), auch zu unpassenden Zeiten oder mit ungeeigneten Partnern. Wenn die Gefühle einmal verschwunden sind, lassen sie sich schwer wieder gewinnen. Überhaupt kann man die Liebe nicht willentlich erzeugen, auch wenn ein Partner noch so passend erscheint. Manche Autoren beschreiben das »Sich-Entlieben« als ein Muster, das einer Umkehrung des Prozesses des Sich-Verliebens entspricht (Eiguer und Ruffiot 1991; Person 1990): Es handelt sich um einen diskontinuierlichen Prozeß, der im Wechsel von negativen (statt schwärmerischen) Gefühlen und wiederauflebenden Versöhnungswünschen vor sich geht. »Das ›Sich-Entlieben‹ hat im Grunde ebenso den Charakter einer *grande obsession* wie das Sich-Verlieben, nur mit entgegengesetzter emotionaler Valenz« (Person 1990, S. 418).

Mythologische und psychoanalytische Sicht

Specht (1977) vergleicht die psychoanalytische Theorie der Verliebtheit (Freud 1910, 1914) mit den mythologischen Darstellungen Platons (»Phaidros«; Rede des Aristophanes aus dem »Gastmahl«). Denn sowohl im psychoanalytischen als auch im mythologischen Erklärungsmodell wird die Verliebtheit als die Wiederherstellung eines früheren idealen Zustandes gesehen.

Erklärungen der Verliebtheit nach Platon

Bereits in der Philosophie der Antike hat Platon im »Gastmahl« und im »Phaidros« die Grundschemata zur Erklärung der Verliebtheit entworfen (Tabelle 3).

Im Gastmahl wurden mehrere Reden gehalten, um den Gott Eros zu lobpreisen. Sehr bekannt geworden ist die Rede des Aristophanes, der

3.1 Zur Phänomenologie der Liebe

Gastmahl (Rede des Aristophanes)	Phaidros
Ursprünglicher Zustand der Einheit zweier Individuen	Ursprünglicher Glückszustand mit einem Gott
↓	↓
Traumatischer Verlust der Einheit und Bildung zweier getrennter Individuen	Verlust des Glückszustands (Absturztrauma)
↓	↓
Partielle Restitution des verlorenen Einheitszustands durch sexuelle Vereinigung	Versuch der Restitution des ursprünglichen Zustands durch Wiedererinnerung

Tabelle 3: Erklärungsprinzipien der Verliebtheit (nach Platon).

darstellt, daß anfänglich je zwei Menschen zu einer Dyade, einem Doppelwesen zusammengewachsen waren:

> »Zunächst ... gab es damals drei Geschlechter von Menschen, nicht nur zwei wie jetzt, männlich und weiblich, sondern ihnen gesellte sich noch ein drittes hinzu, eine Verschmelzung jener beiden, von dem jetzt nur noch der Name übrig ist; selbst ist es verschwunden. Es gab nämlich damals ein mannweibliches Geschlecht, nicht bloß dem Namen nach, sondern auch als wirkliches Naturgebilde, aus beiden, dem männlichen und weiblichen zusammengesetzt, während es jetzt nur noch den Namen gibt und zwar nur als Schimpfnamen. Ferner war damals die ganze Gestalt eines jeden Menschen rund, indem Rücken und Seiten eine Kugel bildeten; Hände aber hatte ein jeder vier und ebensoviele Füße und zwei einander völlig gleiche Gesichter auf einem kreisrunden Halse. Für beide einander entgegengesetzt liegende Gesichter aber hatten sie einen gemeinsamen Kopf, zudem vier Ohren und zwei Schamglieder und alles andere, wie man es sich hiernach wohl ausmalen kann. Man ging nicht nur aufrecht wie jetzt, beliebig in der einen oder anderen Richtung,

3 Liebe aus psychologischer Sicht

> sondern, wenn sie es eilig hatten, machten sie es wie die Radschlagenden, die mit gerade emporgestreckten Beinen sich im Kreise herumschwingen: auf ihre damaligen acht Gliedmaßen gestützt bewegten sie sich im Kreisschwung rasch vorwärts ... Sie waren demnach von gewaltiger Kraft und Stärke und von hohem Selbstgefühl, ja, sie wagten sich sogar an die Götter heran ... sie machten sich daran, sich den Weg zum Himmel zu bahnen, um den Göttern zu Leibe zu gehen« (Das Gastmahl 189 e–190 b).

Zur Strafe schwächte sie Zeus:

> » ... er schnitt die Menschen in zwei Hälften, wie wenn man Vogelbeeren zerschneidet, um sie einzumachen. Und immer, wenn er einen zerschnitten hatte, wies er Apollon an, ihm das Gesicht und die Halshälfte nach der Schnittfläche umzudrehen, auf daß der Mensch angesichts der vollzogenen Zerschneidung sittsamer würde; im übrigen ließ er Apollon die Heilung vollziehen. Dieser drehte ihnen das Gesicht um, zog von Seiten die Haut über der jetzt Bauch genannten Fläche zusammen wie einen Schnürbeutel, indem er eine Öffnung ließ, die man jetzt Nabel nennt. Und die meisten Falten glättete er und fügte die Brust zusammen mit einem Werkzeug ähnlich wie es die Schuster haben, wenn sie über dem Leisten die Falten des Leders glätten; nur einige wenige ließ er zurück am Unterleib und Nabel, als Denkzeichen des ehemaligen Eingriffs« (Das Gastmahl 190 d–191).

Jede Hälfte suchte nun nach der ihr ehemals zugehörigen anderen. Da die Hälften nicht zusammenwachsen konnten, starben sie vor Sehnsucht nacheinander.

> »Da erbarmte sich Zeus und schuf auf andere Weise Abhilfe, indem er ihre Schamteile nach vorn versetzte; denn bisher hatten sie auch

diese nach außen und zeugten und gebaren nicht ineinander, sondern in die Erde wie die Zikaden. Diese Verlegung nach vorn und die damit verbundene Erzeugung ineinander durch das Männliche in dem Weiblichen bewerkstelligte er in folgender Absicht: Wenn bei der Umarmung ein Mann auf ein Weib träfe, so sollte zugleich eine Zeugung erfolgen zur Fortpflanzung des Geschlechts; wenn aber ein Männliches auf ein Männliches, so sollte das Zusammensein wenigstens zu einer Befriedigung führen, damit sie nun davon abließen und sich wieder der Werktätigkeit zuwendeten und sich der Sorge für die anderen Lebensbedürfnisse widmeten. Seit so langer Zeit also ist die Liebe zueinander den Menschen eingeboren. Sie führt das ursprüngliche Wesen zusammen und ist bestrebt, aus Zweien Eins zu machen und der menschlichen Natur Heilung zu verschaffen« (Das Gastmahl 190b–191d).

Dieser Mythos war nicht für die Ehe gedacht. Er beschreibt die homo- und heterosexuelle Liebe zumindest gleichgewichtig, wenn nicht sogar in erster Linie die Liebe von Männern zu Knaben. Das Grundprinzip (ursprünglicher Zustand der Einheit zweier Individuen – traumatischer Verlust der Einheit und Bildung zweier getrennter Individuen – partielle Restitution des verlorenen Einheitszustands durch sexuelle Vereinigung) deutet Specht (1977, S. 105) unter Bezugnahme auf psychoanalytische Konzepte: Der Nabel als Markenzeichen der Trennung symbolisiere die Geburt, die traumatische Urtrennung; die Macht- und Vollkommenheitsgefühle der Urdyaden geben Hinweis auf narzißtische Vollkommenheitsphantasien; und der Eros, der zwar an die Sexualität, an die Vereinigung der Zeugungsglieder gebunden ist, stehe im Dienste des viel tieferen und grundlegenderen Bedürfnisses nach einer »restitutio ad integrum«.

Die Theorie der Verliebtheit, die Platon im *Phaidros* dargestellt hat, ist in der psychologischen Literatur bisher weniger bekannt geworden als der soeben beschriebene Mythos vom Kugelwesen. Im Phaidros bezeich-

3 Liebe aus psychologischer Sicht

net Platon die Verliebtheit als eine Form der Mania und als einen Seelenzustand, der durch das Aussetzen der Vernunft charakterisiert ist. Dabei unterscheidet er pathologische Formen der Mania von den durch die Götter bewirkten Formen, und die Verliebtheit gehört zu den letzteren.

»Platon nimmt an, daß die Seelen der Menschen vor ihrer Geburt im beglückenden Umzug der Götter um den Himmel mitgezogen sind und in einem Zustand seligen Glücks die Schönheit und die die Schönheit repräsentierenden Gottheiten gesehen haben. Die Fähigkeit, mit den Göttern um den Himmel zu ziehen, verdanken die Seelen ihrem Gefieder. Allerdings können sich die menschlichen Seelen im Gegensatz zu den Seelen der Götter in diesem seligen Zustand nicht halten, sie verlieren ihr Gefieder, stürzen herab und vereinigen sich mit einem irdischen Körper: die Geburt. Dabei vergißt die Seele ihre Herkunft, die früher geschauten Bilder der Vollkommenheit und das selige Glück vor dem Absturz. Begegnet die Seele nun später einem Menschen, der dem Gott gleicht, mit dem sie vor der Geburt im Himmel geweilt hat, dann erinnert sich die Seele an das vorgeburtliche Glück, an den damals geschauten Gott; das Gefieder beginnt wieder zu wachsen, und die Seele möchte sich im Aufflug mit dem Umzug der Götter vereinigen. Dieser Zustand der Wiedererinnerung und des Wunsches, mit Hilfe des wachsenden Gefieders zum Götterzug zurückzukehren, ist die Verliebtheit« (Specht 1977, S. 106).

An diesem Erklärungsschema (ursprünglicher Glückszustand mit einem Gott – traumatischer Verlust des Zustands – Versuch seiner Restitution; vgl. Tabelle 3) ist neu, daß der ursprüngliche Zustand und dessen Wiederherstellung über ein psychologisches Prinzip, über die Wiedererinnerung, miteinander verbunden werden. Die Idealisierung des Liebesobjektes kommt zustande, weil dieses »dem früher geschauten und wiedererinnerten Gott« ähnelt und daher selbst dessen Idealzüge annimmt. Das Gefühl, man habe die geliebte Person schon immer oder in einem früheren Leben gekannt, findet hiermit eine Erklärung. Und auch eine Erklärung der Körpersensationen der Verliebtheit ist möglich mit Hilfe der Vorstellung, daß in der Verliebtheit das einst verlorene Gefieder wieder wächst; eine Voraussetzung für das Schweben, das Fliegen, evtl. auch für die Empfindungen von Hitze und Erregung.

Erklärungen der Verliebtheit nach Freud

Freud unterscheidet die Verliebtheit nach dem Anlehnungstyp und die Verliebtheit nach dem narzißtischen Typ (Tabelle 4):

Objektwahl nach dem Anlehnungstyp	Objektwahl nach dem narzißtischen Typ
Glück mit dem ursprünglichen Liebesobjekt (Mutterbrust, ödipales Dreieck) ↓	Primär-narzißtische Vollkommenheit (Ich- und Objektlibido ungetrennt) ↓
Verlusttrauma und Amnesie bzw. Verdrängung ↓	Differenzierung von Ich- und Objektlibido, Spannung Real- vs. Ideal-Ich ↓
Wiederherstellung des verlorenen Objekts bzw. des verlorenen Glücks in der Verliebtheit	Wiederherstellung des Primärzustands in der Verliebtheit

Tabelle 4: Erklärungsprinzipien der Verliebtheit (nach Freud).

Obwohl die Modelle Platons philosophisch-metaphysischer Natur sind – das ursprüngliche Objekt ist in einen vorgeburtlichen Zustand verlagert – und die Modelle Freuds psychoanalytischer Natur – das ursprüngliche Objekt ist in der frühen Kindheit angesiedelt[13] –, lassen sich entscheidende Parallelen zwischen beiden Ansätzen aufzeigen. Der Vergleich der Tabellen 3 und 4 zeigt, daß Freuds Modelle zur Erklärung der Verliebtheit an eine lange Tradition anknüpfen.

3 Liebe aus psychologischer Sicht

Besonders in der *Objektwahl nach dem Anlehnungstyp* (Freud 1904/05, 1910) wird die Parallele zur Wiedererinnerungslehre im Phaidros deutlich: Freud leitet die Objektwahl in der Verliebtheit aus dem Elternbild der frühen Kindheit ab: »Die Objektfindung ist eigentlich eine Wiederfindung.« Grundlegend für dieses Schema ist die Annahme einer zweizeitigen Entwicklung der Sexualität: Die frühkindlichen sexuellen Strebungen fallen in der sogenannten Latenzzeit in eine fast vollständige Amnesie. Sie werden erst wieder in der Pubertät bewußt, nun allerdings richten sie sich auf andere Objekte, und die Bezugspersonen, denen die infantilen Triebe galten, bleiben weitgehend unbewußt. Die Annahme der zweizeitigen Entwicklung der Sexualität soll das in der Verliebtheit »gleichzeitige Vorhandensein von direkten und zielgehemmten Sexualstrebungen« erklären, denn die in der Pubertät auf die Eltern gerichteten Strebungen gelten als »zielgehemmt«.

Das Liebesobjekt der verliebten erwachsenen Person ist folglich Abbild eines Objekts, das diese Person in einem zeitlich früheren Zustand erlebt hat: Es handelt sich gemäß früherer Konzeption (1904/05) um die Mutterbrust, gemäß späterer Konzeption (1910) um den gegengeschlechtlichen Elternteil, die nährende Frau oder den schützenden Mann. Die dem ursprünglichen Objekt geltenden frühkindlichen sexuellen Strebungen werden verdrängt, um dann in der späteren Verliebtheit bei einem Objekt, das Ähnlichkeit mit dem früheren Vorbild aufweist, »wiedererinnert« zu werden. Diese »Wiedererinnerung« findet statt, ohne dem Verliebten bewußt zu sein; es geht folglich um eine modifizierte Form von Wiedererinnerung.

Die Objektwahl folgt nun allerdings ganz selten einem einfachen Erinnerungsbild vom infantilen Sexualobjekt, meist ist sie an sehr komplexe und verwickelte Bedingungen geknüpft, die sich aus den konfliktträchtigen Erlebnissen mit dem infantilen Sexualobjekt ergeben haben. Die Verliebtheit ist darüber hinaus an infantile Wunschphantasien gebunden, die das Kind zur Lösung der Konflikte bzw. zur Restitution der Verluste entwickelt hat. Auch diese infantilen Wunschphantasien werden später in der Verliebtheit dem Objekt angehaftet, und es kommt gemäß Freud dazu, daß die Wiederholung des Traumas und die Wunschphantasie zu einem untrennbaren Ganzen zusammengefügt werden.

»Wir nehmen also mit Freud an, daß das aktuelle Liebesobjekt des Verliebten für ein Objekt der Vergangenheit und zunächst einmal für das ödipale Objekt steht. Die Verliebtheit ist eine Form der unbewußten Hoffnung, die mit diesem ödipalen Objekt erlittenen Enttäuschungen und Verlusttraumata restituieren zu können, und zwar auf dem Wege, der durch die sich an diese Traumata anschließenden Wunscherfüllungsphantasien vorgezeichnet ist. Aus diesen Phantasien ergeben sich auch die speziellen Liebesbedingungen, die das aktuelle Liebesobjekt erfüllen muß, um für das verdrängte Objekt der Kindheit symbolisch eintreten zu können.« (Specht ebd., S. 123).

Eine *Objektwahl des narzißtischen Typs* liegt immer dann vor, wenn man in der geliebten Person das liebt, »a) was man selbst ist (sich selbst), b) was man selbst war, c) was man selbst sein möchte, die Person, die ein Teil des eigenen Selbst war« (Freud 1914, S. 156). Es geht nach Freud um das »intensive Streben«, auf dem Wege der Sexualität den ursprünglichen Zustand eines primären Narzißmus wiederherzustellen. Wie die beiden platonischen Mythen einen ursprünglichen Zustand von Glückseligkeit und Vollkommenheit postulieren, der mit Hilfe der Verliebtheit wiedererlangt wird, so geht es nach diesem Modell um die Wiederherstellung eines primären Narzißmus, entsprechend einem »Urzustand, in welchem Objekt- und Ich-Libido nicht voneinander zu unterscheiden sind« (Freud 1914, S. 167). Hiermit wird auch eine Erklärung dafür versucht, daß Verliebte nach einer Auflösung ihrer Ich-Grenzen, nach dem Erleben der Verschmelzung von Ich und Du drängen.[14] Auffällig ist die Parallele zur Aristophanes-Erzählung, in denen die Urdyaden – allerdings als Ich und Du, nicht als eine im primären Narzißmus abgeschlossene Dyade –

3 Liebe aus psychologischer Sicht

eine ungetrennte Einheit bildeten und sich stark genug fühlten, den Götterhimmel zu erstürmen.

Freuds Annahmen über den primären Narzißmus gelten inzwischen als überholt; nach wie vor greifen allerdings psychoanalytische Theorien der Verliebtheit auf irgendwie archaische Zustände und Vorgänge zurück, die in der Verliebtheit regressiv aktiviert werden. Dabei geht es nicht um einen Urzustand, in dem sich das Kind vor allen Trennungstraumata *tatsächlich* befunden hat, auch wenn Platon einen solchen *Paradiesmythos* im Bild der Urdyaden oder auch im Bild des seligen Kreisens und Schwebens der Seele mit den Göttern beschrieben hat, sondern vielmehr um einen *phantasierten Idealzustand*, den das Kind zur Abwehr der mit Unlust einhergehenden Trennung von Selbst- und Objektrepräsentanzen halluziniert (Specht 1977, S. 121).

In jeder Form der Verliebtheit sind gemäß psychoanalytischer Vorstellung die Restitution des Objektverlusts und die Aufhebung des narzißtischen Traumas miteinander verbunden. Bedeutsam ist die Vorstellung, daß der Verliebte Vorbilder bzw. Idealfiguren (»Imagines«) aus einer frühen Entwicklungsphase reaktiviert und auf das Liebesobjekt überträgt, das dadurch idealisiert wird. »Durch diesen Regressionsvorgang erschafft sich der Verliebte also in seinem Liebesobjekt einen ›Gott‹ und genießt noch einmal das (illusionäre) Glück, mit dem Vollkommenen vereint zu sein« (ebd., S. 136). Mit dem Vorgang der Regression in der Verliebtheit ist folglich die Wiederherstellung eines paradiesischen Urzustands gemeint. »Der Kern des Aristophanes-Mythos bleibt also auch in der hier vorgetragenen Theorie erhalten: Eros ist ein ›Arzt‹, der das einst erlittene Trauma, in zwei Hälften zerschnitten worden zu sein, zu heilen sucht« (ebd., S. 124).

Specht (1977) formuliert am Ende seiner Arbeit das psychologische Grundprinzip, daß jedes Glück erst zum Glück wird, nachdem man es verloren hat und antizipatorisch in der Zukunft wieder zu erlangen versucht. Das erlebende Subjekt befinde sich in einem zeitlichen Übergang vom Zustand diffuser Deprivation zu einem künftigen Zustand weitgespannter Befriedigungsmöglichkeiten. Insofern gehöre die Verliebtheit als Übergangsphänomen weit mehr in den Umkreis der Hoffnung und Erwartung als in den der Befriedigung (ebd.).

Verliebtheit und der Übergang in den »emotionalen Normalzustand«
Manchmal wird gesagt, die Liebe sei das stärkste und positivste Gefühl, zu dem Menschen fähig sind. Es ist genau dieser Zustand, in dem man in der Lage ist, die andere Person in ihren besten Möglichkeiten zu sehen. Es geht aber nicht nur um die andere Person: Den Blick durch die imaginierten Augen der geliebten Person auf sich selbst zu richten, birgt die Chance, auch sich selbst in den besten Möglichkeiten zu zeigen. Dadurch trägt die Liebe dazu bei, daß zwei Menschen zumindest zeitweise tatsächlich über sich hinauswachsen können.

»Die Bedeutung der Liebe liegt darin, daß sie eine innere Flexibilisierung bewirkt, die es ermöglicht, innerpsychische – und manchmal auch äußere – Barrieren und Tabus zu durchbrechen. ... Sie läßt die Persönlichkeit in Fluß geraten, macht Veränderung möglich und gibt den Schwung, eine neue Lebensphase zu beginnen und neue Dinge in Angriff zu nehmen. Man kann sie daher als paradigmatisch für tiefgreifende, zu einem Persönlichkeits- und Wertewandel führende Erfahrung überhaupt betrachten, durchaus vergleichbar mit den bekannten religiösen Bekehrungserlebnissen« (Person 1990, S. 25).

Aus der Perspektive des Paares sind für das Gelingen des Übergangs der Verliebtheit in eine längerfristige Beziehung viele Faktoren wichtig: Neben äußeren Ereignissen, die auf jeden einzelnen und auf das Paar einwirken, ist es am wichtigsten, ob sich längerfristig (bewußte und unbewußte) Wünsche, Bedürfnisse und Werte der beiden als kompatibel erweisen oder nicht.

Psychologisch gesehen ist das Besondere der Verliebtheit die weitge-

3 Liebe aus psychologischer Sicht

hende Freiheit von Ambivalenzen, die viele Menschen als sehr befreiend erleben. Die Rückkehr zum emotionalen Normalzustand läßt jedoch meist nicht allzu lange auf sich warten. Dieser Übergang ist gekennzeichnet durch das Nachlassen der gegenseitigen Idealisierung und durch das Schwinden der Harmonie, allgemeiner: durch das Auftreten von Ambivalenzen. Diese können unterschiedlich stark sein, treten jedoch regelhaft nach der Phase der ersten Verliebtheit auf und gehören zu einer Liebesbeziehung dazu, weil Ambivalenz ein Grundprinzip seelischen Lebens darstellt. Die einer Liebesbeziehung immanenten Widersprüchlichkeiten sind den meisten Betroffenen allerdings kaum bekannt und werden deswegen zumindest als überraschend, des öfteren aber auch als desillusionierend bis katastrophal bzw. als »Anfang vom Ende« erlebt.

Aus psychoanalytischer, individuumsorientierter Sicht erlebt bereits das Kind im Laufe seiner Entwicklung die gleiche Bezugsperson als befriedigend und frustrierend zugleich. Es gerät in den ersten Ambivalenzkonflikt zwischen Liebe (in bezug auf die guten Aspekte des Objekts) und Haß (auf die bösen Aspekte des Objekts), der zunächst mit Hilfe von Verleugnung und Spaltung gelöst wird. Dann jedoch kommt es – wenn sich die weitere Entwicklung relativ ungestört vollziehen kann – zur zunehmenden Integration »guter« und »böser« Aspekte in einem Objekt, das heißt, die gleiche Person kann mit ihren »guten« und »bösen« Seiten zugleich erlebt werden. Die Personen, die in der Kindheit auch die negativen Züge in das Bild der Bezugsperson integrieren konnten, werden – so lautet die Annahme – auch im Erwachsenenalter in der Lage sein, negative Momente in das Bild der geliebten Person zu integrieren, ohne daß die Beziehung grundsätzlich in Frage gestellt ist. Und genau diese Fähigkeit zur Integration negativer Momente ist aus psychoanalytischer Sicht erforderlich, wenn der Übergang aus der Phase der Verliebtheit in eine längerfristige Beziehung ansteht.

Die anfängliche Idealisierung bleibt in keiner Liebesbeziehung konstant, sie kann erhalten bleiben, modifiziert bzw. reduziert werden, aber auch völlig verlorengehen. Von vorübergehenden Ernüchterungen bzw.

Wahrnehmungs- oder Gefühlsschwankungen, die zu jeder Liebesbeziehung dazugehören, ist die radikale Entidealisierung zu unterscheiden. Person (1990) beschreibt die möglichen psychischen Voraussetzungen für eine solche radikale Entidealisierung, die übrigens in der Regel eher durch eine tiefgreifende Veränderung der Gefühle der liebenden Person als durch Veränderungen der geliebten Person bewirkt wird. Eine häufige Ursache für die radikale und oft auch rapide Entidealisierung sei die Reaktivierung des Zorns auf frühere Liebesobjekte oder die Projektion eigener Minderwertigkeitsgefühle auf die geliebte Person.[15] Die Idealisierung bricht um so leichter zusammen, je unrealistischer sie ist – z.B. bei extremer Überbewertung oder völliger Fehlwahrnehmung des anderen –, je größer also der Anteil an Projektion ist. Meist betrifft die Entidealisierung dann auch das »Wir«, die gemeinsame Identität.

Aus beziehungspsychologischer Sicht macht sich jeder in der ersten Zeit der Verliebtheit vom anderen ein Bild, das meist nur in gewissem Ausmaß den tatsächlichen Möglichkeiten der anderen Person entspricht, jedoch viel zu tun hat mit den eigenen Sehnsüchten und Bedürfnissen; auf der Suche nach der anderen Hälfte wird auch das gesucht, was der eigenen Person fehlt. Dieses Bild kann Merkmale einer Vision haben und im anderen unerkannte Seiten zum Blühen bringen. Es kann aber auch Merkmale einer Projektion aufweisen bzw. eine Zuweisung des eigenen ungelebten Lebens sein. *Visionen* beruhen auf Einfühlung, Phantasie und gegenseitigen Informationen, sie regen an zur Entdeckung von realen Möglichkeiten bei sich und beim anderen, die jeder allein möglicherweise gar nicht wahrgenommen hätte. *Projektionen* hingegen haben mit ungelebten oder unterentwickelten Facetten der eigenen Person zu tun, die man beim anderen wahrzunehmen meint. Der Vorgang der Projektion läßt sich auch als interpersonelle Aufteilung der eigenen inneren Ambivalenz verstehen.

Die in der Anfangszeit entstehenden Visionen und Projektionen wirken wie ein unbewußter Beziehungsvertrag (Sager 1981), den manche Paare modifizieren können, wenn neue Informationen oder Entwicklun-

3 Liebe aus psychologischer Sicht

gen eine Anpassung fordern; andere Paare halten relativ starr daran fest. Bei den einen kommt es also zu Wandel, bei den anderen zur Stagnation. Besonders kritisch für die weitere Entwicklung ist der Umgang mit Projektionen: Im positiven Fall regen Projektionen zu einer produktiven Auseinandersetzung zwischen den beiden Liebespartnern an, in der jeder bei sich selbst statt beim anderen die Facetten erlebt, die bisher wenig entwickelt waren. In diesem Fall besteht die Möglichkeit der Rücknahme von Projektionen, die z. B. auch über einen laufenden Dialog zwischen den Partnern zugunsten längerfristiger Lebensentwürfe abgelöst werden können (Welter-Enderlin 1996). Im Fall von Stagnation engen die Projektionen der eigenen ungelebten Seiten bzw. das Festhalten an einseitigen Bildern sowohl den Projizierenden als auch den Partner ein. Sie können zum Beispiel zur Überanpassung einer oder beider Personen an das Bild des anderen führen, aus Angst, man werde nicht mehr geliebt, wenn man diesem Bild nicht entspricht. Ganz allgemein können sie Polarisierungen bis hin zu Kollusionen auslösen, in denen im anderen etwas gesucht wird, um es dann anschließend zu bekämpfen (Willi 1975).

Exkurs: Persönlichkeit und Beziehung

Über die Bedeutung von Persönlichkeitsmerkmalen für die Beziehungsentwicklung wird kontrovers diskutiert. Empirische Untersuchungen sprechen dafür, daß Merkmale wie positives Selbstwertgefühl, prosoziale Orientierung, emotionale Stabilität und das Bedürfnis nach Intimität zu einer günstigen Prognose für die künftige Paarentwicklung beitragen (vgl. Karney und Bradbury 1995). In Gruppenuntersuchungen erweist sich durchgängig der per Fragebogen ermittelte Neurotizismus von Männern und Frauen als Risikofaktor für partnerschaftliche Unzufriedenheit und Instabilität.

Eine anschauliche Beschreibung von Merkmalen und Verhaltensweisen, die sich auf Liebesbeziehungen zerstörerisch auswirken, findet sich bei Person (1990). Allerdings sagt die Liste nichts aus über die Ätiologie; denn was auf den ersten Blick als psychopathologische Störung des Individuums anmutet, kann sich im Beziehungskontext durchaus als interaktionelles Phänomen erweisen:

- übermäßige Selbstzweifel und selbstquälerische Vorwürfe, wenn Probleme in der Beziehung auftreten;
- Aggressionsäußerungen in Verbindung mit Ablehnungsängsten;
- periodische Aggressionsausbrüche, die von reuiger Zerknirschung gefolgt sind;
- Selbstmordgedanken, wenn die Beziehung zu zerbrechen droht;
- heftige und unkontrollierbare Eifersuchtsanfälle, oft ohne Anlaß;
- die völlige Vernachlässigung aller sonstigen Interessen, Vorhaben und Verpflichtungen;
- die Unfähigkeit, offenkundige Probleme der geliebten Person realistisch wahrzunehmen;
- das Anklammern an eine Beziehung um jeden Preis, auch ungeachtet der Erniedrigung, die damit einhergeht.

Eine der häufigsten Reaktionen auf die Enttäuschung der eigenen Erwartungen drückt sich in der Befürchtung aus, vom anderen verlassen oder zurückgestoßen zu werden. Die Angst, abgelehnt und verlassen zu werden, steht bei Frauen häufiger als bei Männern im Vordergrund. Besonders ausgeprägt sind solche Ängste bei Menschen, die in früher Kindheit mit emotionaler Distanziertheit konfrontiert waren oder einen gravierenden Verlust erlebt haben. Solche Reaktionen auf das Nachlassen der Liebe führen oftmals dazu, die Auflösung der Beziehung noch zu beschleunigen, da das gegenseitige Einfühlungsvermögen abhanden kommt.

Insgesamt besitzt das Ausmaß einer persönlichen Psychopathologie jedoch nur eine begrenzte Vorhersagekraft für die Qualität einer Paarbeziehung. Eine wichtigere Rolle kommt in der Regel dem interaktionellen Verhalten beider Partner zu, das sich nicht nur aus der jeweiligen individuellen Biographie ableiten läßt. Denn die Beziehung als Ganzes verhält

3 Liebe aus psychologischer Sicht

sich neu bzw. qualitativ anders als die Summe der isoliert betrachteten Einzelelemente. Dies bedeutet, daß die Paarbeziehung sich wesentlich aus der Wechselwirkung des Verhaltens beider Partner konstelliert und Eigenschaften gewinnt, welche die beteiligten Partner für sich allein nicht aufweisen. Hinzu kommt, daß individuelle Störungen mittleren Schweregrads durch günstige Umstände in der Paarbeziehung des Erwachsenenalters kompensiert werden können (Kriebel und Tress 1987). Dafür ist es zum Beispiel entscheidend, daß ein Partner den kollusiven Angeboten des anderen einen Widerstand entgegensetzt bzw. die Einladungen zur Kollusion ausschlägt (Willi 1985). Die Erfahrungen in der Paarbeziehung können außerdem die Bindungshaltung der Beteiligten positiv beeinflussen (Cohn et al. 1992; Kobak und Hazan 1991). Umgekehrt können jedoch auch psychisch unauffällige Persönlichkeiten in schwierige und problematische Paarkonstellationen geraten.

Dennoch gilt auch, daß »ein gesundes Maß an Selbstliebe« (Person 1990, S. 256) eine entscheidende Bedingung für stabile Liebesbeziehungen zu anderen Menschen ist, da starke Schwankungen im Selbstwertgefühl in der Regel die Idealisierung der geliebten Person sabotieren. Soziale Kompetenz, Fähigkeiten zur Beziehungspflege, also auch zur Pflege von Liebesbeziehungen, lassen im allgemeinen auch eine Liebesbeziehung gedeihen. Aus der Perspektive einer systemisch arbeitenden Paartherapeutin beschreibt Welter-Enderlin (1996, S. 67) dieses Persönlichkeitsmerkmal für gelingenden Wandel in Paarbeziehungskrisen so: »Es sind die seelisch, körperlich und bildungsmäßig einigermaßen Privilegierten, welche solch unausweichliche Durststrecken heil überstehen.« Eigentlich geht es dabei nicht nur um ein »Überstehen« von Durststrecken. Um in einen Wandlungsprozeß einzutreten, gehört beispielsweise auch ganz wesentlich dazu, trotz der Krise emotional auf den Partner bezogen zu bleiben, die eigenen Gefühle auszudrücken und auszuhalten und das, was im eigenen Leben ansteht, geduldig und beharrlich zu entwickeln.

Die zwiespältige Natur der Liebe[16]

Die Liebe wird immer wieder als eine im Grunde sehr zwiespältige Angelegenheit beschrieben. Die ihr innewohnenden Ambivalenzen oder Paradoxien werden intrapsychisch als Gleichzeitigkeit von Wünschen und Befürchtungen erlebt: Zum Beispiel besteht der Wunsch nach Nähe und gleichzeitig die Befürchtung des Verlusts der eigenen Grenzen; der Wunsch nach Geborgenheit und gleichzeitig die Befürchtung der Abhängigkeit; der Wunsch nach Verschmelzung und die Befürchtung, die eigene Autonomie zu verlieren; der Wunsch nach dem Ungewöhnlichen, Ekstatischen und Unkontrollierten und gleichzeitig die Befürchtung von Kontrollverlust und Wahnsinn usw. Jedes Liebespaar steht vor der Aufgabe, einen für beide zuträglichen Umgang mit diesen gegensätzlichen Strebungen zu finden, wenn es seine Liebesbeziehung erhalten will.

Die besondere Intensität von Liebesbeziehungen über große Distanzen, von heimlichen Außenbeziehungen und auch von einer Liebe im Zeichen von Abschied oder Tod resultiert dementsprechend oftmals daraus, daß innerhalb der Beziehung relativ ambivalenzfrei die Seite der Hingabe, der Wunsch nach Verschmelzung gelebt werden kann. Denn die äußeren Schranken oder die Ungleichzeitigkeit der individuellen Bereitschaften bilden eine Art »Sicherung« bzw. Schutzfunktion, sie gewährleisten die andere Seite der Autonomie.

Die folgenden Paradoxien und Ambivalenzen hat Wyss (1988) sehr anschaulich beschrieben:

- Die Liebenden streben nach Nähe, zuviel Nähe hebt jedoch ihre Liebe auf. Wenn das Bedürfnis nach andauernder Nähe erfüllt wird, entsteht eine Verpflichtung; die gemeinsame Vertrauensbasis wird selbstverständlich, Langeweile und Gleichgültigkeit kommen auf. So droht die Beziehung »an der Bindung selbst zu scheitern« (Wyss 1988, S. 81). »Die Bindung, nach der die Liebesbeziehung natürlicherweise strebt, gräbt ihr auch das Grab« (ebd., S. 82). Es geht also darum, Nähe bzw. Vereinigung zu erstreben und gleichzeitig –

3 Liebe aus psychologischer Sicht

um der Liebe willen – eine gewisse Distanz bzw. Individualität und Eigenständigkeit zu wahren, Nähe und Distanz zu regulieren und zu gestalten.

- Des weiteren kommt hinzu, daß Personen, die von der Liebe ergriffen sind, sich durch die Leidenschaft selbst bedroht fühlen oder der Liebe zwiespältig gegenüberstehen können. Das bedeutet, daß die Möglichkeit, sich zu verlieben, gesucht und gleichzeitig gefürchtet und abgewehrt wird.

»Geliebtwerden kann sich zugleich zu einem drohenden Sog der Vernichtung für den Geliebten entwickeln, dem dieser sich mit aller Macht entziehen möchte. Die Liebe kann zu einem Zwang werden, der aufbegehren läßt, der zu Flucht und Abwehr Anlaß gibt, eben weil sich der Liebende als Überfallener, Überwältigter, in seiner Existenz in Frage gestellt fühlt und er diese Vorgänge als Vernichtung eben dieser Existenz erlebt. Im Kampf gegen das Geliebtwerden wehrt sich die Person gegen die Aufhebung ihrer Einzelexistenz, die sie andererseits abschütteln möchte. Sie kämpft gegen die Auslieferung an ein unübersehbares, nicht zu beherrschendes Schicksal, gegen Konsequenzen, die zu tragen sie nicht bereit ist ... Sie wehrt sich gegen das sinnliche (erotisch-sexuelle) Erleben, das unvermeidlich auf sie zukommt, sie wehrt sich gegen die geweckten Erwartungen und Hoffnungen, weil sie deren Wirklichkeitsferne spürt. Je stärker die Abwehr, desto näher scheint jedoch der Umschlag in das schicksalhafte Gewähren-Lassen, in das Nachgeben, Sich-Fallen-Lassen, Ergriffen-Werden durch Auslieferung an den anderen. Schon in den Anfängen einer auf Liebesleidenschaft intendierenden Begegnung wird somit ein Konflikt sichtbar, ein Kampf, der sich nicht nur gegen den Partner richtet, sondern der die eigene Person meint, die sich gegen mögliches Ergriffen-Werden, gegen mögliche Abhängigkeit wehrt« (Wyss 1988, S. 22).

- Ein dritter Punkt betrifft die existentielle Sehnsucht: Liebe bedeutet Aufhebung der existentiellen Einsamkeit, die – metaphorisch gesprochen – aus der Teilung der Kugelwesen herrührt. Der Mensch gilt als Mängelwesen, das in der Liebe wieder heil wird. Liebe gilt folglich als universelles menschliches Phänomen, das mit irrationalen Erwartungen bezüglich Einheit und Identität mit der anderen Person einhergeht. Doch auch dieser Impuls ist ambivalent besetzt: Neben dem Wunsch, in der Liebe möge sich die existentielle Einsamkeit aufheben, besteht die Angst vor dieser Aufhebung, die ja letztlich eine Vernichtung des Individuums bedeutet. Daher enthülle sich gerade in dieser existentiellen Sehnsucht die Liebe als »Mangelleiden, als Leiden an der Unmöglichkeit, sich je zu erfüllen« (Wyss ebd., S. 113).

Alle Mißverständnisse und Teufelskreise in Liebesbeziehungen stammen nach Wyss letztlich aus der grundlegenden Diskrepanz von Erwartung und Wirklichkeit. Partner geraten in destruktives Verhalten wegen der Schwierigkeit, mit Mehrdeutigkeiten zu leben; aus dem Unvermögen, die grundlegenden Diskrepanzen der Liebesbeziehungen zu bewältigen und mit den Enttäuschungen, die aus diesen Diskrepanzen erwachsen, zu leben und die aus den Widersprüchen und Enttäuschungen sich ergebenden gesellschaftlich-sozialen Schwierigkeiten und Konflikte zu meistern. Wenn die Betroffenen ihr destruktives Verhalten erklären, so höre man hingegen oftmals Rechtfertigungen und Rationalisierungen für ein Handeln, dessen Ursprünge ihnen ganz offenbar unklar bzw. unbewußt sind. Lieben und die Erhaltung einer Liebesbeziehung gehören daher – wenn man Wyss folgen will – zu den schwierigsten Aufgaben, die sich dem Menschen stellen. Es sei dagegen leicht, sich zu verlieben und die Beziehung »rechtzeitig« wieder zu beenden.

Auch der amerikanische Philosoph Frankfurt (2000) beschäftigt sich mit der zwiespältigen Natur der Liebe, mit der Selbstlosigkeit und dem Eigeninteresse in ihr. Liebe sei einerseits interessenlos, d.h. sie meine »eine Sorge, in der das Wohl des Geliebten um seiner selbst willen begehrt wird, nicht um der Beförderung anderer Interessen willen« (Frank-

3 Liebe aus psychologischer Sicht

furt ebd., S. 207). Andererseits sei das Lieben für uns selbst wichtig. Es sei mit einer Notwendigkeit verbunden, die nichts mit dem Liebesobjekt zu tun habe: »Um unserer selbst willen *müssen* wir lieben, sonst würden wir schreckliche Entbehrungen erleiden« (ebd., S. 217). Dieses (scheinbare) Paradoxon gehöre zum Wesen der Liebe: »Der scheinbare Widerspruch zwischen Selbstlosigkeit und Eigeninteresse verschwindet, sobald man begreift, daß die Selbstlosigkeit im Eigeninteresse des Liebenden liegt. In den Genuß des Liebens kommt er nur, wenn er echt selbstlos ist. Er befriedigt sein eigenes Bedürfnis nur, weil er in der Liebe sich selbst vergißt« (ebd., S. 217).

Dem Geheimnis der Liebe komme man näher, so schreibt der Philosoph Saner (1999), wenn man sie formal-logisch als »irreflexiv-reflexive Doppelrelation« versteht. Das bedeutet: »Indem A B liebt, liebt A zugleich sich selbst.« Beide sind zugleich Subjekt und Objekt der Liebe, also Liebende und Geliebte. Diese Doppelrelation habe bereits Hegel so ausgelegt, daß wir uns in der Liebe »gewinnen«, indem wir uns in einem Anderen »aufgeben« und »vergessen«. »›Sich-Aufgeben‹ und ›Sich-Vergessen‹: das ist die irreflexive Sehnsucht, Verlangen und Leidenschaft; ›Sich-Gewinnen‹ ist die reflexive Relation im Eins-Sein mit sich selbst« (Saner ebd., S. 386).

Die Zwischenmenschlichkeit sei nicht nur das Krisenfeld der Liebe, sondern auch der Grund ihrer Krisenanfälligkeit; »... denn sie ist die Dynamik zwischen zwei Polen, die der Möglichkeit nach Freiheit sind. Mit der doppelten Freiheit aber sind die Instabilität und die Komplexität der Dynamik notwendig gegeben« (S. 387). Die Liebe zu außermenschlichen Objekten könne stabiler und dauerhafter sein, weil der andere Pol (das außermenschliche Objekt) in der Regel stabil bleibt. Eine auch für die Paartherapie interessante Hypothese von Saner lautet, daß die zwischenmenschliche Liebe oftmals dadurch gerettet werden kann, »daß wir noch anderes als Menschen lieben« – eben außermenschliche Objekte wie Tiere und Pflanzen, Landschaften oder zum Beispiel die Kunst, die Philosophie oder auch die Arbeit –, »das die Liebe zu einzelnen Menschen aus dem Druck befreit, das alleinige Zentrum unserer Humanität zu sein« (ebd., S. 387).

Die verschiedenen Facetten der Liebe
Trotz aller Schwierigkeiten, die Liebe zu definieren, weil sie so voller Widersprüche steckt, sind Differenzierungen möglich und auch hilfreich für die therapeutische Arbeit:

Erscheinungsformen der Liebe
Specht (1977) hat die wesentlichen Bestimmungstücken der Verliebtheit im Rückgriff auf Platon zusammengefaßt:

»Die Verliebtheit ist auf ein menschliches Objekt bezogen (im Gegensatz zur Verliebtheit in Autos, Rennpferde, Hobbys etc.); ihr Grundstreben ist auf eine Vereinigung mit dem geliebten Objekt gerichtet. Diese Vereinigungstendenz verfolgt sehr oft das bewußte Endziel der sexuellen Befriedigung; oft aber fehlt dieses bewußte Ziel der direkten Sexualbefriedigung und wird durch ›zielgehemmte‹ Vereinigungswünsche ersetzt. Das Vereinigungsstreben kann sich zu dem eigentümlichen Gefühl steigern, mit dem Geliebten nahezu identisch zu sein ... In Extremfällen führt dieses Streben zu dem Wunsch, mit dem geliebten Objekt zusammen zu sterben. Aber auch in weniger extremen Fällen besteht der Wunsch, mit dem Geliebten ›auf ewig und immer‹ zusammen zu sein.
Oft geht mit dem Gefühl, eins zu sein, der Gedanke einher, man sei füreinander bestimmt gewesen, ja, man habe sich schon früher, vielleicht in einem Vorleben gekannt ...
Die verschiedenen Spielarten der Verliebtheit bewegen sich auf einem Spektrum zwischen zwei extremen Polen. Auf der einen Seite das bloße ›sinnliche‹ Begehren nach sexueller Vereinigung ohne irgendeine andere Beziehung gefühlsmäßiger Art zum Befriedigungsobjekt, so daß nach der Befriedigung jedes Interesse an ihm

erlischt – die ›irdische Liebe‹, Aphrodite Pandemos. Auf der anderen Seite ein Vereinigungswunsch bei fast völliger Zurückdrängung sexueller Bedürfnisse und unter höchster Wertschätzung des geliebten Objekts – die ›himmlische Liebe‹, Aphrodite Urania (Platon, Das Gastmahl, 180d 7).

Die Verliebtheit … ist … ein Gefühlszustand, und unterscheidet sich dadurch von den längerdauernden, konstanten Haltungen oder Einstellungen wie z. B. Freundschaft, eheliche Liebe, Nächstenliebe usw. Als zeitlich begrenzter Zustand tritt sie oft schlagartig ein: coup de foudre. Es ist ein Seelenzustand, der viel Ähnlichkeit mit bestimmten psychopathologischen Erscheinungen hat, weshalb ihn schon Platon als eine Form der Mania bezeichnet hat (Platon, Phaidros, 244a 5). Die Verliebtheit wird als zwanghaft erlebt, entzündet sich oft an scheinbar ganz nebensächlichen Eigenschaften oder Handlungen des geliebten Objektes und führt zu Verhaltensweisen, die gelegentlich eine erhebliche Störung des Realitätssinns erkennen lassen.

Mit der Verliebtheit sind regelmäßig bestimmte Stimmungszustände verbunden: fast hypomanisches Glücksgefühl bei dem Gedanken, man werde wiedergeliebt, tiefe Niedergeschlagenheit beim Zweifel an der Gegenliebe. Der Verliebte fühlt sich ›enthusiasmiert‹, entsprechende Körpersensationen stellen sich ein: Aufregung, ängstliche Erwartung, Fiebrigkeit, Elevationserlebnisse, ›süßes Sehnen in der Brust‹ usw. Ein ganz zentrales und wesentliches Moment an der Verliebtheit im hier verstandenen Sinne ist die Hoch- und Überschätzung, die Idealisierung des Liebesobjekts. Der Verliebte steigert die Eigenschaften seines Objekts zu lauter Vollkommenheiten oder legt die Eigenschaften in sein Objekt hinein, die ein nüchterner Beobachter selbst beim guten Willen nicht wahrnehmen kann … Mit der Idealisierung gehen beim Verliebten oft Gefühle der Hochachtung, Bewunderung, Ehrfurcht, Anbetung, ja ›heiliger Scheu‹ einher. Der Erhöhung des Liebesobjekts entspricht eine Selbstverkleinerungstendenz des Verliebten: Er wird demütig, bescheiden, anspruchslos und treibt seine Selbstverleugnung gelegentlich bis zur hörigen Selbstaufgabe – dies vor allem zu Beginn der Verliebtheit, in dem der Verliebte eine erstaunliche Toleranz und Rücksichtnahme gegenüber den Eigenschaften und Wünschen des Objekts zeigt. Dabei ist aber auffällig, daß die Züge von Demut und Selbstverleugnung keineswegs zu einem gedrückten Selbstwertgefühl führen; der Verliebte fühlt sich vielmehr auf eine schwer zu beschreibende Weise in seinem Selbstgefühl und im Gefühl seiner Selbstachtung gehoben, sobald er auch nur Spuren von Gegenliebe des geliebten Objekts fühlt oder zu fühlen glaubt ...« (Specht 1977, S. 101–103).

Wyss (1988) unterscheidet zwischen Liebe, Verliebtheit und Leidenschaft, obwohl er diese Unterscheidung für etwas konstruiert hält, da Verliebtheit jederzeit in (Distanz ermöglichende) Zuneigung umschlagen, Zuneigung sich zu Liebesleidenschaft steigern und die Liebesleidenschaft in leichte Verliebtheit abklingen kann:

- Die *Verliebtheit* gilt als ein Zustand von kurzer Dauer (state), sie wird als erregend und beglückend, aber auch als vergänglich erlebt. In bezug auf diese Beschreibung besteht in der Literatur die größte Übereinstimmung, die der relativen Ambivalenzfreiheit der Verliebtheit entspricht.
- Die *(Liebes-)Leidenschaft* ist von ausgeprägterer und tieferer Intensität des Erlebens, vor allem des Leidens, begleitet als die Verliebtheit. Die Leidenschaft führt oft zu einer Lebens- oder Existenzkrise und beinhaltet ein zwangsläufig-schicksalhaftes Hineingezogenwerden, ein »pathisches Ergriffen-Sein«; sie bewirkt eine gegenseitige Abhängigkeit, die bei »Entzug« des Partners durchaus mit der Abhängigkeit Süchtiger von einer Droge vergleichbar ist, was die Intensität des Leiderlebens anbetrifft. Es ist dieser »pathische« Charakter der Liebesleidenschaft, der zum Vergleich der Liebe mit dem

psychopathologischen Zustandsbild der Manie geführt hat: Der »Liebeskranke« wird, wenn er nicht in der Nähe des Partners sein darf, trübsinnig, melancholisch, »depressiv«; der glücklich Liebende fällt, wenn seine Leidenschaft beantwortet wird, ins andere Extrem (»überschießende Seligkeit«) und ähnelt zum Teil manisch Kranken.

- *Liebe* hingegen versteht Wyss als Zuneigung mit allen Möglichkeiten, die sich aus Sympathie ergeben können, angefangen von einer ausschließlich intellektuellen bis hin zu einer sinnlich-erotisch-sexuellen Verbindung. Verliebtheit und Leidenschaft sind als Möglichkeiten latent in der Liebe enthalten, doch unterscheiden sie sich vor allem dadurch von der Liebe, daß die verliebte bzw. leidenschaftlich liebende Person ihre Distanz zu der geliebten Person verliert.

Ethel Person (1990) trifft eine andere Unterscheidung, doch auch sie geht von fließenden Übergängen zwischen den verschiedenen Formen aus:

- Die *leidenschaftliche Liebe* beruht auf Gegenseitigkeit und stellt die Reinform der romantischen Liebe und gleichzeitig die vollständigste Form der Liebe dar. Ihre Merkmale sind die Intensität, die starke wechselseitige Identifikation der Liebenden und das Verlangen nach Vereinigung, das mit der Sehnsucht nach Selbstüberschreitung verbunden ist.

Drei Unterformen, die leicht mit der leidenschaftlichen Liebe verwechselt werden und sich häufig auch mit dieser vermischen, sind die folgenden:

- Die *sinnliche (oder sexuelle) Liebe*, die auf der oft kurzlebigen körperlichen Anziehung beruht und die als Drang erlebt wird, die andere Person sexuell in Besitz zu nehmen. Dieser Drang kann sich zu einer physischen und psychischen Obsession steigern. Es geht ausschließlich um sexuelle Inbesitznahme und nicht darum, die andere

Person in ihrer Subjektivität zu erfahren, wie in der leidenschaftlichen Liebe.
- Die *zärtliche Zuneigung* entsteht, wenn zwei Menschen eine tiefe, stabile Bindung entwickeln, die auf gegenseitiger Fürsorge, Loyalität und gemeinsamen Interessen beruht. Diese Form der Liebe kann, muß aber nicht mit einer intensiven sexuellen Beziehung einhergehen.
- Die *der Selbstaufwertung dienende Liebe* ist Mittel zum Zweck: zur Erlangung konkreter, z. B. finanzieller Vorteile; zum Zwecke gesellschaftlichen Prestiges; zur Selbstbestätigung.

Neben diesen vier Hauptformen erwähnt Person (1990) weitere Formen: zum Beispiel eine Art von »leerer Liebe«, die ohne echte emotionale Beziehung irgendwie substanzlos wirkt, deren Wesen in der Erfüllung von gesellschaftlichen Erwartungen liegt. Des weiteren die »neurotische Liebe«, die als Versuch bewertet wird, einen Mangel an Selbstliebe zu kompensieren, und die zum Beispiel auf Abhängigkeit oder auf Angst vor dem Alleinsein basiert.

Erich Fromm (1982), der den Menschen vor allem in seinem Bedürfnis nach zwischenmenschlicher und gesellschaftlicher Bezogenheit betrachtet, unterscheidet zwischen der produktiven und nicht-produktiven Liebe. Einen Großteil der soeben genannten Formen würde Fromm als nicht-produktiv bewerten, z. B. Formen, in denen Unterwerfung, Selbstlosigkeit und Beherrschung, selbstsüchtige und pragmatische Aspekte vorkommen. Die produktive Liebe hingegen beschreibt er als Mittel und Ziel, sie ist erkennbar an ihrer schöpferischen Aktivität, am Vorrang des Gebens, und an der Aktivierung und Potenzierung menschlicher Eigenkräfte. Sie ist nicht am Haben, sondern am Sein orientiert. »Reife Liebe« ist nach Fromm »Eins-Sein unter der Bedingung, die eigene Integrität und Unabhängigkeit zu wahren« (Ritter und Gründer 1980, S. 324). Reife Liebe beinhaltet als Grundelemente Fürsorge, Verantwortungsgefühl, Achtung vor dem anderen und Erkenntnis (Fromm 1982, S. 36).

3 Liebe aus psychologischer Sicht

Das richtige Verständnis von Liebe ergibt sich nach Fromm erst da, wo man die gesellschaftlichen Bedingungen der menschlichen Existenz einbezieht. Dadurch gewinnt sein Liebesbegriff eine anthropologische und ethische Dimension. Er rehabilitiert die Nächstenliebe – unter Einschluß der die eigene Individualität bejahenden Selbstliebe – als grundlegende Form aller Arten von Liebe.

Grunebaum (1997) schlägt ganz pragmatisch vor, die Liebe in einer »festen« Beziehung als eine spezielle Form der Bindung zu betrachten, als eine Kombination aus Zuneigung, Freundschaft, Sexualität, Verpflichtung (»commitment«), gemeinsamer Problembewältigung und einem von beiden Partnern geteilten sozialen Netz aus Kindern, Freunden und Nachbarschaft (vgl. Willi 1991).

Empirisch ermittelte Liebesstile und Liebesarten

Eine ganz andere Zugangsweise zum Phänomen der Liebe und zur Dynamik ihrer Entwicklung wurde im Rahmen der Sozialpsychologie gewählt, die allerdings nicht beansprucht, mit Liebesskalen die ganze Komplexität von Liebesgefühlen und die Dynamik ihrer Entwicklung zu erfassen (Bierhoff 1993, S. 176).

Lee (1973, 1974) entwickelte nach einer Analyse von Liebesbeschreibungen aus Literatur und Philosophie sowie aufgrund von strukturierten Interviews eine mehrdimensionale Typologie von sechs Liebesstilen. Zu den primären Liebesstilen gehören die romantische, die spielerische und die freundschaftliche Liebe; zu den sekundären die besitzergreifende, die pragmatische und die altruistische Liebe (Tabelle 5).

Untersuchungen mit dem Marburger Einstellungs-Inventar für Liebesstile (Bierhoff et al. 1993), das auf diesen von Lee definierten Liebesstilen basiert, zeigen, daß die primären Liebesstile – romantische, spielerische und freundschaftliche Liebe – den Charakter von situativen Zuständen (»States«) haben, also zeitlich befristet bzw. vom jeweiligen Partner abhängig sind und daß die Sekundärstile – besitzergreifende, pragmatische und altruistische Liebe – den Charakter von überdauern-

Romantische Liebe (Eros)	Unmittelbare Anziehung durch die andere Person; erotisches und sexuelles Interesse am anderen.
Spielerische Liebe (Ludus)	Liebe als Spiel mit unterschiedlichen Partnern, auf Genuß und Abwechslung bedacht, ohne Gefühle allzu ernst zu nehmen.
Freundschaftliche Liebe (Storge)	Liebe als Resultat einer engen Freundschaft, ohne daß sehr intensive Gefühle vorherrschen; gemeinsame Aktivitäten stehen im Vordergrund, Sexualität ist relativ bedeutungslos.
Besitzergreifende Liebe (Mania), kombiniert aus Eros und Ludus	Liebe als alles beherrschendes Gefühl, das der anderen Person wenig Freiraum läßt; Streben, die Aufmerksamkeit des anderen auf sich zu ziehen, Neigung zu intensiver Eifersucht. Trennung wird ängstlich vermieden.
Pragmatische Liebe (Pragma), kombiniert aus Ludus und Storge	An ökonomischen, sozialen Vorteilen und an Bequemlichkeit orientierte Liebe; Wichtig ist die Kompatibilität der Partner und die gegenseitige Bedürfnisbefriedigung.
Altruistische Liebe (Agape) kombiniert aus Storge und Eros	Im Vordergrund steht die Sorge um die andere Person und die Hilfe zur Überwindung von deren Problemen.

Tabelle 5: Sechs empirisch ermittelte Liebesstile.

den Eigenschaften (»Traits«) haben, also eher zeitstabile Persönlichkeitsmerkmale sind. Die Autoren vermuten, daß die Liebesstile nicht nur von der jeweiligen Paarbeziehung abhängig sind, sondern im Verlauf einer Paarbeziehung wechseln, zum Beispiel von romantischer Liebe zu Beginn der Beziehung hin zu pragmatischer und freundschaftlicher Liebe

3 Liebe aus psychologischer Sicht

in deren Verlauf. Vorliegende Ergebnisse in bezug auf den Zusammenhang zwischen Liebesstil und Selbstwert zeigen, daß hohe romantische Liebe eher bei hohem Selbstwert zu finden ist, während hohe besitzergreifende Liebe mit niedrigem Selbstwert korreliert.

Ein weiterer Ansatz stammt von Sternberg (1986), demzufolge die Liebe aus einer emotionalen, motivationalen und kognitiven Komponente besteht, deren absolute Gesamtstärke das Ausmaß der Liebe und deren relative Stärke die Art der Liebe bestimmen:

- *emotionale Komponente: Intimität (»intimacy«)* beinhaltet vorwiegend Gefühle von Nähe, Geborgenheit, Bindung;
- *motivationale bzw. Trieb-Komponente: Leidenschaft (»passion«)* beinhaltet vorwiegend sexuelle Anziehung, Streben nach Vereinigung mit der anderen Person, aber auch das Bedürfnis nach Wertschätzung, Fürsorge, Dominanz/Unterwerfung und nach eigener Entwicklung;
- *kognitive Komponente*[17]*: Entscheidung/Verbindlichkeit (»decision/commitment«):* »Decision« bezieht sich auf die kurzfristige Entscheidung, eine Liebesbeziehung zu leben, »Commitment« auf die längerfristige Verbindlichkeit, diese Beziehung aufrechtzuerhalten. Wenn zum Beispiel eine verheiratete Person sich außerhalb der Ehe verliebt, beinhaltet die Entscheidung, die Liebesbeziehung zu leben, nicht notwendigerweise auch »Commitment« dieser Beziehung gegenüber.

Die drei Komponenten gelten als in unterschiedlichem Maße bewußtseinsnah: Leidenschaft wird bewußt erlebt, während man Gefühle der Nähe erleben kann, ohne sich derer bewußt zu sein und ohne diese benennen zu können. Manchmal kennt man auch nicht das Ausmaß, in dem man sich einer Beziehung verpflichtet fühlt, bevor diese nicht durch ein bestimmtes Ereignis herausgefordert wird.

In bezug auf den Zeitverlauf der Liebe unterscheiden sich die Komponenten: Die Leidenschaft steigt zunächst steil an und fällt allmählich wieder ab, allerdings nicht vollständig. Die Verbindlichkeit wird nach bestimmter Zeit durch einen willentlichen Entschluß herbeigeführt, und dieser hat wegen des öffentlichen Charakters (Zusammenziehen, Heirat) längere Zeit oder sogar endgültig Bestand. Die Intimität hingegen entwickelt sich langsam und auf verschiedenen Ebenen: Meist kommt es zuerst zu körperlicher Intimität, daraus folgt emotionale Nähe, wenn sich die Verliebten gegenseitig öffnen und austauschen. Des weiteren unterscheidet Sternberg geistige Intimität (Austausch über Ideen, Pläne) und spirituelle Intimität, wenn die Partner über Werte und Visionen reden und über das, was die Beziehung jenseits ihrer körperlichen Existenz bedeuten kann. Die Intimität lasse sich lebenslänglich ausbauen und vertiefen, wodurch nicht nur die Leidenschaft belebt, sondern auch die Verbindlichkeit mit Sinn erfüllt wird. Kurzdauernde Beziehungen seien demzufolge häufig gekennzeichnet durch eine mittelgradige Intimität, hoch ausgeprägte Leidenschaft und geringgradige Verbindlichkeit; in langdauernden Beziehungen hingegen sei in der Regel die Intimität hoch, die Leidenschaft mittel und die Verbindlichkeit wiederum hoch ausgeprägt.

Je nach Vorhandensein der einzelnen Komponenten unterscheidet Sternberg unterschiedliche Arten der Liebe (Tabelle 6): Zum Beispiel ist mit der Liebe auf den ersten Blick eine Art Vernarrtheit (»infatuated love«) gemeint, die ausschließlich auf Leidenschaft basiert und durch ein hohes Maß an psychophysiologischer Erregung gekennzeichnet ist. Diese Liebe vergeht manchmal ebenso rasch, wie sie entstanden ist; die beiden anderen Komponenten fehlen. Die leere Liebe entsteht aufgrund einer Entscheidung füreinander und aufgrund der Verbindlichkeit, zu dieser Entscheidung zu stehen, obwohl Nähe/Intimität und Leidenschaft fehlen. In unserer Gesellschaft charakterisiert diese Art der Liebe oftmals das Stadium vor einer Trennung langjähriger Beziehungen, wenn sich die Partner emotional längst voneinander verabschiedet haben, aber zum Beispiel durch Verpflichtungen noch zusammengehalten

3 Liebe aus psychologischer Sicht

Spielarten der Liebe	Komponenten		
	Intimität	Leidenschaft	Verbindlichkeit
Keine Liebe	−	−	−
Zuneigung	+	−	−
Liebe auf den 1. Blick	−	+	−
Leere Liebe	−	−	+
Romantische Liebe	+	+	−
Kameradschaftliche Liebe	+	−	+
Launenhafte Liebe	−	+	+
Erfüllte Liebe	+	+	+

Tabelle 6: Spielarten der Liebe (Sternberg 1986, S. 123).

werden. In Gesellschaften, in denen Ehen durch die Eltern arrangiert werden, kann die leere Liebe hingegen das Anfangsstadium der Beziehung charakterisieren. In der romantischen Liebe sind zwei Partner nicht nur körperlich, sondern auch emotional miteinander verbunden. Das Vorhandensein von Intimität und emotionaler Nähe unterscheidet also in diesem Modell zwischen der Liebe auf den ersten Blick und der romantischen Liebe. Erklärungsbedürftig ist die sogenannte launenhafte Liebe (»fatuous love«), die aus einer Kombination von Leidenschaft und Entscheidung/Verbindlichkeit entsteht, allerdings in Abwesenheit der Komponente Intimität. Diese Art der Liebe wird manchmal mit sogenannten Hollywood-Ehen assoziiert, d. h. mit Konstellationen, in denen sich ein Paar an einem bestimmten Tag kennenlernt, zwei Wochen später verlobt und im nächsten Monat heiratet. Diese Liebe ist insofern von einer Laune abhängig, weil die Entscheidung füreinander auf der Basis der Leidenschaft getroffen wird, ohne das stabilisierende Element der emotionalen Verbundenheit, die einen viel längeren zeitlichen Prozeß für ihre Entstehung benötigt als die sich plötzlich entzündende Leidenschaft.

Zusammenfassung
An dieser Stelle sind für die Paartherapie vor allem die folgenden Botschaften festzuhalten:

- Man kann die Liebe beschreiben, obwohl die Bedeutungsvielfalt und Widersprüchlichkeit des Phänomens die Beschreibung erschwert. Die Beschreibung und Differenzierung unterschiedlicher Arten der Liebe ist für die psychotherapeutische Arbeit hilfreich, weil damit die Möglichkeit verbunden ist, unterschiedliche Gefühlslagen und unterschiedliche Arten des zwischenmenschlichen Bezogenseins zu differenzieren. Es empfiehlt sich, die unterschiedlichen Arten der Liebe als gleichwertige Möglichkeiten anzuerkennen und die nicht-romantischen Verbindungen nicht zu entwerten.
- Die der Liebe immanenten Widersprüchlichkeiten und Paradoxien, die mit ihr einhergehenden Ambivalenzen, die sowohl intrapsychisch als auch interpersonell zum Ausdruck kommen können, gehören unabdingbar dazu. Dies ist zu wenig bekannt. Hierzu gehören zum Beispiel der Wunsch nach Verschmelzung und die Befürchtung, die eigene Autonomie zu verlieren; der Wunsch nach dem Unkontrollierten und die Furcht vor Kontrollverlust. Aber auch der Drang nach Inbesitznahme der geliebten Person, die Neigung zu sklavischer Selbstaufgabe und Obsessionen, die aus diesen Widersprüchlichkeiten resultieren können, gehören dazu und machen die »dunklen Seiten« der Liebe aus. Personen können wie von

Dämonen ergriffen sein, von Kräften, die rational nicht steuerbar sind und oftmals ein erhebliches destruktives Potential für die Betroffenen und teilweise auch für ihr soziales Umfeld beinhalten.

- Die relativ ambivalenzfreie Phase der Verliebtheit ist ein vergängliches Phänomen. Im positiven Fall kann es jedoch gelingen, punktuell oder immer wieder einmal Phasen von Verliebtheit und Leidenschaft miteinander zu erleben. Leidenschaftliche, erotische oder auch romantische Gefühle sind in der Regel kein Dauerzustand, sie können jedoch im positiven Fall auch in einer langfristigen Beziehung immer wieder auftreten.

- Unterschiedliche Liebesarten lassen sich als Mischungsverhältnisse von drei Komponenten beschreiben, der emotionalen, motivationalen (Trieb-) und kognitiven Komponente (Sternberg 1986). Dieses Modell zeigt, daß die Sexualität bzw. die Triebkomponente von den anderen beiden Komponenten unabhängig ist; insofern kann es unterschiedliche Optionen geben, Liebe und Sexualität zu verbinden. Außerdem hat die Liebe auch mit einer willentlichen Entscheidung und mit Verbindlichkeit zu tun.

- Die moderne romantische Liebe ist eine emotionale Erfahrung, in der die drei Komponenten in relativ hoher Ausprägung zusammen vorkommen. Sie unterscheidet sich daher von anderen Liebesgefühlen und Zuneigungs-Verbindungen und auch vom rein sexuellen Begehren, das in Abwesenheit von Liebesgefühlen auftreten kann. Es ist diese Form der Liebe, die ersehnt wird und die besonders hoch bewertet wird. Die verbreitete moderne romantische Liebe ist nicht völlig identisch mit dem romantischen Liebesideal des 18./19. Jahrhunderts.

- Obwohl man die Liebe beschreiben kann, kann man sie nicht befriedigend erklären. In der Literatur finden sich zwar Erklärungsversuche, doch diese bleiben im Bereich der Spekulation. Es scheint sogar wichtig und konstitutiv für die Liebesbeziehung, daß ihr Ursprung im Dunkeln bleibt.

- Die Liebesbeziehung ist ein hoher Wert und sie gilt als eine kostbare Erfahrung. Menschen sind bereit, viel auszuhalten und aufzugeben, um mit einer geliebten anderen Person zusammen sein und bleiben zu können. Weil die romantische und leidenschaftliche Liebe im Leben der meisten Menschen ein eher seltenes Ereignis ist, haben die Betroffenen auch meist wenig Erfahrung, wie ein solches Ereignis zu beurteilen und wie damit umzugehen ist.

3.2 Liebe aus beziehungspsychologischer Sicht

Was im Aristophanes-Mythos als ersehnter Zustand beschrieben wird – das schlagartig aufkommende Gefühl der Verliebtheit, das Sich-vollständig-Fühlen mit der geliebten Person aufgrund des Wiederfindens der in der Vergangenheit verlorenen Hälfte –, löst in der Realität häufig den Beginn einer Liebesbeziehung aus, wenn es sich um die wechselseitige Liebe zwischen zwei erwachsenen Personen handelt. Das Gefühl des Zusammenpassens entsteht dann, wenn die Beziehungsphantasien zusammenpassen, d.h. wenn beide Partner auf die Phantasien des jeweiligen Gegenübers eingehen können und wenn die Phantasien wechselseitig bereichert werden. Dies ist die Gelegenheit, eine gemeinsame Beziehung zu gestalten, in der sich Liebe ereignen und neu entzünden kann (Kast 1984, S. 20).

Untersuchungsbefunde zeigen, daß sich Männer und Frauen üblicherweise zwei- bis fünfmal im Leben intensiv verlieben, also höchstens einmal pro Dekade; daß sich nur sehr wenige Menschen nie verlieben und gleichfalls sehr wenige dies immer wieder oder häufig tun. Die meisten Menschen betrachten die Verliebtheit bzw. die romantische/erotische Liebe als glückliches und seltenes Ereignis. Fast 95 % von 600 Personen, die zum Thema Verliebtheit befragt worden waren, war es gelungen, intensives Verliebtsein in eine Beziehung zu überführen (Riehl-Emde und Willi 1997). Je einem Drittel gelang dies im bisherigen Leben ein- oder

3 Liebe aus psychologischer Sicht

zweimal, knapp 30 % der Befragten gelang dies häufiger. Paarbeziehungen ohne Verliebtheit wurden hingegen deutlich seltener eingegangen: 25 % der Befragten gaben an, ein- bis zweimal eine wichtige und dauerhafte Beziehung eingegangen zu sein mit jemandem, in den sie nicht verliebt waren; bei 5 % kam dies häufiger, bei 70 % gar nicht vor. Auch dieses Ergebnis gilt für Frauen und Männer gleichermaßen.

Wenn zwei Menschen sich verbindlich aufeinander einlassen, wachsen sie bildlich gesprochen im Laufe der Zeit zusammen; sie werden mit einem Teil ihrer Persönlichkeit zu Teilen eines Ganzen und gewinnen eine Identität als Paar. Die Stabilität dieses Ganzen ist allerdings immer nur relativ, weil sich Beziehungen entwickeln und verändern. Es gibt je nach theoretischem Hintergrund unterschiedliche Vorstellungen dazu, wie dieses Zusammenwachsen erfolgt, wie sich die Lebens- und Liebeswege zweier Personen miteinander verschränken. Eine Kernfrage lautet, ob und wie mittel- und längerfristig ein Wandel möglich ist bei gleichzeitigem Erhalt der Beziehung; es geht darum, wie sich Paar- und Liebesbeziehungen weiterentwickeln und gleichzeitig stabil bleiben können und zusätzlich die häufig asynchrone und verschiedenartige Weiterentwicklung der beiden beteiligten Individuen ermöglichen und integrieren können. Derartige Konzepte, die im Rahmen der Paartherapie eine Rolle spielen, sind zum Beispiel die folgenden: psychoanalytisch geprägte Vorstellungen über die verschiedenen Ebenen einer Paarbeziehung inklusive des gemeinsamen Unbewußten (Dicks 1967; Willi 1975; Kernberg 1998); die Idee von der »Ehe als psychologische Beziehung«, erstmals beschrieben von C. G. Jung (1925); sogenannte entwicklungsorientierte Ansätze, die auf den mit dem Konflikt entstehenden Herausforderungen zum Wachstum (Jellouschek 1989; Welter-Enderlin 1992) bzw. auf Koevolution (Willi 1985, 2002) fokussieren; darüber hinaus werden auch soziologische und systemische Konzepte als wichtig angesehen (Berger und Kellner 1965; Retzer 2002).

Die folgende Betrachtung erfolgt »von außen nach innen«: zuerst wird die Liebesbeziehung in einen kontextuellen Rahmen eingebettet, dann

3.2 Liebe aus beziehungspsychologischer Sicht

werden anhand des epigenetischen Modells von Wynne (1985) qualitative Entwicklungsprozesse von Paaren beschrieben, und abschließend geht es um die Liebesbeziehung als Paarentwicklungs- bzw. als Individuationsprozeß.

Ein strukturelles Rahmenkonzept der Paarentwicklung

Den Entwicklungsprozeß eines Paares bzw. einer Familie hat Schneewind (1999) als eine Sequenz von entwicklungsbezogenen Stressoren und Ressourcen modelliert. Sein strukturelles Rahmenkonzept, das in Abbildung 4 dargestellt ist, integriert den aktuellen Forschungsstand zur Ehequalität und Ehestabilität[18] und würdigt den Tatbestand, daß Beziehungen, auch Liebesbeziehungen, Kontexte haben

Das Modell beginnt mit dem Zeitpunkt der Paarfindung: Zwei bis dahin unabhängige Personen treten auf dem Hintergrund ihrer individuellen Erfahrungs- und Beziehungsgeschichte in eine Beziehung ein

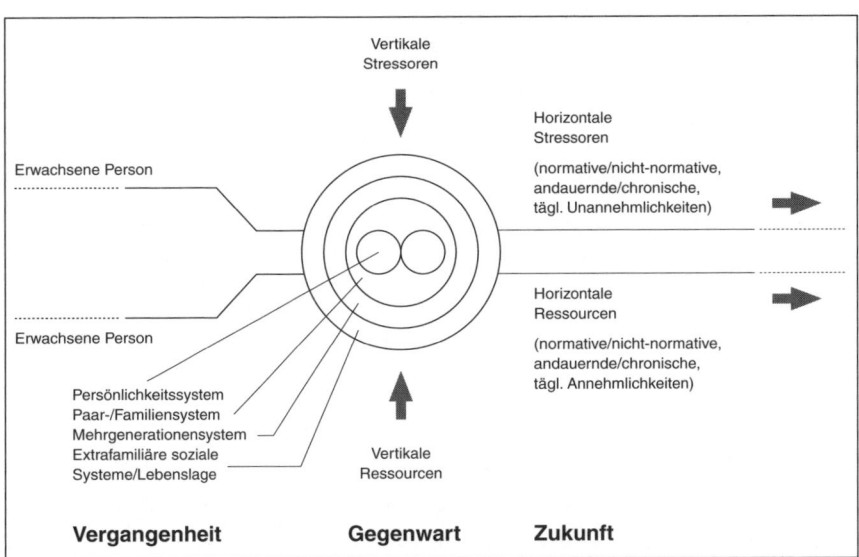

Abbildung 4: Ein Systemmodell der Familienentwicklung unter Berücksichtigung entwicklungsbezogener Stressoren und Ressourcen (nach Schneewind 1999, S. 116).

3 Liebe aus psychologischer Sicht

und schaffen eine gemeinsame Geschichte. Sie sind dabei nicht nur in ihr aktuelles Paar- bzw. Familiensystem eingebunden, sondern auch in ihre jeweiligen Herkunftsfamilien und in weitere Beziehungskontexte (z. B. Arbeitswelt, Freundschaften) und in spezifische Gegebenheiten ihrer politischen, sozialen und ökonomischen Situation sowie ihrer speziellen Kultur als Mann und Frau. Es wird davon ausgegangen, daß sich auf allen diesen Ebenen in der Vergangenheit Erfahrungen gebildet haben, »die sich bis zur Gegenwart zu einem Potential an vertikalen Stressoren und Ressourcen verdichtet haben« (S. 115). Mit der zum Zeitpunkt der Paarfindung gegebenen Ausstattung an Stressoren und Ressourcen tritt das Paar die weitere Entwicklung an und trifft in Gegenwart und Zukunft auf neue Herausforderungen, die in der Abbildung als horizontale Stressoren und Ressourcen bezeichnet werden. Horizontale Stressoren sind Ereignisse, die das Paar belasten (z. B. Krankheit, Kündigung von Arbeit oder Wohnung, Verliebtheit in eine andere Person) – allgemein gesprochen: fehlende oder dysfunktionale Bewältigungsstrategien im Umgang mit Lebensproblemen. Auf der Ressourcenseite gehören Fertigkeiten zur Bewältigung von Problemen dazu, aber auch Ereignisse, die das Paarsystem stärken (gemeinsame Hobbys, gemeinsames Bewältigen einer Krise, wohltuende gemeinsame Erlebnisse). Diese horizontalen Einflüsse lassen sich noch weiter aufgliedern in vorhersehbare Ereignisse im Lebenszyklus, z. B. der Tod eines betagten Elternteils, im Vergleich zu unerwarteten Ereignissen, z. B. dem Unfalltod eines Kindes; in vorübergehende vs. chronische Lebensumstände, z. B. Einsetzen einer schweren Krankheit; und in Widrigkeiten vs. Annehmlichkeiten im Alltag.

Im Zusammentreffen der horizontalen und vertikalen Dimension von Stressoren und Ressourcen entscheidet sich gemäß Schneewind, wie ein Paar mit den Herausforderungen in Gegenwart und Zukunft umgeht. Aus Sicht des Lebenszyklus gelten insbesondere die Übergänge von einer Phase zur nächsten als kritisch, weil sie erprobte Muster des Zusammenlebens in Frage stellen und weil sie Umstrukturierungen in der Paarbeziehung (wenn vorhanden: auch in den Familienbeziehungen) und von jedem einzelnen verlangen. Die zu bewältigenden Entwicklungsaufgaben sind teilweise von außen vorgegeben, teilweise liegen sie im Wesen der Paarbeziehung selbst.

Eine Untersuchung zum Thema »wie und warum die Liebe dauert« (Wallerstein und Blakeslee 1996) veranschaulicht das soeben dargestellte entwicklungsorientierte Modell vom Lebenszyklus. Im Rahmen einer qualitativen Studie wurden 50 Mittelschicht-Paare befragt, die zwischen 10 und 40 Jahren verheiratet waren (Eheschließung ab 1950 bis um 1980). Es zeigte sich, daß es *den* erfolgreichen Paarbeziehungstyp nicht gibt, sondern verschiedene Typen von guten Beziehungen:

- *die leidenschaftliche Ehe*, eine Beziehung mit dauerhaftem, intensivem sexuellem Interesse aneinander;
- *die Ehe als Zuflucht*, eine Beziehung, in der das Verheilen früherer Wunden im Mittelpunkt steht;
- *die kameradschaftliche Ehe*, eine auf Freundschaft und Gleichheit basierende Beziehung mit Bewußtheit für die unterschiedlichen Wertesysteme von Mann und Frau;
- *die traditionelle Ehe*, eine komplementär angelegte Beziehung mit klarer Verteilung von Rollen und Verantwortungsbereichen.

Darüber hinaus definierten Wallerstein und Blakeslee neun gemeinsame psychologische oder emotionale Aufgaben einer Paarbeziehung, die in Abhängigkeit vom Lebenszyklus auftreten (Tabelle 7):

Die Interviews ergaben, daß alle befragten Paare, die in unterschiedlichen Beziehungstypen leben und ihre Ehen als gut und liebevoll bewerten, auch erhebliche Krisen im Laufe ihres jahrzehntelangen Zusammenlebens zu bewältigen hatten. Die Autorinnen folgerten, daß jeder Beziehungstyp andere Gefahren birgt. Daß Partner und Partnerschaftstyp zusammenpassen, ist jedoch eine wichtige Voraussetzung für das Gelingen einer Beziehung.

3 Liebe aus psychologischer Sicht

1. Einen Schlußstrich unter die Vergangenheit ziehen (sich emotional von Eltern und Geschwistern lösen)
2. Balance zwischen Wir und Ich (Autonomie – Bindung; Zusammengehörigkeitsgefühl aufbauen)
3. Die Elternrolle (Herausforderungen der Elternrolle annehmen)
4. Der Umgang mit Krisen (Bewältigungsmöglichkeiten, realistisch über Krisen reden, nicht alle Schwierigkeiten der Krise zuschreiben)
5. Raum für Auseinandersetzungen schaffen (nicht bis zum letzten gehen, nicht die Beziehung in Frage stellen; sich gegenseitig keine Vorwürfe machen; sich auch Wut/Enttäuschung erlauben)
6. Die sexuell attraktive Ehe (liebevolle sexuelle Beziehung aufbauen und erhalten)
7. Humor und gemeinsame Interessen (Langeweile vermeiden)
8. Trost und Ermutigung (unterstützen, begrenzen, herausfordern – auch loslassen und verzeihen können)
9. Balance zwischen Idealisierung und Realitätssinn (idealisierenden und realistischen Blick auf den Partner bewahren)

Tabelle 7: Neun psychologische Aufgaben in der Ehe (Wallerstein und Blakeslee 1996).

Es gibt bisher nur wenige empirische Längsschnittuntersuchungen von Paaren im höheren und hohen Lebensalter und fast keine Daten zu langfristigen Entwicklungsprozessen in Partnerschaften; zudem widersprechen die bisher vorliegenden Ergebnisse oftmals allgemeinen Vorannahmen. Herrschende Bilder von alten Ehen beschreiben sowohl den Prozeß der Annäherung bis hin zur Verschmelzung als auch den der Umkehrung alter Macht- und Entscheidungsstrukturen zugunsten der Frau. In bezug auf Geschlechtsrollen wird ein Prozeß zunehmender Maskulinisierung bei Frauen und zunehmender Feminisierung bei Männern postuliert. Es ist allerdings nicht hinreichend empirisch erfaßt, ob und wie sich die Geschlechterdifferenzen in alten, langjährig bestehenden Partnerschaften manifestieren (Fooken 1995).

Die Longitudinalstudie von Vaillant und Vaillant (1993) und die »Berkeley Older Generation Study« (Weishaus und Field 1988) ergaben eine Vielzahl von Verlaufsmustern in Langzeitehen, die den generell postulierten u-förmigen Zusammenhang zwischen Zufriedenheit und Ehedauer als methodisches Artefakt entlarven; der u-förmige Zusammenhang bedeutet eine relativ große Zufriedenheit in den ersten Ehejahren und im Alter. Zum Beispiel wurden in der »Berkeley Older Generation Study«, einer Längsschnittuntersuchung über 55 Jahre[19], neben einem u-förmigen Zufriedenheitsverlauf auch Muster von gleichbleibend positivem, negativem und neutralem Affekt über die gesamte Ehedauer beschrieben. In bezug auf die Liebe ist diese Aussage relativ unspezifisch: Denn Zufriedenheit ist nicht gleichbedeutend mit Liebe, und in all den genannten Konstellationen kann mehr oder weniger geliebt werden.

Mit zunehmendem Alter wird die Wechselwirkung zwischen der Qualität der Paarbeziehung und dem seelischen und körperlichen Befinden bzw. der Gesundheit von Mann und Frau offenbar noch stärker als zuvor, weil weniger Kompensationsmöglichkeiten bestehen und in Anbetracht der häufig abnehmenden weiteren Lebensbezüge die Bedeutung der Partnerschaft steigt.

Epigenese: Entwicklung zur Gegenseitigkeit
Im Rahmen der Familientherapie gilt die »Gegenseitigkeit« (»mutuality«) als Lösung im Dilemma zwischen dem gleichzeitigen Streben nach Bezogenheit und Individualität. Entscheidend für die *positive Gegenseitigkeit* ist die Bewegung der Beziehung, die durch einen fortschreitenden Dialog immer weitere und tiefere Persönlichkeitsbereiche der Partner umfaßt. Wechselseitige Abgrenzung und Versöhnung können jeweils zu einem höheren Niveau der »bezogenen Individuation« führen (Stierlin 1971). Dieser Dialog wird innerhalb der Zweierbeziehung durch Kreis- und Feedback-Prozesse angeregt und vorangetrieben und löst Wandel aus (Simon et al. 1999).

Wynne (1985) hat dieses Gegenseitigkeitskonzept zu einer Entwicklungslehre von Beziehungsmodi ausgebaut (»Epigenese«), wonach Bindung/Fürsorge, Kommunikation und gemeinsames Problemlösen aufeinander aufbauen und der Gegenseitigkeit vorgeordnet sind. Die Entwicklung der aufeinanderfolgenden Stufen erfolgt nicht zwangsläufig, sondern kann auf jeder Stufe aufhören (Abbildung 5).

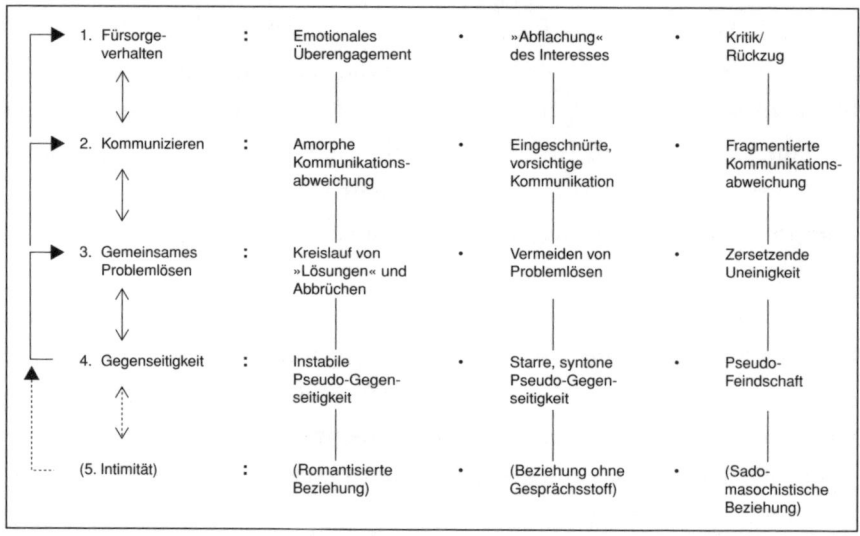

Abbildung 5: Epigenetisches Modell (nach Wynne 1985).

- *Bindung/Fürsorge (»attachment/caregiving«)*: eine komplementäre, gegenseitige Verbundenheit, im Erwachsenenalter häufig zwischen Personen, die auch eine sexuelle Beziehung miteinander haben.

Die Qualität von engen persönlichen Beziehungen im Erwachsenenalter wird mitbeeinflußt von den frühkindlichen Bindungserfahrungen der Partner, weil diese die »internen Arbeitsmodelle« prägen, die Menschen von Beziehungen haben (Hazan und Shaver 1987, 1994); zum Beispiel ist das Vertrauen in den Liebespartner und das Selbstvertrauen, der Liebe des anderen wert zu sein, vom frühen Bindungsstil abhängig. Für diese Untersuchungen wurde die Typologie von Bindungsqualitäten – sicher gebunden, unsicher-vermeidend, unsicher-ambivalent gebunden, empi-

3.2 Liebe aus beziehungspsychologischer Sicht

risch untersucht am Prototyp der Interaktion zwischen Mutter und Kind (Ainsworth et al. 1978; Bowlby 1975) – auf die Partnerbindung von Erwachsenen übertragen.

Das Bindungsverhalten bei Erwachsenen vermag nicht im gleichen Maße wie bei Kindern andere Verhaltenssysteme zu überfluten, allerdings gibt es Ausnahmen, zu denen auch das Sich-Verlieben gehört: »eine Beziehungsveränderung, die in ihrer Unmittelbarkeit und Intensität dem mütterlichen Bindungsverhalten (bonding) gegenüber ihrem neugeborenen Kind gleicht« (Wynne, ebd., S. 125). Weil das Sich-Verlieben für die meisten Menschen ein relativ seltenes Ereignis ist, ist die Person, in die man sich verliebt, ein besonderer Mensch (»significant other«, Bindungsfigur). Eine seltene und wichtige Bindungsfigur hat daher auch eine gewisse Macht über die betreffende Person. Aber auch in weniger gefühlsintensiven Lebensphasen ist die Bindungs-Fürsorge-Beziehung kennzeichnend, wobei es in »guten Ehen« in der Regel zu einem flexiblen Rollenwechsel zwischen Fürsorge-Spender und Fürsorge-Empfänger kommt (ebd.): »In einer guten Ehe spielt bei Gelegenheit jeder Partner abwechselnd für den anderen die Rolle des Stärkeren und Klügeren, so daß jeder sich beim anderen geborgen und wohl fühlen kann, und jeder wünscht, mit dem anderen zusammenzubleiben und sich gegen tatsächliche oder drohende Trennung zur Wehr zu setzen« (Ainsworth 1982, S. 26).

Drei wichtige Merkmale charakterisieren das Bindungsverhalten: ein Bedürfnis nach Nähe zur Bindungsfigur in Krisenzeiten, z. B. bei Angst, Krankheit oder Trauer; ein erhöhtes Wohlbehagen und Angstverminderung in Anwesenheit der Bindungsfigur; eine deutliche Zunahme von Unbehagen und Angst bei der Entdeckung, daß die Zugänglichkeit zur Bindungsfigur bedroht ist. In empirischen Untersuchungen ergab sich zum Beispiel, daß ein Partner mit sicherem inneren Beziehungsmodell die negativen Effekte eines anderen mit unsicherem Modell kompensieren kann. Offenbar läßt sich das innere Beziehungsmodell einer unsicher gebundenen Frau durch positive aktuelle Bindungserfahrungen

3 Liebe aus psychologischer Sicht

leichter transformieren als dasjenige des Mannes (Cohn et al. 1992; Kobak und Hazan 1991). Es zeigte sich auch, daß der ängstlich-ambivalente Bindungsstil positiv mit besitzergreifender Liebe korreliert (Bierhoff et al. 1993).

- *Sich mitteilen bzw. kommunizieren (»communicating«):* Es geht um die kommunikative Ebene von Bezogenheit, um eine gemeinsame kognitive und affektive Plattform; gleichen Dingen Beachtung schenken, Meinungen und Botschaften darüber austauschen, aus der eine gemeinsame »soziale Realität«, ein gemeinsames »Hier und Jetzt« geschaffen wird.

Die Entwicklung und Aufrechterhaltung persönlicher Beziehungen erfolgt über ein Sich-Mitteilen und Kommunizieren. Hierzu bedarf es einer »gemeinsamen Sprache«, eines gemeinsamen verbalen und nonverbalen Symbolsystems, das zunächst eingeübt und dann immer wieder im alltäglichen Umgang miteinander überprüft, modifiziert und validiert wird. Über das Kommunizieren wird eine Verbindung zwischen den Partnern hergestellt; z.B. ist die Benutzung bestimmter Wörter, eines bestimmten Tonfalls oder gar einer »Privatsprache« Beleg für das beziehungsstiftende Moment von Kommunikation[20].

Eine positive Bindungs-Fürsorge-Beziehung und eine adäquate Kommunikation sind im Rahmen des epigenetischen Modells wichtige Voraussetzungen für das Gelingen gemeinsamer Problemlösungsprozesse:

- *Gemeinsames Problemlösen (»joint problem solving«) sowie Aufgaben, Interessen und Aktivitäten so miteinander teilen, daß die Beziehung neu belebt wird.* Es geht dabei um tägliche Herausforderungen, aber auch um schwerwiegendere Entscheidungen und Konflikte, die sich nahezu zwangsläufig im Rahmen einer längerfristigen Entwicklung ergeben. Ein gewisses Ausmaß an Konfliktbereitschaft, sofern diese nicht mit destruktiven Mechanismen einhergeht (z.B. Kommuni-

3.2 Liebe aus beziehungspsychologischer Sicht

kationsverweigerung, starres Beharren auf der eigenen Position), hat langfristig einen positiven Effekt für die Qualität der Paarbeziehung, wie empirische Studien zeigen (Gottman und Krokoff 1989).

- *Gegenseitigkeit (»mutuality«):* Wynne verbindet mit Gegenseitigkeit die Überprüfung und Neugestaltung von eingespielten Beziehungsprozessen angesichts sich ändernder Lebensumstände – zum Beispiel durch körperliche und psychische Entwicklungsprozesse beider Partner (z.B. Klimakterium; Ausbildung individueller Interessen), aber auch durch familienzyklisch bedingte Ereignisse (Geburt; Tod) sowie durch äußere Einflüsse auf das Familiensystem (Arbeitslosigkeit; Wohnungsverlust). Bei echter Gegenseitigkeit verfügt das Beziehungssystem über eine ausreichende Flexibilität zu einer befriedigenden Neugestaltung der Bindungs-Fürsorge-Beziehung, des Kommunikationsverhaltens und des gemeinsamen Problemlösens. Dadurch gewinnt das Beziehungssystem an Verbundenheit und Stabilität.

Die Gegenseitigkeit unterscheidet sich von den vorher genannten Beziehungsformen insofern, als sie es erforderlich macht, daß jede Person von Zeit zu Zeit das Funktionieren des Systems »überprüft« und eine »Metaposition« innerhalb des Systems einnimmt. Dadurch kommt es zum Überarbeiten von Beziehungsmustern und manchmal zum Übergang zu neuen Mustern; wiederholte Richtungsänderungen und flexible Variationen gehören dazu, unter Umständen auch die »Beendigung« des bisherigen Beziehungssystems. Die Gegenseitigkeit beginnt folglich mit dem Erkennen von Schwierigkeiten, die nicht im Rahmen der bisherigen Beziehungsmuster lösbar sind. Wynne (1985) spricht in bezug auf die *positive Gegenseitigkeit* auch von einer periodischen Inventur, die dauerhafte Beziehungen verlangen. Damit beschreibt er letztlich eine Beziehungsqualität, die Übergänge und damit Wandel ermöglicht. Das Beziehungssystem gewinnt dadurch an Tiefe und Stabilität.

3 Liebe aus psychologischer Sicht

- Ein weiterer wesentlicher Aspekt in Wynnes Modell ist die *Intimität,* die er definiert »als die unbeständige subjektive Seite einer Beziehung, das Teilen gemeinsamer persönlicher Gefühle, Phantasien und bedeutsamer Erfahrungen, die mit jeder der ... Entwicklungsstufen verbunden sind. Diese Prozesse vollziehen sich zwischen Personen, sind also zwischenmenschlich, jedoch nicht unbedingt symmetrisch. Sie schließen gefühlsbetonte verbale oder nicht-verbale Selbst-Öffnung mit ein, wobei der Sprecher davon ausgeht, daß er vom anderen akzeptiert wird. Er vertraut darauf, daß dieser ihn weder verrät noch ausbeutet, obwohl ihm dies ohne weiteres möglich wäre. Im Sinne dieser Definition kann also Intimität eine höchst machtvolle, bedeutungsvolle, tief menschliche Erfahrung sein, subtil und emotional kompliziert, verlockend, aber auch Furcht erregend. Gleichzeitig scheint Intimität aber oft unvereinbar mit Wertvorstellungen und tatsächlichem Lebensstil gewisser wirtschaftlicher und kultureller Gruppen, besonders vieler Männer« (Wynne 1985, S. 134).

In der Bereitschaft zu Intimität stellt Wynne einen Geschlechtsunterschied fest, sei dieser nun biologisch oder kulturell begründet. Im Verlaufe der Evolution sei dem Mann im Gegensatz zur Frau wenig Raum geblieben für eine konsequente Entwicklung von Fähigkeiten, die Intimität fördern. »So ist es wahrscheinlich nicht erstaunlich, daß das Teilen von gemeinsamen wahrhaft intimen Erlebnissen zwischen Mann und Frau eher die Ausnahme ist, ein vielgepriesenes westliches Ideal, das aber im Verlauf der Menschheitsgeschichte selten angestrebt und noch seltener erreicht wurde« (ebd., S. 135). Was man in beständigen Ehen hingegen oft vorfinde, sei ein »beträchtliches Maß an warmer Gegenseitigkeit« im oben beschriebenen Sinne.

Intimität, die umgangssprachlich oft gleichgesetzt wird mit Sexualität, meint hier eine meist wechselseitige Selbstenthüllung, ein gegenseitiges Erkennen der Ähnlichkeit und Andersartigkeit, das immer auch eine teilweise Akzeptanz der Fremdheit der anderen Person bedeutet. Diese Intimität ist für die Entwicklung einer dauerhaften Beziehung nicht unbedingt nötig, sie erscheint gleichsam als Luxus. Zum Beispiel entsteht in Kulturen mit arrangierten Ehen aus der faktisch bestehenden Nähe allmählich ein Bindungs-Fürsorge-System, das mit der Zeit zu einer feingestimmten Gegenseitigkeit führt, ohne aber notwendigerweise von viel Intimität begleitet sein zu müssen. Wenn Intimität aber *echt* vorhanden ist, ist sie ein von Gegenseitigkeit abhängendes Phänomen. Sie entsteht aus dem zugewandten Gespräch und ermöglicht gleichzeitig einen weiteren persönlichen Dialog zwischen Menschen.

Wynne charakterisiert solche Beziehungen als *intim*, die über das Stadium des *Bindungs- und Fürsorge-Verhaltens* hinausgewachsen sind: Erotische Elemente, gemeinsame Inspiration und gegenseitige Selbst-Öffnung sind äußere Faktoren einer so verstandenen Intimität. Des weiteren unterscheidet er *Intimität* und *Sexualität:* Zwar entspringt aus Intimität oftmals sexuelle Leidenschaft, und diese fördert wiederum die Intimität, doch allzuoft werde mit Leidenschaft versucht, Intimität willentlich herbeizuzwingen, wodurch dann häufig das Gegenteil erreicht wird.

Bisher wurde der jeweils »positive« Pol der Beziehungsmodi dargestellt, die jedoch auch den »negativen« Gegenpol einschließt, nämlich jede Form von Distanzierung, Loslösung, Divergenz oder Bindungsunfähigkeit. Divergenzen sind sogar notwendig und entscheidend; denn wenn sie dem Kontext und Entwicklungsstand entsprechen, bilden sie den Stimulus für den Schritt auf eine nächsthöhere Ebene oder Beziehungsform. Eine rechtzeitige Trennung beispielsweise kann die Intensität von Bindung/Fürsorge stärken, während zu lange oder zeitlich ungünstige Trennungen zu Abwendung und Zurückweisung führen können. Die »negativen« Pole sind die dynamischen Gegenspieler der positiven, beide Pole sind für das psychosoziale Leben notwendig. Daher kann das, was auf der Beziehungsebene »negativ« erscheint, für ein Individuum durchaus »positiv« sein, wenn es z. B. um größere Eigenständigkeit geht.

3 Liebe aus psychologischer Sicht

Von der Liebe als Entwicklungsanstoß zur Ehe als Individuationsweg

Die Verliebtheit birgt Entwicklungschancen für beide Individuen und erleichtert die Bindung eines Paares, da sie dazu beiträgt, daß zwei Personen die für die Paarbildung notwendige Anpassung leisten können und diese Anpassung sogar als selbstverständlich erleben. Mit der Rückkehr in den emotionalen Normalzustand kommt es meist zu einer gewissen Desillusionierung, die Harmonie nimmt ab, die sexuelle Leidenschaft läßt nach, und es gilt, gemeinsam den Alltag zu bewältigen.

In entwicklungsorientierter Perspektive werden aufkommende Konflikte, Symptome und Krisen als Entwicklungsanstoß für die Zukunft interpretiert, als Vorbote für Wandel (Welter-Enderlin 1992), als Hinweis auf ungelebtes Wollen bzw. Anders-Wollen als bisher; nicht als Endpunkt einer fehlgelaufenen Entwicklung oder als Quittung für die ehemalige Idealisierung, wie man mit weniger ressourcenorientiertem Blick feststellen könnte. Jede Paarkrise stellt insofern eine Möglichkeit dar, überholte Leitmotive zu hinterfragen und Abschied zu nehmen von gegenseitigen Projektionen. Insofern bergen Krisen und Konflikte die Herausforderung zu Wachstum und Entwicklung der beteiligten Personen, sie können Anstoß sein, alternative Möglichkeiten zu beleben, die in jeder individuellen Biographie, aber auch in jeder Liebesgeschichte angelegt sind. Wenn beide Personen über die unausweichliche Enttäuschung hinausgehend beschließen, dennoch zusammenzubleiben, lassen sich in einem solchen Prozeß die in der Spontaneität der Verliebtheit und Leidenschaft bereitliegenden Möglichkeiten erst verwirklichen, schreibt zum Beispiel Wyss (1988). Auch nach Willi (2002) gelten Enttäuschungen über die begrenzte Ansprechbarkeit des Partners auf das eigene Entwicklungspotential als Motor für die weitere persönliche Entwicklung. Die Partner konfrontieren sich gegenseitig mit den wesentlichen Lebensthemen und werden gerade dadurch eine zentrale Herausforderung füreinander.

Retrospektiv betrachtet, ist der Konflikt, der ein Paar zur Therapie veranlaßt, häufig bereits in der Partnerwahl angelegt: Gegensätze ziehen sich an, doch die gleiche Verschiedenheit, die die Liebe weckt, ist oft auch das Problem, an dem sie zerbrechen kann; auch dies ist eine Paradoxie der Liebe. Idealtypisch beschreibt Willi (2002) den Prozeß der Liebesbeziehung als verschiedene Phasen durchlaufend: von der Liebessehnsucht über die Partnerwahl, das Verliebtsein, die Liebesenttäuschung mit der Entwicklung von Kompensationsmöglichkeiten für fehlende Erfüllung, über den Aufbau einer gemeinsamen Welt und die eventuelle Familiengründung bis hin zur Alterssehe. Eine andere, gleichfalls idealtypische Vorstellung betrifft das Beziehungsmuster von Nähe und Distanz: Idealtypisch folgen fünf Phasen aufeinander – (1) die Phase der Verschmelzung in der Verliebtheit, (2) der Widerstand gegen die Verschmelzung, (3) die Distanzierung und (4) Wiederannäherung hin zu (5) einer neuen Vereinigung auf einer reiferen Stufe. Dieser Ablauf kann sich beliebig wiederholen und wird meist als ein spiralförmiger Prozeß gedacht (Jellouschek 1989; vgl. Bader und Pearson 1988).

Aus systemischer Sicht wird übrigens die Vorstellung von einer bestimmten Richtung der Entwicklung, sei diese linear oder spiralförmig, in Zweifel gezogen. Statt dessen werden unterschiedliche Organisationsformen, Paarmuster mit einer ähnlichen oder unterschiedlichen Organisation in bezug auf Nähe und Distanz, unterschieden (Ebbecke-Nohlen 2000), und es gilt als Ziel der Paartherapie, daß das Paar je nach Lebensphase und Bedürfnislage zwischen den verschiedenen Organisationstypen pendeln kann.

Jellouschek (1992) vergleicht das Liebeserlebnis mit der Schaffung eines Kunstwerks, an dessen Anfang die Intuition steht, die zwar die Vision des Kunstwerks enthält, jedoch noch lange nicht das Kunstwerk selbst ist. Die Vision wird realisiert im Tun, in der Arbeit, mit Hilfe von Materialien, Werkzeug und Können. Analog zur künstlerischen Vision, die dem Kunstwerk vorangeht, sei auch in der Verliebtheit eine Vision der Paarbeziehung enthalten. Um die Vision zu realisieren, sei sehr viel

3 Liebe aus psychologischer Sicht

Arbeit und Aufmerksamkeit erforderlich, wie bei der Schaffung des Kunstwerks.

Zur »Kunst, als Paar zu leben«, gehöre daher zum einen die Beziehungsarbeit, zum anderen die Beziehungsvision. Die Beziehungsarbeit entspricht dem handwerklichen Können, den Fertigkeiten, die z. B. in Ehebüchern, Seminaren oder Kommunikationstrainings gelernt werden: Es geht darum, sich willentlich zu bemühen und zu üben, es geht um den Aspekt des »Machens«. Die Beziehungsvision entspricht der Ursprungsvision des anfänglichen Liebeserlebens, der Vision von der gemeinsamen Zukunft, den »besten Möglichkeiten«, die in dieser Liebe angelegt sind; es geht um den Aspekt des »Geschehen-Lassens«. Beziehungsarbeit allein wäre banal, so wie die Vision allein sentimental wäre. Beide gehören zusammen für eine lebendige erotische Liebe und Dauerhaftigkeit. Das Liebeserlebnis ist etwas Momenthaftes, das immer wieder vergeht. Doch wenn die Beziehung auf die beschriebene zweifache Weise gepflegt werde, dann könne dieser zeitlose Moment immer wieder auftreten. Diese Vorstellung von dem Erhalten der Partnerliebe durch Üben und Vision gleicht einem spirituellen Weg, der auch immer als Übungsweg aufgefaßt wird und an dessen Anfang typischerweise eine Vision steht, die den Menschen auf den Weg bringt. Auch wenn das realisierte Kunstwerk nicht ganz der Vision entsprechen wird, kann zumindest ein Teil davon Wirklichkeit werden.

Zur Forderung nach Wandel einer Paarbeziehung gehört ebenso die Forderung nach individueller Selbstfindung, nach der Entwicklung einer Form von Identität, die nur teilweise im Paar aufgehoben ist. Doch unter welchen Umständen ist der Erhalt bzw. die Entwicklung einer Beziehung möglich bei gleichzeitiger Weiterentwicklung der beteiligten Individuen? Unter welchen Bedingungen können sich zwei Personen so weiterentwickeln, daß dies ihrem Zusammenhalt dient und darüber hinaus ihre Liebesbeziehung gedeihen läßt? Gibt es Kriterien, anhand derer sich beurteilen läßt, ob im gegebenen Fall die Beziehung oder die persönliche Entwicklung Priorität hat? Für wen kann die Liebes- oder Ehe-

3.2 Liebe aus beziehungspsychologischer Sicht

beziehung im Sinne einer langfristigen Perspektive das Medium sein, in dem sich die Selbstwerdung vollzieht?

Stierlin prägt den Begriff der »bezogenen Individuation« als »ein allgemeines Prinzip, demzufolge ein höheres Niveau an Individuation auch ein jeweils höheres Niveau an Bezogenheit sowohl verlangt als auch ermöglicht« (Simon et al. 1999). »Individuation« bezeichnet in der jungianischen Psychologie den Prozeß der Reifung und Differenzierung der Person, ein Streben nach Selbstwerdung, das Jung zufolge ein angeborenes Streben ist. Auch nach jungianischer Sicht stellt Individuation keineswegs etwas Autistisches oder Selbstzentriertes dar; Individuation und mitmenschliche Bezogenheit bilden keine Gegensätze, weil es Individuation nicht ohne gesellschaftliche Verflechtung gibt: »Der Individuierende befaßt sich mit seinen Mitmenschen, sei es aktiv an dem Geschehen teilnehmend oder innerlich mit kollektiven Problemen ringend« (Guggenbühl-Craig 1985, S. 48).

Individuation bedeutet »ein aktives, schwieriges, unheimliches Durcharbeiten unserer eigenen komplizierten Psyche bis beispielsweise zur möglichen Vereinigung der in ihr enthaltenen Gegensätze, symbolisiert durch die Vereinigung von Mann und Frau« (ebd., S. 43).

»Eine der großen Herausforderungen der seelischen Entwicklung ist die Konfrontation, die Verbindung der seelischen Gegensätze, die auf viele Arten erlebt und ausgedrückt werden: bewußt und unbewußt, gut und bös, tot und lebendig usw. und – last, but not least – weiblich und männlich, Frau und Mann. Das Mysterium coniunctionis, wie es die Alchimisten nannten, das Geheimnis der Verbindung der Gegensätze wird von uns sehr intensiv im Sexuellen, Körperlichen erlebt ... Sexualität ist ein gelebtes, erlebtes Symbol des Mysterium coniunctionis ... die physisch erlebte Sexualität ist ein lebendiges, wirksames Symbol der existentiellen Konfrontation der Gegensätze.« Liebesgedichte, Schlager, Liebesgeschichten »drücken nicht vor allem biologisch-sexuelle Sehnsüchte der Jugend aus,

3 Liebe aus psychologischer Sicht

> sondern ihre Sehnsucht nach seelischer Entwicklung, nach Individuation, nach der Verbindung der Gegensätze« (Guggenbühl-Craig 1992, S. 139/140).

Mit Individuation wird ein »Heilsweg« beschrieben, auf dem es um die Suche nach Sinn, um die Konfrontation mit Leiden und Tod geht. Dieser Heilsweg der Selbstwerdung wird als ein Weg mit einem letztlich nie ganz zu erreichenden Ziel gedacht. Es gibt unterschiedliche Wege der Individuation, nicht nur psychologische oder intellektuelle Wege, auch in der Kunst, durch Kochen, in der Technik, im Handel, in der Politik – und eben auch in der Liebe – bestehen Möglichkeiten, sich zu individuieren (Guggenbühl-Craig 1985, S. 45). Die Liebe stellt nur einen möglichen Individuationsweg dar, der keineswegs für alle Menschen geeignet ist.

Eine entscheidende Frage ist nun, ob die Ehe mit dem Wohl oder mit dem Heil zu tun hat, ob sie eine Heils- oder eine Wohlfahrts-Anstalt ist (ebd.). Mit Wohl ist Wohlbefinden gemeint, die Suche nach Glück, das Vermeiden unangenehmer Spannungen. Selbst wenn Menschen sich solches Glück wünschen, halten sie es in der Regel nicht lange aus in diesen »Schlaraffenländern«, weil die Spannung, die Erregung und das Ringen fehlen. Die Anwesenheit von Religiösem und Transzendentalem in den meisten Ehezeremonien könnte ein Hinweis sein, so Guggenbühl-Craig, daß die Ehe eher mit dem Heil als mit dem Wohl zu tun hat.

> »Die lebenslange Auseinandersetzung zweier Partner, die Verbindung von Mann und Frau bis zum Tod, kann als ein spezieller Weg, seine Seele zu finden, verstanden werden, als eine spezielle Form der Individuation. Einer der wesentlichen Züge dieses Heilsweges ist das Nichtausweichenkönnen ... In diesem zum Teil erhebenden und zum Teil quälenden Nichtausweichenkönnen liegt das Spezifische dieses Weges ... Die Ehe ist einer der Heilswege der Liebe; einer Liebe allerdings, die nicht unbedingt identisch ist mit dem, was der lose Knabe Cupido anstellt. Dieser ist unberechenbar, launisch,

ungebunden. Das ganz Besondere an der Liebe, die den Heilsweg der Ehe kennzeichnet, ist die ›widernatürliche‹ Dauerhaftigkeit ... Immer wieder sieht man bejahrte Ehepaare, bei denen der eine Partner geistig und körperlich rüstig ist, der andere körperlich krank und geistig reduziert. Und doch lieben sich beide, nicht aus Mitleid oder Schutzbedürfnis. In solchen Fällen zeigt sich die ganze Widernatürlichkeit und Größe dieser Art von Liebe, die der Heilsweg der Ehe verlangt. Die Liebe, auf der die Ehe beruht, transzendiert die ›persönliche Beziehung‹, ist mehr als nur Beziehung« (Guggenbühl-Craig 1985, S. 53 f.).

»Eine Ehe funktioniert nur, wenn man sich gerade das, was man sich sonst nicht bieten lassen würde, bieten läßt. Durch das Sichaufreiben und Sichverlieren lernt man sich selbst, Gott und die Welt kennen. Wie jeder Heilsweg ist auch derjenige der Ehe hart und beschwerlich ... Für denjenigen, der für den Heilsweg der Ehe begabt ist, bietet natürlich die Ehe, wie jeder Heilsweg, nicht nur Mühe, Arbeit und Leiden, sondern tiefste Befriedigung existentieller Art« (ebd., S. 57).

Unter der Überschrift »Vom Vertragen zum Ertragen und warum das Glück nicht glücklich macht« erklärt Retzer (2002) wie vor ihm schon andere Paartherapeuten und Paarforscher, daß eine der herausragenden Möglichkeiten, an der Paarbeziehung zu verzweifeln, darin besteht, daß sich zwei Menschen zusammentun und heiraten, um gemeinsam glücklich zu sein. Und er fährt fort: »Zum Heiraten sollte es ... vielleicht nur einen plausiblen Grund geben: Man sollte nicht anders können als zu heiraten, um dann miteinander zu leben, um in der Einsamkeit, die uns umgibt, jemanden zu haben, der uns nicht eintauschen will, der bereit ist, die Berechtigung unserer Existenz mit all unseren Fehlern und Mängeln zu bestätigen« (S. 215).

Guggenbühl-Craig meint, eines der großen Probleme der modernen Ehe könne darin liegen, daß ein eigentümlicher Terror besteht in dem

3 Liebe aus psychologischer Sicht

Sinne, daß alle heiraten müssen und daß sich mit dem Ehestand ein höheres soziales Ansehen verbindet als mit anderen Lebensformen. Der Heilscharakter der Ehe wird dadurch immer wichtiger. »Ein solches Dominieren eines Heilsweges ist für viele verderblich. Heute sind unzählige Menschen verheiratet, welche in der Ehe nichts zu suchen haben« (ebd., S. 55). Er schlägt deswegen vor, die Möglichkeiten des ehelosen Standes zu fördern und auf diese Art die Möglichkeiten für Menschen zu vergrößern, die ihr Heil anderswo als in der Ehe suchen und auch für andere Heilswege begabter sind. »Die soziale Stellung und die materielle Sicherung der Ehelosen muß verbessert werden. Das Ziel wäre, daß nur noch diejenigen Leute heiraten, die speziell begabt sind, ihr Heil in der intensiven, *dauernden* Beziehung und Auseinandersetzung von Mann und Frau zu finden« (ebd., S. 55). Die Ehe als Heilsinstitution sei voller Höhen und Tiefen, sie bestehe aus Opfern, Freuden und Leiden. Die moderne Ehe sei nur möglich, wenn dieser spezielle Heilsweg vermocht und gewünscht wird. Das Kollektive drängt jedoch viele dazu, aus Gründen des Wohls zu heiraten: um dem Druck des Berufslebens auszuweichen; um versorgt zu werden; um Kinder zu haben ... Doch nur wenige Ehen können »bis zum Tod« dauern, wenn sie als Wohlfahrtsinstitut verstanden werden.

Natürlich kann man sich auch fragen, ob die Vorstellung von der Ehe als Institution des Heils überhaupt noch in unsere Zeit paßt. Einerseits sind die Erwartungen an die Ehe immens: Sie soll den Rahmen bieten für romantische Liebe und sexuelle Erfüllung, sie soll emotionale Heimat sein, sich entsprechend äußerer und innerer Anforderungen wandeln und gleichzeitig auch eine autonome Entwicklung beider Partner ermöglichen. Andererseits werden Ehe und Paarbeziehung heute nicht mehr als Schicksal empfunden, sondern als Wahlmöglichkeit. Zur Disposition steht allerdings nicht die Wahl zwischen Paarbeziehung und Nicht-Paarbeziehung, sondern zur Wahl stehen unterschiedliche Partner, wenn die Auseinandersetzung mit einem zu schwierig wird. Ein Individuationsweg »light«? Insofern ist der Modus der Bindung dominant, der mit dem »eigentümlichen Terror« einhergeht, daß der Stand der Ehe wertvoller ist als der Stand der Ehelosigkeit.

Zusammenfassung
- Beständige Liebesbeziehungen brauchen eine Verankerung im Alltag. Das strukturelle Rahmenmodell (Schneewind 1999) zeigt die Verankerung in Raum und Zeit; das epigenetische Modell (Wynne 1985) stellt Liebesbeziehungen gleichfalls auf den Boden eines alltagspraktischen Vollzugs und benennt Voraussetzungen für Intimität. Intimität als eine wechselseitige Selbstöffnung und ein gegenseitiges »Erkennen« ist allerdings nicht unbedingt nötig für eine dauerhafte Beziehung.
- Paarbeziehungen müssen sich gemäß äußerer und innerer Anforderungen wandeln, wenn sie nicht erstarren bzw. mit dem Preis persönlicher Verkümmerung einhergehen sollen. Ein solcher Wandel in der Beziehung ergibt sich in der Regel weniger durch Einsicht oder persönliche Motivation als durch sich verändernde Umstände bzw. äußere Ereignisse, die den Betroffenen weitere Entwicklungsschritte abverlangen.
- Ob sich innerhalb der Beziehung ein weiterführender Entwicklungsprozeß vollziehen kann – ob sich die Beziehung konsolidiert und vertieft oder ob sie »erodiert« –, ist entscheidend abhängig von der positiven Gegenseitigkeit im Sinne von Wynne. Auch Intimität ist von der Gegenseitigkeit abhängig und läßt sich lebenslänglich ausbauen und vertiefen, wodurch nicht nur die Leidenschaft belebt, sondern auch die Verbindlichkeit mit Sinn erfüllt wird. Intimität gilt folglich auch als eine Bedingung, die Liebe auslösen und verstärken kann.
- Die Liebe ist in vielen Lebensläufen ein Katalysator für inneres Wachstum. Vor allem die gegenseitige Liebe, in der wechselseitige Bedürfnisbefriedigung und Idealisierung in einem ausgewogenen Verhältnis zueinander stehen, birgt die Chance, sich neuen Risiken

auszusetzen und mit erweiterten Möglichkeiten zu konfrontieren. Sie kann eine persönliche Veränderung einleiten, die auch eine möglicherweise kurzlebige Liebesbeziehung überdauert. In langlebigen Liebesbeziehungen gehören Identität und Wandel als Paar sowie Identität und Wandel der beiden beteiligten Individuen zusammen.

- Individuation ist ein weitaus anspruchsvolleres Unterfangen als ein durch Verliebtheit ausgelöster Entwicklungsschub; »bezogene Individuation« bzw. die Ehe als Individuationsweg ist ein Heilsweg, für den keineswegs alle Menschen begabt sind. Diese Einschränkung kommt in den modernen, manchmal etwas harmonisierenden entwicklungs- und ressourcenorientierten paartherapeutischen Konzepten zu wenig zum Ausdruck.
- Im Lebenslauf wandeln sich die Bedeutung und das Erleben der Liebe. Möglicherweise kann man einer »tiefen«, einer geläuterten Liebe erst im Alter bzw. in alten Beziehungen begegnen?

Liebe im Alter

»Wir wissen, daß an sich widersprüchliche Elemente zur Zufriedenheit in einer dauerhaften Ehe beitragen können. Die gegenseitige Kenntnis voneinander gehört dazu, jedoch auch das Geheimnis. Das Programm muß viele Punkte in einem beweglichen Nebeneinander umfassen: die Überraschung, gesundheitliche Rücksichtnahme wie auch Risiko, Klarheit wie Zweideutigkeit, Gesagtes wie Ungesagtes. Es ist sowohl die Wiederholung nötig wie das Neue, die absolute Intimität wie die Konfrontation mit anderen, das Verhaftetsein, das Einverständnis wie der Widerspruch. Es braucht sowohl Wissen wie Erfindungsgabe. Man muß Meister und Lehrling in einem sein, einen Sinn sowohl für das Wirkliche wie das Unwirkliche haben. Das eheliche Geschlechtsleben wie das Eheleben überhaupt kann nicht wie ein gewöhnliches Unternehmen automatisch Form annehmen und sich entfalten. Die Ehe entwickelt sich durch die Arbeit der Partner an der Meisterung der Erotik und durch ein konstantes dialektisches Bemühen zwischen verschiedensten, und wie wir gesehen haben, auch widersprüchlichen Elementen. Eine lange Ehe wird immer auch von einem gewissen, schwer auszumachenden untergründigen Enthusiasmus abhängig sein und der sicher im Laufe der Zeit erworbenen Fähigkeit, der Wirklichkeit ein Schnippchen zu schlagen. Sie enthält immer etwas Trotz und ein klein wenig Wunderglaube, ohne im übrigen zu wissen, ob der Trotz nun sich selber oder der Umgebung gilt und ob das Wunder nicht eher durch eine Art Teilhabe am Göttlichen als durch ein Flehen zu Gott in der Not zustandekommt« (Abraham 1985, S. 357).

Guggenbühl-Craig (1999) untersuchte die Liebe im Alter mit dem Ziel, das Phänomen der Liebe besser zu verstehen. Die Liebe im Alter sei »Liebe in Reinkultur«, weil sie nicht gefördert oder verstärkt wird durch äußere, ästhetische und biologische Faktoren wie Schönheit, Jugend, erotische Ausstrahlung oder Sozialprestige. Einerseits werde die Liebe zwischen alten Menschen durch das Fehlen dieser Faktoren erschwert. Andererseits – so die optimistische These – werde die Liebe des alten Menschen sogar großartiger und beeindruckender als die Liebe zwischen jungen Menschen, gerade weil sie nicht von äußeren Faktoren unterstützt wird. Die Liebe im Alter zeige besonders deutlich, daß hinter dem Objekt der Liebe mehr steht als nur das Objekt in seiner Begrenztheit. Wie bereits in der Einleitung dieses Kapitels hervorgehoben, verändert die Liebe den Beobachter und seinen Blick, und die Imagination bzw. die Phantasie ist an jeder Art von Liebe, ob sie verwirklicht, idealisiert oder imaginär ist, entscheidend beteiligt. Erinnert sei auch an das Bild der Kristallisation, mit dem Stendhal (1822) die Idealisierung der geliebten Person beschrieben hat als »Tätigkeit des Geistes, in einem jeden Wesenszuge eines geliebten Menschen neue Vorzüge zu entdecken«, und an die Beschreibung der Liebe als eine der großen »Gestaltungskategorien des Daseienden« (Simmel 1907).

3 Liebe aus psychologischer Sicht

Die Liebe macht gleichsam sehend, der Betrachter verändert seinen Blick und kann hinter dem körperlichen Verfall die »ewige Seele« erkennen. Dies sei weniger absurd, als es auf den ersten Blick erscheinen mag: »Wenn wir schon nicht recht verstehen können, was die Liebe eigentlich wirklich ist, so ist es ja an sich nicht unsinnig anzunehmen, daß sich hier irgend etwas versteckt oder auf etwas angespielt wird, das bei oberflächlicher Betrachtung nicht gesehen werden kann« (Guggenbühl-Craig 1999, S. 415/6).

»Im Alter scheinen viele spezifisch menschliche Eigenschaften zu verkümmern oder verlorenzugehen. Es könnte jedoch sein, daß diese spezifisch menschlichen Eigenschaften nie, noch nicht einmal im Alter von 30 Jahren, in voller Blüte stehen. Wir sind immer etwas defizient ... Es scheint so, als ob der Mensch während seines Lebens eigentlich nicht zu voller Entfaltung kommt; er ist sozusagen immer nur ein mehr oder weniger deutlicher Abglanz seiner selbst. Könnte man nicht spekulieren, daß in der Liebe der Mensch als das, als was er gemeint ist, gesehen und geliebt wird? Christen würden sagen, in der Liebe sehen wir die ewige Seele. Dieses ›ewig‹ muß nicht zeitlich verstanden werden, sondern als Versuch, das, was der Mensch eigentlich ist oder wäre, irgendwie zu bezeichnen. Jung spricht vom Selbst, vom göttlichen Funken, Kohut vom Kernprogramm usw.
In diesem Sinne wäre also die Liebe das Gegenteil von Projektionen; Liebe würde nichts projizieren und sich nicht täuschen lassen durch die Defizienzerscheinungen des Menschen. Liebe wäre die Fähigkeit, diesen ewigen Menschen zu sehen, zu erleben und dann eben zu lieben. Liebe wäre also nicht blind, sondern sehend. Auch das Destruktive, das Unheimliche des Partners wird gesehen; scharf, aber als Teil des ganzen Menschen. Letzteres erklärt zum Teil auch die ungeheure Ambivalenz, die sich in jedem Liebesverhältnis findet« (ebd., S. 416).

Es gebe alte Paare, die durch sehr große Liebe miteinander verbunden sind, zum Teil ohne daß die Betreffenden selbst oder deren Umwelt dies voll realisieren. Ihre Liebe lebe, »wenn auch oft nicht an der Oberfläche, sondern in den halbbewußten oder gar unbewußten Tiefen der Seele« (ebd., S. 413). Die Träume alter Menschen seien daher im allgemeinen aufschlußreicher zum Verständnis ihrer Liebe als ihre bewußten Aussagen.

Ein solcher Traum spielt auch eine wichtige Rolle im ersten Fallbeispiel des folgenden Kapitels. Dort werden vier Beispiele aus der paartherapeutischen Praxis dargestellt, in denen sich die Thematisierung der Liebe als hilfreich für den therapeutischen Prozeß erwies.

4 Fallbeispiele[21]

Befragt nach ihren Anmeldegründen für die Paartherapie, nennen Paare am häufigsten »Kommunikationsprobleme oder Streit«, »außereheliche Beziehungen« und »Trennungsabsichten« (Kuster 1997). Oftmals kommen Paare nicht mit klar definierten Anliegen, sondern äußern eher diffus gewisse Probleme oder Unzufriedenheiten, die dann in den genannten Gründen zusammengefaßt werden. Hinter den Anliegen verbergen sich meist Veränderungen in der emotionalen Verbundenheit miteinander. Wenn man noch genauer hinschaut, sind die vorgebrachten Probleme sehr unterschiedlich, je nach Lebensgeschichte oder aktueller Situation, und in der Regel wirken sie sich auf die körperliche oder seelische Befindlichkeit der Betroffenen aus (Riehl-Emde 1998). Meist geht es um einen Mangel an empfundener Nähe oder um die Angst vor Nähe, auch um das Nachlassen der Leidenschaft; in Verbindung mit Dreiecksbeziehungen geht es um Eifersucht, um das Gefühl des Betrogenseins, um Angst vor Verlassenwerden; häufig stellen sich auch Ärger, Langeweile, Enttäuschung oder nervöse Unruhe ein, wenn die Idealisierung bröckelt. Insbesondere bei älteren Paaren kann die Krankheit eines Partners zum destabilisierenden Faktor werden und tiefgreifende Veränderungen für die Paarbeziehung nach sich ziehen. Nach Person (1990) erwachsen die größten Gefahren für die Liebe nicht aus dem Abflachen der Leidenschaft, wie oft angenommen wird, sondern aus dem Schwinden der Harmonie. Und das harmonische Miteinander werde besonders leicht gefährdet durch die Sexualität und die Geburt eines Kindes. Beides gilt als Symbol für Nähe und Verschmelzung, beides birgt zugleich die Gefahr der Entzweiung. Sexuelle Probleme und der Übergang zur Elternschaft stellen daher zwei weitere typische Anlässe dar, die zur Paartherapie führen können. Auch psychische Probleme eines gemeinsamen Kindes können die Paarbeziehung destabilisieren. Denn oft machen die Eltern eine negative Beziehungsdynamik zwischen sich für die Schwierigkeit des Kindes verantwortlich, wodurch der Stolz auf die Beziehung sehr erschüttert werden kann.

Insgesamt lassen sich die wesentlichen Anliegen, die Paare zur Therapie führen, auch als Probleme mit der Liebe verstehen, die meist die entscheidende Grundlage für das Eingehen und die Aufrechterhaltung der Ehe bzw. Paarbeziehung war. Paare kommen zur Paartherapie mehrheitlich in Situationen, in denen die Liebesbeziehung nur noch eingeschränkt oder gar nicht mehr besteht oder Zweifel an der Liebe – an der eigenen oder der des Partners – ein erträgliches Maß überschritten haben und oftmals das Fundament der Beziehung in Frage stellen.

In diesem Kapitel werden vier Fallbeispiele dargestellt, in denen sich die Thematisierung der Liebe als Gewinn für das therapeutische Vorgehen erwies. Es werden Ansatzpunkte und Vorgehensweisen aufgezeigt, wie die Thematik der Liebe in die Therapie einbezogen werden kann. Es handelt sich dabei um folgende Konstellationen:

1. Ein Paar unmittelbar nach der Pensionierung, das vor der Aufgabe stand, Nähe und Distanz neu auszubalancieren. Das Aufdecken einer lang zurückliegenden Verletzung der Liebesbeziehung und vor allem das daran anschließende Bedauern und Verzeihen hatten wesentliche Bedeutung für die weitere Gestaltung der gemeinsamen Zukunft.
2. Ein Paar, das seit fast 30 Jahren ein symbiotisch anmutendes Beziehungsmuster lebte, in dem gelegentliche Außenbeziehungen des Mannes und psychotische Dekompensationen der Frau vor allem der Abgrenzung dienten. Beide wollten ihre Verstrickungen lösen und befürchteten gleichzeitig, daß ihnen damit der Boden für die Liebesbeziehung verlorengehen könnte.
3. Ein Paar im asynchronen Prozeß des Sich-Entliebens, bei dem Ambivalenz, Depression, Trauer und Wut in Zusammenhang mit

dem Trennungsprozeß im Vordergrund standen und gleichzeitig die Aufrechterhaltung der Elternbeziehung im Interesse der Elternfunktion wesentlich war.
4. Ein Paar in einer leidenschaftlichen Liebesbeziehung, das verstehen wollte, was sie zusammenhält und was sie trennt; beide befanden sich im Dilemma, weil ihre Liebesbeziehung – eine Außenbeziehung – begrenzt war und in Konflikt mit anderen Loyalitäten stand.

4.1 Fallbeispiele

In den ersten beiden Beispielen geht es um langjährige, seit 40 bzw. 30 Jahren bestehende Paarbeziehungen. Beide Therapien umfaßten 20 bis 25 Sitzungen, verteilt über zwei bis drei Jahre. Ausgewählt wurden nur die Ausschnitte aus der Paartherapie, die relevant sind für das vorliegende Thema. Das Paar aus dem dritten Fallbeispiel lebt seit etwa 10 Jahren zusammen, es handelt sich um eine bikulturelle Ehe. Die Paar- bzw. Trennungstherapie umfaßte zehn Sitzungen im Verlauf eines Jahres. Im vierten Beispiel wird eine aus zwei Sitzungen bestehende Erstgesprächs-Konstellation dargestellt, in der die Indikation für eine Paartherapie geklärt wurde.

Fallbeispiel 1
Herr Arnold, 64jährig, und seine 62jährige Frau, seit 40 Jahren verheiratet (3 Kinder, 2 Enkel), gerieten nach fast zeitgleicher Pensionierung in eine heftige Krise. Weil die Frau mit Trennung drohte, war er bereit, zu Paargesprächen mitzukommen. Als Anmeldegrund nannte er humorvoll Loriots Film »Papa ante portas«. In diesem Film tritt ein Ehemann auf, der sich nach der Pensionierung nützlich machen will und allerlei Ideen einbringt, die Organisation im Haushalt zu verbessern. Bei Herrn und Frau Arnold hatte das gemeinsame Anschauen des Loriot-Films nicht ausgereicht, diese Klippen humorvoll zu umschiffen! Seit er zu Hause war,

fühlte sich die Ehefrau beengt, eingeschränkt und kontrolliert, nicht nur im Haus, sondern auch bei ihren vielfältigen außerhäuslichen Aktivitäten.

In der 10. Stunde, etwa ein Jahr nach Therapiebeginn, kommen beide zunächst auf ihre Schwiegertochter zu sprechen. Herr A. meint, sie passe nicht zu seinem Sohn, und er wünscht, er hätte mehr Anteil genommen an dessen Entwicklung und ihn vor dieser Heirat gewarnt. Dieser Konflikt ist der Einstieg zur Thematisierung der Liebe.

Therapeutin: Teilen Sie den Gedanken Ihres Mannes, Sie hätten diese Ehe Ihres Sohnes verhindern können? Fühlen Sie sich auch mitverantwortlich dafür?

Frau A.: Nein, die beide haben sich lange Zeit gekannt vor der Heirat. Er hat nun mal einen anderen Geschmack als ich ... Ich habe das schon früher so erlebt, daß die Kinder andere Wertigkeiten haben als wir. Ich akzeptiere sie, es ist sein Leben, es muß nicht für mich richtig sein, sondern für ihn. *An ihren Mann gerichtet:* Ich war auch für Deinen Vater nicht die Richtige ... aber hätte es überhaupt die Richtige gegeben? Vielleicht die Königin von England.

Herr A.: Verliebtheit, ist das nicht sowieso Blindheit, wo der Verstand aussetzt? Es gibt doch auch Länder, wo die Eltern die Entscheidung für die Kinder fällen. Grundsätzlich ist es wohl ein goldener Mittelweg, das zu besprechen. *Kopfschüttelnd:* Diese Blindheit ... daraus entstehen doch oft Verbindungen, die nicht ideal sind.

Therapeutin: Es gibt Menschen, die halten das mit der Blindheit für ein negatives Vorurteil. Die denken optimistischer und würden sagen, in der Verliebtheit sei man besonders sehend ... in der Liebe könnte man den anderen so sehen, wie Gott ihn gemeint hat. In der Verliebtheit könnte man Seiten von sich zeigen oder beim anderen hervorlocken, mit denen die Menschen über sich hinauswachsen. Durch die Liebe kann Ihr Sohn vielleicht anderes bei seiner Frau sehen als Sie?

Herr A.: Ja, das stimmt, ich habe eine sehr negatives Bild davon, irgendwie habe ich das Bewußtsein ausgeschaltet.

Therapeutin: Das Bild gilt ja für alle Lebensphasen. Vielleicht kennen Sie auch solche Geschichten von alten Paaren: ein Mann, weit über 70 Jahre alt, pflegt seine an Alzheimer erkrankte Frau sehr liebevoll.[22] Er wird schließlich gefragt, was es ihm ermöglicht, dies zu tun, und er sagt: »Sie ist immer noch mein kleines Mädchen«. Für mich ist dies ein sehr schönes Bild von Liebe: Er sieht etwas in ihr, was keine andere Person sieht ...

Frau A. beginnt still zu weinen.

Herr A.: Ich muß sagen, ich sehe meine Frau oft auch noch als junges Mädel. Wenn ich sie festhalte ... sie ist keine alte Schachtel ... die 30, 40 Jahre sind weg. Das ist mir ganz bewußt. – Oder ist es, weil man gern eine Jüngere hätte?

Therapeutin: Da spricht der Pessimist. Was geht in Ihnen vor, Frau A.?

Frau A.: Mir fällt viel dazu ein. Ich habe früher viel geträumt, daß ich ganz jung mit ihm zusammen bin. Ein paar Jahre lang gab es dann keine Träume mehr in diese Richtung. Ich dachte: Schade, daß ich nichts träume ... ich darf ihm das dann auch gar nicht erzählen, solche Träume oder Geschichten.

Herr A.: Das dauert mir immer alles zu lange ...

Frau A.: Jetzt gibt es einen neuen Traum. Wir als Alte sind sehr liebevoll zusammen. Es war jetzt, in unserem Alter! Das war ein richtiger Sprung, das liegt an unseren Gesprächen hier. Ich dachte die ganze Zeit, das ist jetzt begraben, und jetzt kommt es wieder. Das fiel mir wieder ein ... Mir kamen dann ja auch gleich die Tränen. Das hat einen anderen Grund: weil ich mir schon seit Jahren sage, wenn ich mal pflegebedürftig bin, möchte ich auf keinen Fall von meinem Mann gepflegt werden. Lieber würde ich in ein Altenheim, in ein Zweibettzimmer gehen, lieber würde ich alles ertragen, ich wollte das schon längst schriftlich niederlegen. Deswegen kamen mir die Tränen.

Therapeutin: Und warum lieber alles ertragen, nur nicht von Ihrem Mann gepflegt werden?

Frau A.: Ich würde phantastische Mahlzeiten, alles pünktlich, alles phan-

tastisch kriegen – nur meine Seele würde völlig auf der Strecke bleiben, so habe ich es bisher erlebt.
Therapeutin: Der Traum zeigt aber auch etwas anderes.
Frau A.: Ja, vielleicht brauche ich es ja doch nicht schriftlich zu machen, vielleicht käme ich noch dazu. Doch bis jetzt bleibe ich noch dabei, daß ich ins Pflegeheim will. Vielleicht ändert es sich aber noch. Es war für mich jahrelang so, auch in der Zeit, als ich meine Schwiegermutter pflegte und mitkriegte, wie er auf sie reagierte, so kalt, dachte ich, ich gehe in ein Heim, bloß nicht von ihm gepflegt werden.

Sie berichtet des weiteren von einer Situation vor 5 Jahren, als sie mit einem Gipsbein im Bett lag und er sich weigerte, in ihrem Krankenzimmer sauberzumachen. Er kann sich kaum daran erinnern, sie habe es ihm jedoch oft vorgeworfen. Ihm fällt ein, daß seine Frau in der Zeit, bevor sie das Gipsbein hatte, sehr konsequent unterschieden habe zwischen »mein Zimmer – dein Zimmer«. Sie wollte einen eigenen Fernsehapparat und sei in der Folge nur bei sich gewesen, nicht mehr im gemeinsamen Wohnzimmer. Weil er sich alleingelassen fühlte, habe er eine Retourkutsche gestartet und sie hängenlassen als sie krank war.

Herr A.: Ich habe mich bewußt geweigert, im Zimmer sauberzumachen. Das hatte mit der Ordnung zu tun. In ihrem Zimmer ist alles vollgestopft, ein totales Durcheinander. Das Problem ist kulminiert, als ich sagte: Dieser Überfluß, alles ist voll, jahrelang müssen noch die Sachen des Sohnes unter dem Bett liegen. Das bewegt mich. Ich muß auch mal was abschließen, beenden, sonst beunruhigt es mich. (…)
Therapeutin (zu Herrn A).: Was löst der Traum Ihrer Frau in Ihnen aus?
Herr A.: Wie eine Sperre. Es wird so ausführlich erzählt, das dauert mir zu lange … Ich weiß gar nicht, ob das richtig ist mit der Sperre. Es ist so kompliziert. Ich beende gern was, dann geht‹s weiter … Irgendwas stört mich, ich kann nicht richtig weiter jetzt, muß ich sagen. Es strengt mich an.

4 Fallbeispiele

Frau A.: Ich habe mich gefreut. Wir saßen nur nebeneinander, wir saßen liebevoll nebeneinander, haben uns die Hand gegeben in der Öffentlichkeit, andere durften es sehen, und das an verschiedenen Stellen. Da ist eine Veränderung eingetreten, liebevolle Situationen sind sonst nur in Bildern von ganz früher aufgetreten. Ich wollte ihm etwas Schönes sagen und kriege eine Dusche.
Herr A.: Ich denke, daß ich hilfsbereit und sachlich bin.

Kommentar: Die Therapeutin ergänzt zu Beginn dieser Sequenz die von Herrn A. angesprochene Idee, die Liebe mache blind, um die Vorstellung, die Liebe mache sehend; und sie nimmt Bezug auf ein altes Liebespaar aus dem Roman von Nicolas Spark. Herr und Frau Arnold lassen sich davon anregen, und im weiteren Verlauf zeigt sich, daß diese therapeutischen Mittel als Projektionsfläche wirken. Bei beiden entsteht zunächst eine weiche, liebevolle Stimmung. Er sagt, er sehe in ihr immer noch die junge Frau, fügt jedoch gleich an: »Sie ist keine alte Schachtel ... Oder ist es, weil man gern eine Jüngere hätte?« Das Muster, auf eine liebevolle Aussage eine Entwertung folgen zu lassen, die hier vermutlich sogar eine verkappte Liebeserklärung beinhaltet, bzw. auf eine Einladung zu Nähe eine distanzierende Äußerung, für das im dargestellten Ausschnitt vor allem Herr A. als Urheber auftritt, ist beiden Partnern vertraut. Der für das Paar relativ typische Wechsel von Nähe und Distanz zeigte sich auch im Therapieverlauf, wo immer wieder versöhnliche und humorvolle Sitzungen mit heftigen und entwertenden Streitsequenzen abwechselten.

Frau A. berichtet in dieser Sequenz einen Traum, der ihr sehr viel bedeutet, dessen Entstehen sie auf die Paartherapie zurückführt und als Indiz für eine positive Entwicklung in der Ehe bewertet: Seit langem habe sie sich wieder in einer liebevollen Situation mit ihrem Mann geträumt, und diesmal – das ist neu – waren sie kein junges, sondern ein alterndes Paar. Sie freut sich darüber, erzählt ihm davon, doch er reagiert mit einer Blockade bzw. Sperre, sorgt also wiederum für Distanz. Ob ihr

Näheangebot Angst auslöst? Ob er sich ihr unterlegen fühlt im Umgang mit Bildern? Sie wirkt kreativer und stärker in diesem Medium der Bilder, wodurch möglicherweise eine Imbalance erzeugt wird, die er mit seiner anschließenden Bemerkung (»Ich denke, daß ich hilfsbereit und sachlich bin«) auszugleichen versucht. Im Traum spielt die Öffentlichkeit eine Rolle: Sie präsentieren sich in verschiedenen öffentlichen Situationen als Liebespaar, d. h. als Paar, das liebevoll nebeneinander sitzt und sich an der Hand hält. »Andere durften es sehen«, kommentiert Frau A., darin könnte Stolz enthalten sein, eventuell ein Hinweis auf die Veröffentlichung der Beziehung vor der Therapeutin als Dritter im Bunde; möglicherweise stellt die Öffentlichkeit aber auch einen Schutz vor allzuviel Hingabe dar.

Als die Therapeutin von der Liebe des alten Mannes zu seiner an Alzheimer erkrankten Frau spricht, beginnt Frau A. zu weinen und erinnert sich daran, im Falle der eigenen Pflegebedürftigkeit lieber von Fremden als von ihrem Ehemann gepflegt werden zu wollen. Dieser Plan ist mit einer gewissen Ambivalenz behaftet, denn sie kam bisher nicht dazu, ihn schriftlich niederzulegen. Die Therapeutin deutet vage eine mögliche Verbindung zwischen dem Traum und der bisher verborgenen Wunschseite des Planes von Frau A. an – »der Traum zeigt aber auch etwas anderes« – und Frau A. nimmt sofort auf, daß der Traum ein Entwicklungspotential beinhaltet, das ihrem Plan doch noch eine andere Richtung geben könnte: Vielleicht ändert sich noch etwas, vielleicht brauche sie es doch nicht schriftlich niederzulegen, möglicherweise könne sie von Herrn A. doch eine liebevolle Pflege »mit Seele« erhalten.[23] Hier zeigt sich der Wunsch nach der Liebesbeziehung; der bestenfalls partnerschaftliche Umgang reicht nicht aus, dann geht sie lieber ins Pflegeheim, wo sie weniger Erwartungen an die Betreuungspersonen hat und entsprechend weniger enttäuscht werden kann. Das Risiko, sich dem Ehemann als eine pflegebedürftige Frau anzuvertrauen, ist unter den aktuellen Umständen für sie sehr hoch. Die berichtete Erfahrung mit Krankheit und Hilfsbedürftigkeit geht bei Frau A. einher mit dem

Gefühl, abhängig und ausgeliefert zu sein und in der eigenen Bedürftigkeit nicht akzeptiert zu werden; darüber hinaus kommen Aspekte von Machtkampf zum Ausdruck.

Folgender biographischer Hintergrund spielt dabei eine Rolle: Frau A. wollte nicht so behandelt werden, wie sie ihren Mann im Umgang mit seiner pflegebedürftigen Mutter erlebt hatte. Später wurde eine Verbindung hergestellt zwischen seinem Gedächtnisverlust ohne organisches Äquivalent beim Tod seiner Mutter (neurologisch diagnostiziert als transiente globale Amnesie) und seiner Blockade angesichts des Traumes der Ehefrau. Die Blockaden, mit denen er auf emotional sehr bewegende Situationen reagierte, wirkten abrupt und radikal, und wurden von der Ehefrau als brutal erlebt. Aus seinem Erleben war der Umgang mit Gefühlen und Stimmungen, insbesondere mit Weichheit, Zärtlichkeit, Nähewünschen und Tränen, gefährlich und löste Angst vor Vereinnahmung aus.

Auf Wunsch des Paares wurde bald nach dieser 10. Sitzung mit beiden je ein Einzelgespräch durchgeführt. Frau A. erzählte in diesem Einzelgespräch, daß er vor 15 Jahren eine Freundin gehabt hatte. Sie habe damals völlig den Boden unter den Füßen verloren – »als ob ich im Weltraum falle«, dieses Gefühl sei am allerschlimmsten in der damaligen Situation gewesen. Ihr sei in dieser Zeit klargeworden, wie sehr sie ihren Mann liebe und daß sie ihn nicht mit einer anderen teilen wolle. Nach Beendigung seiner Außenbeziehung habe sie jedoch »eine Tür zugemacht«: Sie werde ihm nie wieder ganz vertrauen können, obwohl sie 99,9 % sicher sei, daß er keine weiteren Außenbeziehungen mehr hatte. Nach diesem Ereignis behielt sie innerlich einen gewissen Vorbehalt, mied das Risiko, nochmals derart verletzt zu werden, wartete jedoch insgeheim auf Wiedergutmachung von seiner Seite. Statt dessen erfahre sie immerfort Kritik von ihm. Früher seien seine Zweifel an ihren Fähigkeiten Stimulus und Motor für sie gewesen, sich im Leistungsbereich zu qualifizieren (»Ich bin nicht so blöd, wie Du denkst«). Doch mit seinem Vorwurf, sie sei an Morbus Alzheimer erkrankt, hatte er für sie eine Grenze überschritten. Seither erlebe sie seine Entwertungen als Schläge, schlage wütend mit Worten zurück, und beide verloren in solchen Situationen zunehmend die Achtung voreinander.

Herr A. thematisierte im Einzelgespräch vor allem seine Ängste vor dem Alter bzw. vor dem Verlust der Jugend: Freude und Wehmut angesichts junger Frauen, von denen er seit Jahren nicht mehr als (in Frage kommender) Mann wahrgenommen wurde; die akribische Beobachtung etwaiger Alterungszeichen bei anderen; das Bedauern, daß seine Frau nicht mehr so quirlig wie vor 20 Jahren agiere. Bereits während seiner Berufstätigkeit hatte er immer wieder unter Selbstzweifeln und depressiven Stimmungen gelitten; verstärkt kamen seit der Pensionierung Altersängste hinzu, die er auf die Umgebung und insbesondere auf seine Frau projizierte. Seine Angst, er werde von ihr unterjocht – wobei er sich irgendwie in ihrer Schuld fühlte –, und die Angst vor zunehmender Abhängigkeit oder davor, sich ihr auszuliefern, führten immer wieder dazu, daß er sie entwertete, um sein subtiles Unterlegenheitsgefühl wenigstens zeitweise kompensieren zu können. Er fühlte sich oftmals so, als werde er gewogen und für zu leicht befunden; er vermied intime Gespräche aus einer diffusen Angst vor Schuldzuweisung und Anklage.

Kommentar: Frau A. sprach in der Einzelstunde erstmals über die frühere Verletzung durch die Außenbeziehung des Ehemannes, doch sie stellte dieses Ereignis als relativ bedeutungslos für den aktuellen Konflikt dar. Es sei damals sehr einschneidend gewesen, und sie habe ihre Konsequenzen gezogen. Einige Wochen später kam ihr jedoch in einer gemeinsamen Sitzung erneut diese Verletzung in den Sinn. Sie begann zu weinen und wollte in seiner Anwesenheit nicht über das sprechen, was sie bewegte. Sie nahm sein Angebot an, vorübergehend den Raum zu verlassen, und sprach dann erneut über die tiefe Verletzung. Sie habe jetzt erstmals den Eindruck, die dadurch entstandene innere Barriere habe zu einer Tabuisierung dieses Themas zwischen ihnen geführt, es stehe ihnen jetzt zu-

4 Fallbeispiele

nehmend im Wege, es höhle die Beziehung aus. Ich ermunterte sie, sich zu überlegen, die alte Verletzung nochmals zu thematisieren in bezug auf die vermuteten Auswirkungen auf die Gegenwart, und bot den nächsten Termin als möglichen Rahmen für ein solches Gespräch an. – In der folgenden Sitzung, drei Wochen später, erschien ein sehr glückliches Paar: Sie hatte auf einer gemeinsamen Wanderung mit ihm bereits darüber gesprochen, er war sehr betroffen von den Auswirkungen seines Fremdgehens, zumal er diese Außenbeziehung inzwischen fast vergessen hatte. Sie konnten gemeinsam darüber weinen, und sein ehrliches Bedauern ermöglichte es ihr, ihm zu verzeihen. Daß ein solches Gespräch zwischen beiden möglich war, zeigt das Entwicklungspotential des Paares.

Es sei ergänzt, daß Herr und Frau A. in einer 40jährigen Ehebeziehung verbunden sind, in der die Fähigkeit zu leidenschaftlichem Engagement lebendig geblieben ist, jedoch durch die zunehmende Destruktivität beeinträchtigt wird. Die innere Emigration der Ehefrau in Reaktion auf die Außenbeziehung des Mannes führte dazu, daß die emotionale Intimität abnahm und auch die sexuelle Lust in Mitleidenschaft geriet. Typisch für die langjährige Paargeschichte sind heftige, auch leidenschaftliche Auseinandersetzungen und anschließende Aussöhnungen, meist im Bett. Kernberg (1998) stellt dar, daß der Streit es ermöglichen kann, Hemmungen in der Sexualität zu überwinden: Gewisse Streitigkeiten seien eine Art Koketterie, mit Genuß verbunden, wie eine Ritualisierung der Ambivalenz. Auch Person (1990, S. 81) bezeichnet die Möglichkeit, einer heftigen Auseinandersetzung die Aussöhnung im Bett folgen zu lassen, als eine »symbolische Austreibung der Ambivalenz«. Ganz allgemein liegt die Gefahr jedoch darin, daß Rituale sich totlaufen können. Und speziell bei Herrn und Frau A., bei denen der Schritt in die Paartherapie zeitgleich mit der Pensionierung erfolgte, mit der ein stärkeres Aufeinander-angewiesen-Sein einherging und eine neue Nähe-Distanz-Regulation erforderlich wurde, kommt hinzu, daß der Streit, der ehemals auch die Funktion der Nähestiftung hatte, bereits nach der Außenbeziehung des Mannes und noch spürbarer nach der

Pensionierung diese Bedeutung verlor und von beiden zunehmend als destruktiv beurteilt wurde. Beide reagierten erschrocken, als ihnen die gegenseitige Verachtung deutlich wurde, die in diesen Streitigkeiten zum Ausdruck kam. Bei Herrn und Frau A. war es nicht so, doch es kommt vor, daß die Intensität der Beziehung abnimmt, wenn ein Paar den ehemals Nähe stiftenden Streit reduziert, ohne zuvor eine andere Ebene für die Nähe entwickelt zu haben.

Bei Herrn und Frau A. erwies sich die Thematisierung der Liebe für den therapeutischen Prozeß als äußerst fruchtbar. Was war konkret anders, worauf lag der Fokus und was wurde anders kontextualisiert durch die Perspektive der Liebe?

Eine Liebesgeschichte war bei beiden potentiell vorhanden und wurde sehr lebendig, als mit Hilfe eines Sprichwortes und Wortspiels – »Liebe macht blind« oder macht sie sehend? – und mit Hilfe eines Romans eine Projektionsfläche dargeboten wurde, die in Mann und Frau Assoziationen, eigene Phantasien und Träume auslöste, die zumindest teilweise auch ausgesprochen werden konnten. In dieser Sequenz wurde eine Tiefendimension der Beziehung spürbar, ein Potential, das zwar oftmals angesichts »negativer« Gefühle wie Groll, Wut und Resignation verschwand, woran beide jedoch in ihrer alltäglichen Beziehung zunehmend wieder anknüpfen konnten, selbst wenn von beiden die Seite der Hingabe, des Sich-Auslieferns, des Vertrauens problematisiert wurde angesichts der bestehenden Angst vor Enttäuschung oder Unterjochung. Statt im Sinne der Gerechtigkeit, wie es der Partnerschaftslogik entspricht, auf Ausgleich zu bestehen, statt Eins zu Eins aufzurechnen und Wiedergutmachung zu fordern, ging es bei Herrn und Frau A. um die Einführung sogenannter irrationaler Grundsätze der Liebeslogik, nämlich einerseits um sein Bedauern darüber, was er in ihr und in der Ehe ausgelöst hat mit seiner Außenbeziehung, und andererseits um die von ihr gewährte Verzeihung. In Frau A.s Wunsch nach einer Pflege »mit Seele« wurde der Wunsch nach der Liebesbeziehung im Gegensatz zur »Geschäftssache« nochmals ganz speziell akzentuiert.

Auch die gemeinsame sexuelle Beziehung hatte unter den Entwertungen gelitten, woraus Frau A. zu Anfang ein Geheimnis gemacht hatte: Sie deutete eine Schwierigkeit an, über die sie jedoch nicht reden wollte. Später berichtete sie, darauf vertraut und darauf gebaut zu haben, daß sie dies mit ihrem Mann allein lösen kann. Hier wurde mit der Deklaration eines Geheimnisses die Abgrenzung gegenüber der Therapeutin hergestellt, in der die exklusive Funktion ihrer Liebe zum Ausdruck kam, bei der die dritte Person gestört hätte. Es zeigte sich darin, daß sie es verstanden, ihre Liebesbeziehung gegen außen zu schützen und zugleich zu fundieren, denn es kam die Hoffnung auf ein Potential in Gegenwart und Zukunft zum Ausdruck. Die Deklaration des Geheimnisses war gleichzeitig auch ein Angebot an die Therapeutin: Sie machte transparent, daß es etwas gibt, das konkret ausgeklammert wird – doch über den Tatbestand eines solchen Geheimnisses konnte man sich verständigen. Die Therapeutin nahm dieses Ereignis als positives Signal sowohl für die therapeutische als auch für die Paarbeziehung auf. Die exklusive Funktion ihrer Liebe kam nochmals zum Ausdruck, als sie auf einer gemeinsamen Wanderung, wiederum ohne Dritte, ein intimes Gespräch über die weit zurückliegende Außenbeziehung und deren Auswirkungen auf die Gegenwart führen konnten.

Die Schaffung von Distanz im Alltag durch Einführung individueller Freiräume, die Konfrontation mit Sterben und Tod (äußere Bedrohung!) und mit tatsächlichen Verlusten in der Umgebung, aber auch die weiteren Gespräche über Wünsche und Ängste und vor allem über Schuld und Vergebung führten beide wieder näher zusammen und trugen zu einer deutlichen Verbesserung der Beziehung und des Befindens der beiden Partner bei.

Fallbeispiel 2
Herr und Frau Bachmann, beide Ende 40, seit 25 Jahren verheiratet, zwei Kinder (23jährige außerhalb lebende Tochter, 6jähriger Sohn), erscheinen zum Erstgespräch zwei Monate nach einem fünfwöchigen Klinik-

aufenthalt der Ehefrau, die mit der Diagnose »depressive Episode mit psychotischer Symptomatik« stationär aufgenommen worden war. Sie war dekompensiert, nachdem der Ehemann sie aus einem Urlaub mit seiner Freundin spätabends angerufen und um Fortsetzung der Ehe gebeten hatte. Sie hatte ihn am Telefon so hilflos-diffus erlebt und gespürt, daß es ihm schlechtging, daß sie danach völlig verwirrt war. Ein halbes Jahr zuvor hatte sich das Paar auf Initiative der Ehefrau räumlich getrennt: Sie hatte ihn zum Selbstschutz vor die Tür gesetzt, da sie sein Hin- und Hergerissensein zwischen ihr und der Außenbeziehung nicht mehr ertragen konnte. Der 6jährige Sohn lebt bei ihr. Erstmals zugespitzt hatte sich ihre Situation bereits vor seinem Urlaub, als er seiner Frau mitteilte, daß die Freundin den 6jährigen Sohn, der bei Frau B. lebt, kennenlernen möchte.

Im Erstgespräch berichtet sie, erstmals vor 15 Jahren in Zusammenhang mit einer Außenbeziehung des Mannes psychotisch geworden zu sein. Sie sei seither in Einzeltherapie, mal intensiver, mal nach Bedarf; darüber hinaus wird sie von einem Neurologen medikamentös versorgt, aktuell mit einem Antidepressivum. Herr B. habe nach einem vergeblichen Trennungsversuch vor zehn Jahren verstärkt unter Depressionen gelitten – diese seien bereits seit Kindheitstagen sein Begleiter – und eine Einzeltherapie begonnen mit gutem Ergebnis in bezug auf seine Depression. Nach wie vor fänden Einzelgespräche bei Bedarf statt. Der Einzeltherapeut habe ihm kürzlich geraten, die Ehefrau in Ruhe zu lassen und sich um seine eigenen Angelegenheiten zu kümmern. Seither führten sie keine »Problemgespräche« mehr. »Problemgespräche« beinhalteten den Versuch, über die Beziehung zu sprechen, was häufig dazu führe, daß er aufgrund von Schuldgefühlen unklare Angebote bzw. hochgradig ambivalente Versprechungen mache; und daß sie aufgrund von Verlustangst keine Fragen zu stellen wage. Der Verzicht auf Problemgespräche habe sich zunächst für beide sehr günstig ausgewirkt, inzwischen sei die Ehefrau jedoch sehr verunsichert, weil sie gar nichts mehr von ihm wisse. Seit der aktuellen Trennung leide er unter Panikattacken – die sich mit Beginn der Paargespräche allerdings sehr schnell auflösten.

Beider Anliegen an die Paartherapie bestehe darin, offener miteinander reden zu können: er ohne die Angst, daß sie in eine Krise gerate und psychotisch dekompensiere; sie ohne das Risiko, daß er sich unter Druck gesetzt fühle und dann zurückziehe. Sie wünsche sich aber auch eine eigene Perspektive: nicht nur zu trauern, sondern sich wieder freier und optimistischer in der eigenen Welt bewegen zu können.

Als sich die Therapeutin nach der Verbindlichkeit seiner Beziehung zur etwa 300 km entfernt lebenden Freundin erkundigt, berichtet er, daß beide mittelfristig planen, zusammenzuleben. Frau B. hört dies zum ersten Mal: Dies sei einerseits schwer für sie, doch andererseits auch entlastend wegen der Klarheit. Jetzt könne sie besser verstehen, weshalb die Freundin den kleinen Sohn kennenlernen wolle, was ihr ein Dorn im Auge sei. Sie klammere sich immer wieder an der Ehebeziehung fest wie am Zipfel eines Tischtuchs, und er trage mit seinen Zugeständnissen auch ständig dazu bei. Bisher habe er z.B. immer so getan, als sei die Außenbeziehung zu Ende; sie habe nicht nachgefragt, um sich zu schonen und ihren Traum von einer Fortsetzung der Beziehung aufrechterhalten zu können.

Kommentar: Im Gespräch fassen sich Herr und Frau B. gleichsam mit Glacéhandschuhen an: Sie wirken gehemmt und überängstlich. Besonders fällt auf, wie stockend, langsam, immer wieder nach Worten suchend Herr B. formuliert, so als ob er jedes Wort auf die Goldwaage legt und als ob überall Fettnäpfchen stünden, die er zu umgehen sucht. Sie sitzt in Warteposition, ohnmächtig eine Entscheidung von ihm erwartend, die sie gleichzeitig wünscht und fürchtet. Der Gesprächsverlauf bestätigt die Hypothese, daß die Symptomatik von Frau B. innerhalb eines sehr symbiotisch anmutenden Beziehungsmusters vor allem der Abgrenzung dient.

4.1 Fallbeispiel 2

In der *5. Stunde* berichtet Herr B., daß er sich in bezug auf eine Entscheidung zwischen beiden Frauen weniger unter Druck setze und sich auch von beiden Frauen weniger unter Druck setzen lasse. Seitdem er sich freier fühle, erwache in ihm eine große Zärtlichkeit für seine Frau. Frau B. meint, sie habe dies bemerkt und sei am Hoffen und Bangen, was diese Zärtlichkeit bedeutet.

Frau: Da ist ein großes Fragezeichen: stop – was ist los? Das ist auf der einen Seite schön, das gefällt mir. Nicht als ob ich nicht mehr begehrenswert bin, sondern ich fühle mich von jemandem umgarnt, und das ist ausgerechnet mein Mann. Ich fühle mich wohl dabei, und das ist irritierend.
Therapeutin: Wollen Sie vorsichtig bleiben oder wissen Sie es noch gar nicht?
Frau: Ich weiß es noch nicht. Ich bin natürlich vorsichtig, klar. Andererseits denke ich: warum soll ich vorsichtig bleiben?
Therapeutin: Warum könnte das wichtig sein? Was spricht dafür und dagegen?
Frau: Ich muß aufpassen auf mich. Meine Sorge ist, daß ich das nicht richtig einreihe, daß ich mehr reinlege als er – mehr im Sinne, wieder einen Anfang zu finden, als ein lustiges Abenteuer. Für ein Abenteuer bin ich nicht die richtige Frau, vor allem in meinem jetzigen Zustand. Ich fühle mich stabiler, mir geht's besser, ich habe Lust, Dinge zu machen, und kriege meinen Alltag besser geregelt. (...)
Therapeutin: Haben Sie eine Frage an Ihren Mann? Er hört ja zu.
Frau: Er hat es gehört. Ich hätte schon Fragen, befürchte aber, daß das schöne Gefühl wieder weggeht, daß er sich wieder unter Druck gesetzt fühlt, wenn ich frage: Sag mal, wie meinst Du das überhaupt? Wieso diese plötzliche große Zärtlichkeit mir gegenüber seit ein paar Wochen?
Therapeutin: Im Moment ist es ja nur ein Spiel mit der Idee. Ihr Mann sagt, er kann sich zur Zeit besser wehren gegen Druck. Gibt es denn auch aus Ihrer Sicht Gründe, ihn nicht zu fragen?

Frau: Daß ich mir den Traum nicht zerstören möchte, der sich daraus entspinnt. Daß wir doch eine Lösung finden, um einen Neuanfang zu machen, statt uns zu trennen.

Therapeutin: Es könnte also besser sein, es noch in der Schwebe zu lassen, damit Sie weiterträumen können?

Frau: Die Frage liegt schon wieder in der Luft: Was empfindest Du für mich? Was bewegt Dich?

Therapeutin: Wie ist das jetzt für Sie? Wir sind ja in einem Zwischenbereich – Sie stellen indirekt Fragen an Ihren Mann, die Sie sonst nicht zu stellen wagen. Wir reden über ihn, und er hört zu, geht das zu weit?

Frau: Es ist schwierig für mich, was ich jetzt gesagt habe – das sind Sachen, die ich sonst eher für mich behalte.

Therapeutin: Aber vielleicht macht Ihnen das auch Spaß, sich auf ein neues Terrain vorzuwagen?

Frau: Ja, obwohl es auch gefährlich ist für mich.

Therapeutin: Gehen wir mal wieder etwas zurück aus dem gefährlichen Bereich …

Die Therapeutin lädt zum kurzfristigen Themenwechsel ein, um beiden eine Pause zu gönnen und gleichzeitig die mit dem Schwebezustand einhergehende Spannung zu erhalten. Frau B. berichtet davon, daß der 6jährige Sohn am Vortag zu ihr sagte, sie solle sich keine neue Wohnung suchen, sondern einen neuen Mann, damit sie nicht immer so allein sei. Sie habe fast geweint über diese Bemerkung.

Therapeutin: Ihr Sohn gibt Ihnen Freiraum, sich umzuschauen: nicht nur nach einem neuen Auto und einer neuen Wohnung, auch nach einem Mann. Da ist ja auch etwas dran, jetzt zu prüfen, was sich noch so bietet …

Nach etwa 10 Minuten, Herr B. hat inzwischen von seinen Ferienplänen erzählt, kommt die Therapeutin auf das vorherige Thema zurück:

Therapeutin: Vielleicht ist es doch wichtig, nochmal etwas zurückzugehen zu dem Thema, das Ihre Frau vorhin berührt hat. Ist es für Sie auch heiß?
Mann: Ja, deswegen sind wir ja beide sehr vorsichtig. Also, wir haben jetzt die ganze Zeit nicht darüber gesprochen. Sie ist vorsichtig aus ihren Gründen und ich auch.
Therapeutin: Was sind Ihre Gründe?
Mann: Angst, wie wir beide darauf reagieren würden, wenn wir nicht vorsichtig wären.
Therapeutin: Wie würden Sie reagieren?
Mann: Bei mir wäre Fluchtgefahr.
Therapeutin: Was heißt das konkret?
Mann: Konkret, daß ich mich wieder zurückziehen würde. Aber mir fiel auch ein, seit wann meine Zärtlichkeit für sie wieder da ist. Es war, als sie sagte, ich will meinen Geburtstag mit Dir und den Kindern verbringen. Das war deutlich das erste Mal ein ›ich will‹ – das erste Mal, daß sie konkret einen Wunsch an mich formuliert hat. Das ist das, was ich am meisten vermisse, daß sie konkret sagt, was sie will.
Therapeutin: Da haben Sie keine Angst gekriegt? Man könnte ja auch Angst kriegen vor einer Frau, die sagt ›ich will‹?
Mann: Ja klar, daran habe ich auch gedacht. Andere Männer kriegen Angst, wenn die Frau sagt ›ich will‹. Nein, das kann ich mir nicht vorstellen, daß ich Angst kriege, wenn sie sagt ›ich will‹. Zu diesem Punkt kamen wir bisher noch nicht, daß sie das zu oft gesagt hätte.
Therapeutin: Sie freuen sich ja wohl beide, daß diese Annäherung wieder möglich ist; beide haben Sie aber auch Angst davor.
Mann: Seit unserer Trennung war dieses Gefühl von Zärtlichkeit und Liebe nie weg … Dieses Band wurde nie richtig durchschnitten. So glaube ich auch nicht, daß jetzt dieses Band durchschnitten werden könnte. Es gibt nur so viele Ängste bei ihr und bei mir, die Rückschlag bedeuten könnten für dieses Gefühl.
(…)

Therapeutin: Wenn Ihre Frau jetzt doch mal ganz überraschend dem Vorschlag ihres Sohnes folgen würde und sich einen anderen Mann anschaute, wie wäre das?
Mann: Das wäre interessant, ich weiß nicht, wie ich darauf reagieren würde ... Was ich mir erlaube, müßte ich ihr ja eigentlich auch zugestehen. Aber ich weiß es wirklich nicht. Vielleicht würde ich wahnsinnig wütend und eifersüchtig. Ich könnte mir vorstellen, daß ich eifersüchtig würde. ... Es fällt mir sehr schwer, mich da reinzuversetzen, denn diese Möglichkeiten gibt es: entweder ich ziehe mich zurück oder es wird noch schlimmer, sie wird noch begehrenswerter. Ich kann mir beides vorstellen, daß ich sagen würde: okay, mach mal oder daß es ganz schlimm wird für mich.

In der Metakommunikation über die Stunde beschreibt die Ehefrau es als sehr interessant, aber auch als entlarvend, etwas vom gegenseitigen Repertoire kennenzulernen. Er sagt, er habe nichts Neues erfahren. Beide könnten zwar keine Gedanken lesen, doch sie würden einander so gut kennen, daß sie wissen, was im anderen vorgeht. Auf die Frage der Therapeutin, wie die Freundin auf die neue Nähe zwischen dem Ehepaar reagiert, berichtet Herr B., daß sie versuche, ihn unter Druck zu setzen. Sie habe ihn vor etwa 3 Wochen nach konkreten Zukunftsperspektiven für die Beziehung gefragt und sich nicht mehr gemeldet, seitdem er diese ausschloß. Frau B. zeigte sich »platt« über diese neue Information. Innerhalb der folgenden Wochen trennte sich die Freundin endgültig von ihm.
   In dieser Sitzung kommt auch die letzte Dekompensation von Frau B. zur Sprache, und es zeigt sich, daß diese weniger mit dem Inhalt als mit der Art seiner Äußerung zu tun hatte: Er habe sie damals in Panik und Hilflosigkeit und voller Schuldgefühle aus dem Urlaub angerufen und wollte, daß alles wieder gut sei. Sie sei total irritiert gewesen und habe sich von seinem Gefühlschaos anstecken lassen. Insofern ist es positiv zu bewerten, daß er aktuell vermittelt, sich noch nicht entscheiden zu kön-

nen, und damit zur eigenen Unentschiedenheit steht, statt sie zu übergehen. Wirklich schwierig würde es für beide erst dann, wenn er sich unter Druck auf eine Seite der Ambivalenz schlägt und damit eine Position einnimmt, die er – nach Rückkehr der anderen Seite – nicht ausfüllen kann. Auch sie merkt in Phasen größerer Selbstsicherheit, daß sie von der noch unentschiedenen Beziehungssituation profitieren kann und Zeit braucht für eine eigene Entscheidung; bis dahin sprach sie ihm alle Entscheidungsmacht zu.

Kommentar: Es handelt sich um ein Paar mit einer Beziehungsgeschichte von etwa 30 Jahren, die geprägt ist von sehr großer Nähe und Vertrautheit – sie kennen einander so gut, daß sie zu wissen meinen, was im anderen vorgeht; die Kehrseite dieser Vertrautheit zeigt sich in Verstrikkung, mangelhaften intradyadischen Grenzen, psychotischer Entgleisung bzw. Angst vor Ich-Verlust. Sowohl die Außenbeziehungen von Herrn B. als auch die Dekompensationen von Frau B. scheinen der Abgrenzung bzw. Autonomie in dem sehr symbiotisch anmutenden Beziehungsmuster zu dienen. In Zusammenhang mit früheren Außenbeziehungen gab es zwei ernsthafte Trennungsversuche, die er initiierte und die einhergingen mit psychopathologischen Auffälligkeiten bei einem oder sogar beiden Ehepartnern (Angst, Depression, Psychose; Diskushernie und andere körperliche Beschwerden) und deswegen nicht ausgehalten werden konnten. Die Einzeltherapie von Herrn B. hatte offenbar dazu beigetragen, daß er vermehrt Freiraum suchte, doch die eigenen Schuldgefühle angesichts der Reaktion seiner Frau, der er keinen Widerstand entgegenzusetzen vermochte, und vermutlich auch die in seiner eigenen Phantasie Angst auslösenden Folgen seines eigenen Handelns banden ihn immer wieder zurück und luden beide zur Verstrikkung ein. Frau B. befand sich immer wieder in Gefahr, um den Preis der Selbstaufgabe an der Beziehung festzuhalten; allerdings hatte sie den Ehemann vor einigen Monaten zum Selbstschutz vor die Tür gesetzt, was in diesem Kontext als progressiver Schritt zu werten ist; sie war

4 Fallbeispiele

außerdem erfolgreich gegen ihre eigenen Ängste angegangen, indem sie wieder stundenweise arbeitet. Beide spüren eine starke Verbundenheit, die auch bisherige Krisenzeiten überdauert hat und die sie mit Liebe erklären. Das Paar findet jedoch keine Balance von Nähe und Distanz, von persönlicher Autonomie und Verbundenheit, die beiden zuträglich ist und ohne den Preis von immenser Einengung bis hin zu psychopathologischer Entwicklung gelebt werden kann. Insofern ist es sehr verständlich, daß die Wiederannäherung bei beiden Ambivalenz auslöst, Freude und Angst bzw. »Hoffen und Bangen«, wie Frau B. es ausdrückt. Dies alles spielt sich im Kontext geringer Selbstachtung ab.

Die Therapeutin bemüht sich, das Paar einerseits zum Aushalten der ambivalenten Situation zu ermutigen, also nicht vorschnell auf die eine Seite der Ambivalenz zu gehen und beide andererseits zu mehr Direktheit und Klarheit in ihren Fragen und Antworten zu ermuntern. Im letzten Abschnitt wird einmal mehr deutlich, wie vorsichtig und »um den heißen Brei herum« in dieser Beziehung gesprochen wird, so daß die Therapeutin um Konkretisierung bittet. Beide erleben in den Paargesprächen, daß dies entlastend und klärend wirkt, auch wenn sie sich dabei etwas zumuten und vom Erleben her ein Risiko eingehen. Die therapeutische Zielrichtung liegt folglich zunächst in der Stärkung der individuellen Autonomie, ohne eine weiterreichende Beziehungsentscheidung zu treffen.

Nach der 5. Sitzung nahmen sie ihre sexuelle Beziehung wieder auf. Eine Ferienwoche gemeinsam mit dem kleinen Sohn verläuft für alle Beteiligten positiv. Frau B. merkt aber auch, daß sie sich alleine wohlfühlen kann und Zeit braucht. Sie sei in der Beziehung zu ihm vorsichtig im eigenen Interesse und experimentiere mit Distanz (die bisher mit Unsicherheit einherging).

In der *7. Stunde* deutet Herr B. an, daß sexuelle Außenbeziehungen für ihn auch die Funktion hätten, der Enge der Ehe zu entkommen; damit meint er die Anklammerungstendenzen seiner Frau, vor denen er flieht. Wenn er sich früher mal distanzieren wollte, habe sie ihn nicht gehen lassen, ohne traurig zu sein, ohne ihm ein schlechtes Gewissen zu bereiten und ohne die Angst, er könne sich mit einer anderen Frau einlassen. – Frau B. sagt dazu, sie habe damals die Idee gehabt, Liebe sei, immer zusammen sein zu wollen. Erst in den letzten Jahren begreife sie langsam, daß in der Ehe auch Distanz nötig sei. Sie meint sogar, ihre Dauerangst, ihn an eine andere Frau zu verlieren, sei inzwischen weg. Ihre Bedingung für die Fortsetzung der Ehe sei, daß er ihr mehr Sicherheit in der Beziehung gebe.

In dieser Stunde fragt die Therapeutin auch Herrn B., was für ihn Liebe bedeutet. Er stockt, kann nichts dazu sagen und will es sich bis zur folgenden Sitzung überlegen.

In der *8. Stunde* berichtet er, es sei ihm schwergefallen, Liebe zu definieren. Mit gewisser Entlastung habe er in der Zeitung gelesen, Liebe zu definieren sei so, als wolle man Architektur tanzen. Für ihn sei Liebe, zusammenzusein und innerlich Ruhe zu haben, durch ein gemeinsames Empfinden hervorgerufen und in der Gemeinsamkeit Schutz vor außen zu finden. Auch im Getrenntsein die Ruhe zu behalten, sich verlassen können, Vertrauen haben und bezogen sein auf die andere Person. – Sie stimmt zu: Auch sie wolle sich im Getrenntsein sicher fühlen und sich auf ihn verlassen können. Wenn er weg sei, dürfe er nicht gleich die Beziehung in Frage stellen, wodurch sie dann an der Liebe füreinander zu zweifeln beginnt und innerlich in Aufruhr gerät. Ihr sei es wichtig, in Zukunft mehr in Austausch zu sein, mehr Konflikte im Gespräch zu riskieren anstelle von Rückzug und Vermeidung.

Kommentar: Die direkte Frage der Therapeutin an Herrn B., was für ihn Liebe bedeutet, läßt das Gespräch stocken, obwohl beide bis dahin von sich aus schon ihre Liebe erwähnt hatten. In der Regel löst die direkte Frage nach der Liebe erst einmal Schweigen und eine Blockade aus und ist daher unter Umständen riskant. In dieser Konstellation geht Herr B. jedoch letztlich produktiv und sehr eigenständig mit der Aufgabe um, indem er die Therapeutin in netter Form (er hat es in der Zeitung gelesen!) darüber informiert, es handele sich um eine unmögliche Frage, so »als wolle man Architektur tanzen«. Abgesehen von diesem wertvollen Autonomieschritt innerhalb der therapeutischen Beziehung zeigen die Definitionen der Liebe von Mann und Frau, daß beide ein sicheres Nest suchen, eine Geborgenheit spendende Bindungsfigur, die auch dann Sicherheit gibt, wenn man voneinander getrennt ist.

Übrigens konstellierten sie nach der Wiederaufnahme der sexuellen Beziehung sehr schnell wieder das vertraute Muster, Unsicherheiten und Zweifel vorschnell zu überspringen und sich im Wunsch nach Nähe zu überfordern, statt Konflikthaftes zu thematisieren; dadurch gerieten beide regelmäßig in schwierige Gefühlszustände und in Selbstwertkrisen, die jeweils zu erheblicher innerer Unruhe führten. Die Therapeutin stellte weiterhin die »innere Trennung« bzw. die intradyadische Abgrenzung in den Mittelpunkt und ermunterte zu selbstvalidierten Aussagen, die sich bisher als wertvoll erwiesen hatten, unabhängig davon, wie es äußerlich weitergeht.

In *zwei weiteren Stunden* äußert Frau B. zunehmend Ungeduld über die unklare Beziehungssituation, die sie als Dauerzustand befürchtet. Ob ihn das auch beschäftige? Er weicht aus und sagt, ihn beschäftige, daß sie nach wie vor unter Medikamenten stehe, stimmungsmäßig gedämpft und deswegen nicht sie selbst sei. Er trauere, das Familienleben verloren zu haben, doch selbst wenn die gemeinsamen Ferien sehr schön waren, fürchte er sich vor den Auseinandersetzungen im alltäglichen Zusammenleben, die es angesichts ihrer unterschiedlichen Bedürfnisse nach Nähe und Distanz gebe. Er würde vermutlich wieder depressiv, sich in der Enge fühlen – aus reinem Selbstschutz könne er nicht zurück in die Ehebeziehung. Die Therapeutin nimmt einen Teil seiner Formulierung auf und fragt, was Enge konkret bedeute. Er spricht daraufhin erstmals davon, sich dank der räumlichen Trennung frei zu fühlen, vor allem weniger in der Verantwortung für das Befinden seiner Ehefrau; dadurch lebe er streßärmer. Sie seien viel zu früh – er war 16 Jahre alt – eine sehr enge Beziehung eingegangen, und er habe bislang kaum eigene Schritte gewagt aus Angst, ihr wehzutun. Er habe sich einfach für alles verantwortlich gefühlt: für seine Frau und für alles Gemeinsame.

Vier Wochen später berichtet Frau B., ihr liege immer noch im Magen, daß er depressiv würde, wenn sie wieder zusammen wären. Sie habe sich darüber geärgert, nachdem sie zwei Tage lang vermehrt geweint hatte und von Schuldgefühlen geplagt war. Er erwidert, daß er schlicht Angst habe vor erneuter Einengung. Doch es sei befreiend für ihn, wenn sie ihren Ärger kundtut, weil sie ihm damit zeigt, auf eigenen Füßen zu stehen und selbst verantwortlich zu sein für ihr eigenes Befinden. – Ihr werde allmählich deutlich, wie sehr sie sich aufgegeben habe im Wunsch nach Verschmelzung, und daß ihr Ideal, alles verstehen zu wollen und zu können, gar nicht funktionieren könne. Sie verstehe ihn tatsächlich oftmals nicht. Eine Freundin habe ihr gesagt, sie solle den Ehemann loslassen, er tue ihr nicht gut, er halte sie hin, mache sie krank. Diese Äußerung habe sie noch sehr beschäftigt.

Sie spricht erstmals das Ritual des gemeinsamen Frühstücks und Abendessens an, das üblicherweise ein Vater-Sohn-Wochenende umrahmt. Für beide ist dies ein Symbol für die normale Familie einschließlich einer Liebesbeziehung mit noch offener Zukunft. Er würde an Boden und Sicherheit verlieren ohne dieses Ritual, ihr ergeht es so, daß sie sich erst wieder mühsam Struktur geben muß, wenn Vater und Sohn nach dem Frühstück ins Wochenende verschwinden und sie allein zurückbleibt. Beide wollen jedoch die aktuelle Situation so beibehalten, wie sie ist, eine Entscheidung in die eine oder andere Richtung würde sie überrollen.

In den folgenden Wochen kämpfen beide zunehmend mit innerer Unruhe angesichts der unentschiedenen Beziehungssituation. Er schlägt schließlich vor, die räumliche Trennung drei weitere Jahre beizubehalten, und erst danach über eine Lösung zu entscheiden. Er erlebt sie als übermächtige Figur, die eine endgültige Entscheidung von ihm erwartet, und ist überrascht, daß sie zunächst entlastet reagiert. In der Folge erscheinen ihr drei Jahre jedoch wie eine Ewigkeit, und der Eindruck, auf der Stelle zu treten, bedrückt sie. Tröstlich sei, daß sie in den Paargesprächen immer wieder merke, daß die räumliche Trennung mehr Vor- als Nachteile bringt. Zum Beispiel sei das ungute Gefühl, etwas laufe hinter ihrem Rücken und sie müsse ihn kontrollieren, total weg. Sie betont die Gefahr für erneute Verstrickungen, entweder wenn sie in die Rolle des kleinen, verlassenen Mädchens fällt, oder auch wenn sie in die Mutterrolle kommt und meint, für ihren Mann Verantwortung tragen zu müssen. Als er auf die Trennung von seiner ehemaligen Freundin mit monatelangen Schlafstörungen und Gedankenkreisen reagierte, nachdem diese eine neue Beziehung eingegangen war, registrierte Frau B. lediglich die Einladung zur Verstrickung, ohne dieser nachzugeben. – Beide fühlen sich stabiler und wünschen einen dreimonatigen Abstand bis zum nächsten Paargespräch. Für die Zwischenzeit sind erneut gemeinsame Ferien mit dem Sohn geplant.

Kommentar: Auch Frau B. gewinnt an Autonomie. Ganz allmählich und vorsichtig vermittelt sie, daß sie ungeduldig wird angesichts der nun schon zwei Jahre lang bestehenden räumlichen Trennung, die für sie kein Dauerzustand werden soll. Er weicht zunächst aus und macht dann erstmals deutlich, wieviel Streß es früher für ihn bedeutete, sich verantwortlich für ihr Befinden gefühlt zu haben – er habe in der Ehebeziehung zuviel übernommen und fürchtet, das könnte sich bei Fortsetzung des Zusammenlebens wiederholen und er würde wieder depressiv. Eine solche Aussage bedeutete zumindest zu diesem Zeitpunkt ein »Nein« gegenüber ihrer indirekten Anfrage, ob bzw. wann er wieder mit ihr zusammenzuziehen möchte. Bereits in dieser Stunde reagierte sie mit Tränen, angeblich weil er nur Negatives über die Vergangenheit gesagt hatte. Er wehrte sich jedoch und wurde erstmals ärgerlich über ihre Reaktion: Er sei schließlich von der Therapeutin gefragt worden, was für ihn »Enge« in der Ehe bedeutet. Wie Frau B. berichtete, machte ihr dieses Thema in den folgenden Wochen noch zu schaffen: Zuerst reagierte sie depressiv, fühlte sich angegriffen, schließlich ärgerte sie sich über ihn, wodurch sich ihr Befinden etwas besserte. Diese kleine Episode zeigt, wieviel Energie beiden abverlangt wird bei der Durchbrechung des symbiotischen Beziehungsmusters durch vermehrte Abgrenzung und durch Stellungbeziehen in Form selbstvalidierter Aussagen. Letztlich trägt es jedoch zum Wohlbefinden bei und erscheint daher für beide lohnenswert. Frau B. ist immer wieder hin- und hergerissen zwischen der regressiven und progressiven Position, doch zunehmend vermittelt sie, daß die räumliche Trennung Vorteile hat, zumindest sei es entlastend für sie, ihn nicht mehr kontrollieren zu müssen bzw. sich von ihm nicht mehr zur Kontrolle einladen zu lassen.

Die innere Unruhe, die beiden zunehmend zu schaffen macht, hat offenbar mit dem Schwebezustand zu tun. Schließlich schlägt er vor – und trifft damit eine Entscheidung –, die unentschiedene Situation drei weitere Jahre aufrechtzuerhalten; sie ist nicht ganz einverstanden, doch sie merkt, daß er in diesem Punkt keinen Verhandlungsspielraum anbieten kann.

Bereits nach zwei Monaten, im Anschluß an die gemeinsamen Ferien, bat Herr B. notfallmäßig um einen Termin. Seine Frau sei sehr depressiv und er in Sorge, ob gegebenenfalls ein weiterer Klinikaufenthalt ansteht. Beide kommen daraufhin zur *15. Stunde*. Frau B. erscheint relativ starr, ihr Gesichtsausdruck ist fast ohne Mimik. Sie selbst beschreibt sich als verlangsamt, ängstlich, unter Druck, depressiv, sie versuche sich im Alltag zusammenzureißen, doch alles sei sehr anstrengend. Bereits vor den Ferien habe sie befürchtet, sich mit der gemeinsamen Reise zuviel zuzumuten. Andererseits sei auch der Wunsch nach dieser Gemeinsamkeit sehr stark gewesen. Manchmal sei sie wütend gewesen auf ihren Mann, dessen Unentschiedenheit sie kaum noch aushielt. Die Ferien waren schwierig für sie: Sie verbrachten die Ferien in dem Haus, das er im vorherigen Sommer mit seiner Freundin bewohnt hatte, und ihre Gedanken kreisten immer wieder um die Frage, welches Schlafzimmer dieses Paar bewohnt hatte. Bereits vor den Ferien hätte sie eigentlich mehr Distanz zu ihm benötigt, doch die Angst, ihren Mann dann zu verlieren, sei stärker gewesen und habe sie zu Zugeständnissen veranlaßt. – Er habe gleichfalls bereits vor den Ferien gespürt, daß etwas »aus dem Ruder läuft«, denn sie hätten kaum noch Konflikte angesprochen. Er hätte ihr sogar angeboten, ein anderes Ferienhaus zu mieten, was sie nicht wollte! Er ist verärgert, verzweifelt und weint angesichts dessen, daß sie so schlecht für sich sorgen kann und angesichts der Probleme, die daraus für beide entstehen – das sei immer ihr zentrales Thema gewesen; und er sei voller Angst, weil ihr Befinden auch ihn ansteckt. Im Moment fühle er sich im Chaos, völlig besorgt und unruhig ihretwegen. Beide sind sich einig, daß sie persönliche Grenzen überschritten haben aus dem Wunsch nach Gemeinsamkeit und daß der aktuelle Zustand von Frau B. der Abgrenzung dient.

Frau B. versprach der Therapeutin, in den nächsten beiden Tagen den für die Medikation zuständigen Arzt zu konsultieren, was sie jedoch nicht einhielt. Herr B. brachte sie schließlich dorthin. Nachdem sie einen weiteren Aufenthalt in einer psychiatrischen Klinik zunächst ablehnte, trat sie wenige Tage später freiwillig ein, nachdem sie ihrem Wunsch entsprechend noch den Geburtstag des Sohnes mitgefeiert hatte.

Das nächste Paargespräch fand 5 Wochen später statt. Frau B. ist seit 1 Woche aus der Klinik entlassen und lebt vorübergehend bei ihrer Schwester. Beide haben sich zeitlich parallel und unabhängig voneinander zur endgültigen Trennung entschieden. Die Entscheidung sei beiden bereits in den Ferien aufgedämmert und habe Frau B. zunächst in die Depression gestürzt – der Käfig, in dem sie sich sowieso fühlte, sei noch enger geworden. Beide vermitteln den Trennungsentschluß sehr überzeugend. Bei ihm seien Panik, Schuld und schlechtes Gewissen weg; sie fühle sich wie befreit aus einem Käfig. Auch beide Söhne hätten mit Entlastung auf diese Entscheidung der Eltern reagiert. Frau B. hat bereits eine eigene Wohnung angemietet. Herr B. wohnt zusammen mit dem Sohn seit ihrer stationären Aufnahme wieder im gemeinsamen Haus, seine Wohnung ist bereits weitervermietet.

Der Auslöser für die Trennung war ein Wochenende, das Frau B. während des Klinikaufenthalts zur »Belastungs-Erprobung« zu Hause verbrachte und das »total schiefgelaufen« sei; sie habe sich nicht mehr zu Hause gefühlt. Die Entscheidung sei jetzt reif gewesen. Im Rückblick sagen beide, zu Anfang unserer Gespräche seien sie gar nicht entscheidungsfähig gewesen: Er wußte nicht, was er wollte, und sie hätte nicht loslassen können und wollte alles tun für eine Fortsetzung der Ehe. Herr B. meint, die Paargespräche hätten die Entscheidung hinausgezögert; Frau B. geht davon aus, die Gespräche hätten eine Trennung erst ermöglicht. Die Paartherapeutin meint, die Paargespräche hätten den Zeitpunkt der Entscheidung dem Tempo des Paares angepaßt.

Beide möchten die Paargespräche zunächst fortsetzen zur weiteren Klärung aktueller Belange. Beispielsweise gab es bisher keine klare Besuchsregelung. Das bisherige Unterlaufen der Absprachen habe der unklaren Beziehungsentscheidung und dem Wunsch beider nach einer heilen Familie entsprochen! Er fühlte sich in der Hand seiner Frau, wenn sie schlechtes Befinden signalisierte; dies führte dazu, daß er mehr Zeit bei ihr und dem Sohn verbrachte und sie mehr Familienleben praktizierten, als er eigentlich wollte. Und sie pochte nicht auf die Absprachen, aus Sorge, ihn zu verlieren; es war ein relativ grenzenloser Zustand, der vor allem ihr wenig Schutz bot. Er berichtet, in der vorherigen Sitzung geweint zu haben statt zu brüllen bzw. lauthals seinen Ärger mitzuteilen, weil er immer Angst hatte, sie würde dann anfangen zu schreien bzw. dekompensieren.

Es wurden etwa über ein Jahr lang fünf weitere Gespräche geführt, in denen Herr und Frau B. ihren Trennungsentschluß noch weiter festigten, keiner von beiden wollte zurück; und es gelang ihnen, ihre bis dahin schon gute Kooperation auf der Elternebene fortzusetzen. In dieser Zeit gab es angeblich keine potentiellen neuen Partner.

Kommentar: Beide schildern sich sehr abhängig voneinander, mit einem großen Potential für Gefühlsansteckung. Zu Beginn der Paartherapie wollten beide ihre Verstrickungen lösen und machten sich Sorgen, ob ihnen danach noch Beziehungsmöglichkeiten blieben. Auch Herr B. wollte sich die Zukunft mit seiner Frau noch offenhalten und befürchtete, sie könne sich schneller entscheiden als er. Im Laufe der Paargespräche wurde vor allem an der individuellen Autonomie bzw. an der intradyadischen Abgrenzung gearbeitet in der Annahme, daß es letztlich auch der Beziehung förderlich sei, wenn beide vermehrt für ihre eigenen Interessen einstehen können. Herr B. schien manchmal in eine Dreiecksbeziehung geflüchtet zu sein oder sich abgekapselt zu haben, um Autonomie wahren zu können. Die Beendigung der Außenbeziehung – wobei sich die Freundin schneller entschied als er – gab dem Ehepaar mehr Spielraum, sich einander zuzuwenden.

In der Zeit der Paartherapie kam es zu einer Wiederannäherung, die jedoch das allmähliche Ende der Paarbeziehung nicht aufhielt. Beide waren davon überzeugt, eine Verbindung aufgrund von Liebe und Zuneigung zu haben, die jedoch beide leiden ließ. Anfangs verzerrte Frau B.s Wunschdenken in bezug auf einen Neubeginn ihre Wahrnehmung der Situation, vermutlich waren beide sich und dem anderen gegenüber nicht völlig ehrlich, weil immer auch noch Hoffnungen bestanden. Frau B. wollte ihren Traum von einer gemeinsamen Zukunft nicht platzen lassen. Eine Zurückweisung hätte sie in ihrem unsicheren Selbstwertgefühl bestärkt und war deswegen gefährlich; und auch seine Identität war ganz entscheidend auf die Beziehung gegründet, denn angesichts potentieller Trennungen war auch er von depressiven Symptomen gebeutelt oder erkrankte körperlich, was ihn jeweils veranlaßte, in den »sicheren Raum« der Ehe zurückzukehren. Frau B. spürte erst allmählich, daß die Enttäuschungen, die sie jahrelang durch ihren Mann erfahren hatte, einer Fortsetzung der Beziehung im Wege standen. In den Sitzungen wurde beiden im Verlauf von etwa zwei Jahren zunehmend klar, daß die definitive Trennung anstand. Bevor diese Entscheidung tatsächlich ausgesprochen werden konnte, kam es zwar nochmals zu einer Dekompensation bei beiden, doch gerade dies beförderte den endgültigen Schritt. Frau B. gestaltete den Klinikeintritt mit, indem sie freiwillig eintrat. Herr B. konnte mittels einer engmaschigen Tagesstruktur und viel Bewegung im Freien diese Zeit zusammen mit dem inzwischen 7jährigen Sohn bewältigen.

Es handelt sich um ein Paar, dem es nicht gelang, eine für beide zuträgliche Balance von Nähe und Distanz innerhalb ihrer Beziehung zu finden. Die Vorstellung des Paares von der Liebe, der vor allem die Sehnsucht nach sicherer Bindung zur Kompensation der eigenen inneren Unsicherheit zugrunde lag, war kaum zu vereinbaren mit einer für beide zuträglichen Dosierung von Nähe und Distanz. Den paradoxen Anforderungen – Nähe zu erleben, ohne die eigene Autonomie zu verlieren oder die des anderen anzutasten; sich auf Nähe einzulassen und auch zeitweilig allein sein zu können, ohne sich leer zu fühlen; dem anderen die Gelegenheit zur Selbständigkeit zu lassen, statt dem Drang zur Bemutterung oder Kontrolle nachzugeben – waren Herr und Frau B. in ihrer gemeinsamen Beziehung nicht gewachsen.

Manche Paare finden Lösungen, in denen die Balance zu einem Pol verschoben ist: Wenn beispielsweise beide Partner ein sehr starkes Abhängigkeitsbedürfnis haben, brauchen sie ein größeres Ausmaß an ausschließlichem Beisammensein und vertragen dies auch besser als andere. Die Bedürfnisse von Herrn und Frau B. waren in diesem Punkt jedoch nicht kompatibel, vermutlich war sein Autonomiebedürfnis auch gestärkt worden durch die Einzeltherapie bzw. durch einen Zuwachs an »Ich-Stärke«. Die 25jährige Ehe hatte anfangs ein sicheres Nest geboten, die Aufrechterhaltung des Status quo forderte beiden jedoch seit Jahren ein hohes Maß an psychischer Energie ab und war mit multiplen Ängsten und Depressionen einhergegangen. Er erlebte sich eingeengt, überfordert, manchmal ausgesaugt und die Ehefrau als abhängig, was einen Teufelskreis an Fluchtgedanken und Schuldgefühlen auslöste. Sie erlebte sich als liebevoll, alles verstehend und verzeihend, jedoch in ihrem Bemühen um ihn nicht geschätzt, oftmals gedemütigt und verachtet, was sie immer weiter in Selbstzweifel, Hilflosigkeit, innere Leere und Selbstsabotage trieb. Beide vermittelten anfangs den Eindruck, als könnten sie weder zusammen noch getrennt voneinander leben. Im Bekanntenkreis galt ihre Ehe als schwierig, jedoch stabil. Herr B. berichtete gegen Ende, daß sein Therapeut ihn bereits vor 10 Jahren, zu Beginn seiner Einzeltherapie, gefragt habe, ob er sich von seiner Frau trennen wolle – diese Frage habe ihn sehr beeindruckt und nachhaltig beschäftigt, eine Trennung habe damals jedoch noch lange nicht im Bereich des Möglichen gelegen.

Übrigens reduzierte sich auch die anfangs beschriebene auffällig gehemmte Sprechweise von beiden im Verlauf der Paargespräche; sie war offensichtlich Ausdruck der Verstrickung gewesen, des depressiven Schonklimas, des Mangels an Autonomie, Direktheit und Klarheit. Und Frau B. legte sich ein eigenes Auto zu und begann wieder zu fahren, was sie jahrelang angstvoll vermieden hatte.

Worin bestand der Gewinn, die Liebe von Herrn und Frau B. zu thematisieren? Hätte man mit dem Fokus auf der Dosierung von Nähe und Distanz nicht bereits das wesentliche Thema dieses Paares erfaßt? Vermutlich ja, doch »die Liebe« stellte eine Art Rahmenhandlung dar, die es ermöglichte, sich aus einem gewissen Teufelskreis zu lösen: sich weiterhin zu lieben, aber mit mehr Distanz. Liebe diente einerseits als Begründung, weshalb sich das Paar nicht trennen kann, weshalb beide, auch um den Preis der Selbstaufgabe, aneinander hingen. Andererseits war die Anerkennung der Liebe, die bestehen bleiben kann trotz Trennung und die auch in der gemeinsamen Sorge für das Kind weiterhin lebendig bleiben kann, hilfreich für die Trennung. »Die Liebe«, egal worum es sich dabei im Einzelfall handelt, wirkt manchmal wie eine letzte, nicht in Frage zu stellende Begründung, angesichts derer scheinbar unwichtig ist, ob die jeweilige Form der Liebe für beide lebbar ist und welches Leiden damit aufrechterhalten wird. Gerade angesichts der depressiven Struktur von Herrn und Frau B. bildete die Anerkennung ihrer Verbundenheit in

Liebe, die jedoch die Entwicklung beider Partner eher hemmte als förderte, eine Brücke zur Trennung und kam der Kooperation auf der Elternebene zugute.

Die Beschreibungen der Liebe von Mann und Frau verdeutlichten die große Sehnsucht nach Verschmelzung, nach Geborgenheit, letztlich nach einer sicheren Bindungsfigur. Daß zum Erhalt einer Liebesbeziehung auch die Anerkennung der »anderen« (Distanz-)Seite gehört, daß Liebe nicht nur bedeutet, immer zusammensein zu wollen, es sei denn, sie wird mit persönlicher Verkümmerung bezahlt, war beiden Partner fremd: Wünsche nach Distanz wurden überwiegend schuldgefühlshaft verarbeitet und stellten die Liebe fundamental in Frage. Die Nähe-Distanz-Paradoxie ist tatsächlich zumeist besser aushaltbar bei gutem Selbstwert, zumindest wenn die Bedürfnisse so unterschiedlich erlebt werden wie von Herrn und Frau B. Erst allmählich wurde für beide deutlich, daß das, was zusammenhält, zum Trennenden wird, wenn die Beziehung oder der Partner zum Lebenssinn werden bzw. wenn ein Paar oder einer der Partner keinen anderen Lebenssinn hat.

Fallbeispiel 3[24]

Herr und Frau Christen wurden vom Hausarzt überwiesen, der eine Paartherapie für »dringend angezeigt« hielt. In seinem Brief schrieb er, nach fünf einigermaßen harmonischen Ehejahren habe sich ein massiver Konflikt entwickelt, der die Beziehung sterben ließ. Ich erklärte mich gegenüber dem Hausarzt bereit, das Paar zu einem ersten Gespräch zu sehen, woraufhin mich der Ehemann zwecks Terminvereinbarung umgehend anrief. Er stand spürbar unter Druck, drängte auf schnelle Terminvergabe, und das erste Paargespräch fand bereits zwei Tage später statt.

Erstgespräch: Mir sitzt ein äußerlich attraktives Paar gegenüber, beide etwa Mitte 30. Beide Partner suchen dringend nach einer Lösung für ihre derzeit sehr zugespitzte und damit schwierige Lage. Frau C., seit drei Monaten depressiv, nehme regelmäßig ein Antidepressivum und erhalte bei Bedarf vom Hausarzt zusätzlich ein Beruhigungsmittel. Herr C. sei innerlich sehr unruhig und praktisch nicht arbeitsfähig, weil er sich am Arbeitsplatz kaum konzentrieren könne. Im Vordergrund stehe die Angst, seine Frau zu verlieren. Im Hinblick auf die aktuelle Ehesituation klagt sie, sich von ihm nicht verstanden zu fühlen; deswegen sei ein Gespräch zwischen ihnen nicht möglich.

Sie spüre viele Aggressionen und Groll gegen ihn und sei sehr enttäuscht von ihm. Sie sei auch mit sich selbst sehr unzufrieden. Die Liebe sei verschwunden, sie empfinde nichts mehr für ihn. Dies sei ihr vor sechs Monaten bewußt geworden, sei jedoch schon länger so gewesen. Vor etwa sechs Monaten habe auch die letzte sexuelle Begegnung stattgefunden. Er wirkt sehr hilflos und massiv verunsichert. Er spüre »das Messer am Hals«, stehe wie vor einem Abgrund und habe ständig Angst, etwas Falsches zu tun oder Streit zu provozieren. Weil er vor allem mit ihr zusammensein möchte, gehe er abends und am Wochenende kaum noch außer Haus, treffe außerhalb keine Freunde, gehe keinem Hobby mehr nach, mit dem Ergebnis ständig »dicker Luft« zu Hause. Er möchte in jedem Fall an der Ehe festhalten. Im Gegensatz dazu gibt Frau C. an, sie sei eher für Trennung, im Grunde jedoch hochgradig ambivalent und derzeit nicht zu einer Entscheidung in der Lage; auf jeden Fall wolle sie der jetzt vierjährigen Tochter keine Scheidung zumuten.

Sein Auftrag an mich als Paartherapeutin besteht darin, Hilfe zu erhalten, um die Ehe zu verbessern, sie hingegen möchte entscheidungsfähig werden, um die quälende Ambivalenz zwischen Zusammenbleiben und Trennen zu beenden. Befragt nach ihren Zielvorstellungen meint sie, wenn die Gespräche gut liefen, fänden sie einen gemeinsamen Weg, sie selbst wäre zufriedener und glücklicher, ihre Wut und ihre Verletzungen wären weg; eine kleine Veränderung in diese Richtung würde sie daran merken, daß sie ihn wieder küsse. Seine Zielvorstellung konkretisiert er damit, daß er wieder unbefangener und glücklicher von der Arbeit nach Hause käme, daß sie ihm auf Spaziergängen wieder die Hand gäbe, daß sie zufällige Berührungen nicht mehr abwehre und ihn im Gespräch wieder anschauen könne.

4.1 Fallbeispiel 3

Zur äußeren Lebenssituation erfahre ich folgendes: Frau C. stammt aus Südamerika, Herr C. ist Schweizer. Beide lernten sich vor gut 10 Jahren anläßlich eines Auslandsaufenthalts kennen. Sprachlich konnten sie sich nur wenig verständigen, doch sie verliebten sich auf den ersten Blick ineinander. Ihr gefielen vor allem sein Aussehen und seine Selbständigkeit; er war fasziniert von ihrer starken, selbstbewußten, temperamentvollen und fröhlichen Art. Nach diesen Ferien kehrten beide ins jeweilige Heimatland zurück und beschränkten ihren Kontakt zunächst auf Telefonate. Während dieser Zeit des räumlichen Getrenntseins beschlossen sie zu heiraten. Die Heirat fand wenige Monate später statt, und die Ehefrau siedelte anschließend in die Schweiz über. Dort lernte sie Deutsch und begann – da ihr Studienabschluß aus Südamerika nicht anerkannt wurde – ein zweites Studium. Bald nach der Geburt der jetzt vierjährigen Tochter schloß sie ihr Studium ab, war aber nicht berufstätig, bis sie eine Woche vor unserem Erstgespräch eine ihrer Ausbildung entsprechende Teilzeitarbeit aufnahm. – Er absolvierte zunächst eine Lehre, dann eine Ausbildung zum Programmierer und ist seit Jahren in gesicherter Stellung tätig. Er selbst sei nicht sehr ehrgeizig, möchte hingegen die Karriere seiner Frau unterstützen, die er für die Begabtere von beiden hält. Er meint, keine Familie vertrage zwei beruflich erfolgreiche Partner, weshalb er mit der Unterstützung seiner Frau auch der Familie diene.

Wie kommen beide mit der kulturellen Verschiedenheit zurecht? Ihre bisherigen Schwierigkeiten in der Paarbeziehung erklärten sie damit, daß Frau C. sich hin- und hergerissen fühle zwischen zwei Kulturen. Vor Jahren war das Paar nach Südamerika ausgewandert, sie kehrten allerdings nach drei Monaten wieder zurück und betrachten diesen Auswanderungsversuch als gescheitert. Hinzu kamen zwei ambivalente Trennungsversuche von ihrer Seite, von denen der letzte drei Monate vor unserem ersten Gespräch stattfand. Beide Trennungsversuche verliefen nach dem gleichen Muster: sie brach mit der Tochter zu Ferien nach Südamerika auf und kehrte ohne Vorankündigung zunächst nicht und

4 Fallbeispiele

schließlich nach jeweils 2 bis 3 Monaten zurück. Er erinnerte sich an diese Wochen »mit Horror«, vor allem an die nächtlichen Telefonate mit der weinenden kleinen Tochter und an seine Ängste, Frau und Tochter zu verlieren.

Die Erstgesprächsphase bestand aus zwei Sitzungen, die wegen des großen inneren Drucks von Herrn und Frau C. innerhalb von zehn Tagen stattfanden. Ich kommentierte ihre Bereitschaft zu Paargesprächen sehr anerkennend und vermittelte meinen Eindruck, daß beide derzeit an der Grenze ihrer Belastbarkeit stehen. Als Bedingung für eine weitere Therapie verlangte ich, daß beide für eine begrenzte Zeit, zunächst einmal für fünf Sitzungen, keine spontanen Entscheidungen fällen; dabei hatte ich vor allem die spontanen und hochgradig ambivalenten Trennungsversuche der Frau vor Augen. Außerdem empfahl ich – und dabei hatte ich sein »Festhalten« im Blick –, sich zu beiderseitiger Entlastung mehr Distanz im Alltag zu geben, zum Beispiel am Abend oder am Wochenende getrennt etwas zu unternehmen.

Wir vereinbarten zunächst fünf weitere Gespräche mit Standortbestimmung. Parallel dazu gingen sowohl Herr C. als auch Frau C. zu Einzelgesprächen bei anderen Psychotherapeuten, womit Frau C. bereits vor zwei Monaten, Herr C. unmittelbar vor unserem Erstkontakt begonnen hatte. Ich empfahl beiden, diese Einzelgespräche, die übrigens auch durch Vermittlung des Hausarztes zustande gekommen waren, fortzusetzen.

Kommentar: In den ersten beiden Gesprächen wiederholte sich, daß sie ihn anklagte wegen bestimmter Aussagen, mit denen er sie in der Vergangenheit verletzt hatte, aber auch sich selbst anklagte, weil sie sich nicht gewehrt hatte, aus Angst, die Beziehung könne scheitern. Ihre Anklage veranlaßte ihn, sich wortreich zu rechtfertigen. Oder es verlief umgekehrt: Er begann mit wortreichen Erklärungen für sein Verhalten, woraufhin sie zu Anklagen überging. In der Sitzung war es schwierig, dieses Muster von Anklage und Rechtfertigung zu durchbrechen. Der

Ehemann schien mit Rechtfertigungen und Reden die Beziehung retten zu wollen; sei schien mit ihren Anklagen und Rechtfertigungen zu verdeutlichen, daß die Beziehung gescheitert sei. Bei ihr bewirkte sein Redeschwall einen weiteren Rückzug, zum Beispiel wendete sie sich dann auch in ihrem Stuhl deutlich von ihm ab. Zu Hause, ohne eine moderierende Drittperson, eskalierten derartige Gespräche regelmäßig. Sie waren gefangen in der Ambivalenz zwischen Zusammenbleiben und Trennen. Der Hausarzt hatte mitgeteilt, daß der nach fünf Jahren aufgetretene Ehekonflikt, der inzwischen bereits etwa fünf Jahre dauerte, die Beziehung sterben ließ. Auffällig ist nicht, daß nach fünf Jahren ein schwerwiegender Konflikt entstand; auffällig ist, daß dieser Konflikt offenbar nicht bewältigt wurde bzw. nicht zum konstruktiven Wandel der Beziehung genutzt werden konnte.

In der *dritten Stunde* ermunterte ich beide, ihre Beziehung in einem Bild auszudrücken. Für ihn sei diese Ehe wie eine Schaukel, er hänge in der Luft und werde als zu leicht empfunden, sie wiege schwerer. Sie phantasierte die Ehe als Haus; er befinde sich drinnen, sie stehe im Garten, den Blick nach draußen – auf jenseits des Zaunes – gerichtet.

Auf direktes Nachfragen von mir berichtete sie dann, sich in den letzten beiden Wochen zur Trennung entschieden zu haben, sie sei zu 95 % sicher. Es tue ihr sehr leid, doch sie könne selbst erst jetzt akzeptieren, gescheitert zu sein. Diese Einsicht sei ihr sehr schwergefallen angesichts des verpflichtenden Mottos ihrer Herkunftsfamilie, stets erfolgreich sein zu müssen. Aus Angst, ihre Ehe könne scheitern, habe sie sich nie gewehrt und damit selbst zum Scheitern beigetragen. Inzwischen sei ihre Liebe für ihn gestorben, sie sehe keine Möglichkeit mehr für eine gemeinsame Zukunft. Seit ihr das so klar sei, fühle sie sich besser. Zu diesem Zeitpunkt stellte sie diesen Trennungsentschluß relativ ambivalenzfrei dar. Es klang so, als habe sie sich innerlich bereits auf die Trennung eingerichtet; allerdings wünschte sie, er möge ihre Entscheidung verstehen. Sie plane, in Kürze mit der Tochter nach Südamerika zurückzugehen. Über den weiteren Kontakt zwischen Vater und Tochter habe sie sich bisher keine Gedanken gemacht.

Wie reagierte er auf diese Eröffnung? Einerseits entlaste es ihn, daß jetzt auf dem Tisch liege, was er seit Wochen befürchtet habe. Er bewertete es als »erbärmlich«, daß sie soviel Zeit gebraucht habe, ihm diese Entscheidung mitzuteilen – er gehe davon aus, daß ihr dieser Entschluß schon länger klar war. Andererseits beharrte er darauf, daß erst jetzt ein Neuanfang möglich sei, weil sie erst jetzt auf den richtigen Punkt gekommen seien. Sie hätten jahrelang an der falschen Front gekämpft, weil die angebliche Abhängigkeit der Frau von ihrer Herkunftsfamilie in den Mittelpunkt gestellt worden sei.

Ich erinnerte an die getroffene Abmachung – keine spontanen äußeren Veränderungen in der Zwischenzeit – und empfahl, jeder möge den Inhalt dieser Stunde erst einmal in sich bewegen.

Das *vierte Gespräch* fand zwei Wochen später statt. Herr C. berichtete, er fühle sich weiterhin im luftleeren Raum, hilflos und verzweifelt; die Tochter reagiere aggressiv auf ihn. Er sei in der Zwischenzeit abends viel unterwegs gewesen mit Kollegen. An einem Wochenende habe er bei einem gemeinsamen Freund übernachtet und registriert, welche Einengung er für beide bewirkt habe mit seiner Fixierung an die Ehefrau. Die Rückmeldung dieses Freundes, er sei ein Diktator, der seine Frau mit Hilfsbereitschaft unterdrücke, habe ihn beeindruckt: Er wolle sich verändern, wolle mit neuen Erkenntnissen an der Beziehung arbeiten und um die Liebe seiner Frau kämpfen. Frau C. hingegen berichtet, in der Zwischenzeit noch sicherer geworden zu sein in ihrem Entschluß zur Scheidung, allerdings nachdenklicher in bezug auf den schnellen Umzug nach Südamerika. Sie frage sich vermehrt, was sie damit der Tochter zumute und wie es ihr dort als alleinerziehende Frau erginge. Sein Beharren, jetzt mit neuen Erkenntnissen an der Beziehung zu arbeiten, bezeichnet sie als weiteren Ausdruck seiner Form von Diktatur. Ihr fehle die Kraft zu einem Neuanfang, sie könne und wolle nicht mehr, und sie habe panische Angst davor, es könne ihr wieder so schlechtgehen wie in den letzten Wochen. Beide sagen, sie wollen wieder glücklich sein, doch sie könne es nur ohne ihn, er wolle es mit ihr!

Herr C.: ... Jetzt liegen die Probleme auf dem Tisch, wir haben Erfahrungen, das willst Du auf einen anderen Partner übertragen. Warum nicht auf mich? Was bin ich? Ein Hund? Du bist mir mir weiter, als Du mit allen anderen wärst!
Frau C.: Das Problem ist: die Liebe ist weg, gestorben ... Ich schätze Dich als Freund, das ist mir zuwenig.
Therapeutin: Ihre Liebe ist gestorben. Ihr Mann sagt, er liebt Sie nach wie vor, er würde alles einsetzen wollen, die Liebe wieder zu erwecken. Sie, Herr C., würden sich wünschen, die Chance dazu zu bekommen ...
Herr C.: Ich meine, wir haben viel Erfahrungen, wir kennen uns gut. Sicher, es fehlt noch viel, wir haben erst angefangen. Jetzt haben wir Distanz, doch vielleicht können wir irgendwann wieder zusammen lachen, dann kommen wieder Gefühle rein. Ich bin nicht sachlich, was die Liebe angeht, ich bin nicht gläubig. Ich bin aber der Überzeugung, wir sind mehr als Tisch und Stuhl ... es muß etwas anderes zwischen uns sein. Wir sind Menschen mit Gefühlen und Seele, Ich glaube an Höheres. Wir haben doch das alles jetzt nicht durchgemacht, nur um es in der Beziehung mit einem anderen Partner umzusetzen.
Frau C.: Ich habe nicht von Partnersuche gesprochen.
Therapeutin (zu Herrn C.): Meinen Sie, daß sie zusammengekommen sind, sei Schicksal, Sie seien wie füreinander bestimmt, auch weiterhin?
Herr C.: Das klingt sehr sachlich, doch es stimmt, aber die Liebe spielt eine Rolle! Und ich will zusammen mit ihr weitermachen, mit neuen Erkenntnissen!
Therapeutin (zu Frau C.): Sie haben eine andere Vorstellung. Sie sagen, Ihre Liebesgefühle seien abgestorben. Haben Sie das Gefühl, diese seien wieder zu erwecken, es könnte etwas Neues entstehen? Oder meinen Sie, wenn die Liebe gestorben ist, sei sie unwiederbringlich tot?
Frau C.: Bei mir ist es einfach abgestorben. Ich habe ihn zweimal verlas-

sen, jedesmal bei der Rückkehr habe ich gedacht, es geht, doch nach einer gewissen Zeit war ich total unzufrieden und unglücklich. Jetzt will ich nicht mehr probieren. Warum sollte ich nochmal? Ich habe es schon zweimal probiert und es hat nicht geklappt.
Herr C.: Entschuldige, daß ich reinspreche. Du sagst aber auch, wir haben bisher nicht die Hilfe bekommen, die wir brauchen, wir haben den falschen Weg eingeschlagen bisher ...
Frau C.: Ich habe genug vom Ausprobieren.
Herr C.: Wir haben das Falsche ausprobiert ...
Frau C.: Für meine Tochter könnte ich schon bei ihm bleiben, aber ich würde dadurch krank.

Am Ende dieses vorletzten der zunächst fünf vereinbarten Gespräche besprachen wir das weitere Vorgehen: Mein Vorschlag, die Trennung zum Thema zu machen – räumliche Trennung des Paares, Umgang mit der Tochter – ließ ihn daran zweifeln, weiterhin an den Gesprächen teilzunehmen. Denn über die Trennung zu sprechen und diese gemeinsam zu gestalten, bedeute für ihn, am Grab der Beziehung zu schaufeln, was er gerade nicht wolle. Wir sprachen sehr ernsthaft über sein Zögern und seine Skepsis. Ich sagte, daß ich mir derzeit kein anderes Vorgehen vorstellen könne, da die Frau mit ihrem Trennungswunsch in der stärkeren Position sei. Ich könne sein Zögern jedoch verstehen, und er möge mir sagen, ob er Alternativen für das weitere Vorgehen sieht.

Kommentar: Die asynchrone Entwicklung von Mann und Frau wird in diesem Abschnitt besonders deutlich. Frau C. ist bereits weiter fortgeschritten im Trennungsprozeß bzw. im Entlieben als ihr Mann. Die Infragestellung des Familienmottos, stets erfolgreich sein zu müssen, ermöglicht es ihr, Position zu beziehen und sich allmählich einzugestehen, daß ihre Liebe gestorben und nicht wiederzuerwecken ist. Er beharrt zunächst auf der Fortsetzung der Ehe, begründet dies mit seiner Liebe zu ihr und mit höheren Mächten. Er idealisiert die Beziehung, will weitere Entwicklungsschritte mit ihr machen und neigt deswegen dazu, ihren Entschluß zu verleugnen bzw. gar nicht wahrzunehmen.

Frau C. hatte zwischen dem zweiten und dritten Paargespräch bereits einen weitgehenden Trennungsentschluß gefaßt. Aufgefordert, die aktuelle partnerschaftliche Situation anhand eines Bildes zu beschreiben, gelang es ihr auf der metaphorischen Ebene, die Trennungsthematik sowohl für sich selbst als auch für ihren Partner deutlich zu machen. Vermutlich gaben ihr die Einzeltherapie, aber auch die neue berufliche Stellung Kraft für diese Entscheidung. Häufig führt ein solcher Trennungsentschluß zum Abbruch oder zur Beendigung der Paartherapie. In der hier beschriebenen Therapie war dies nicht der Fall. Frau C. drängte auf weitere Gespräche, weil sie offensichtlich hoffte, mit fremder Hilfe sich ihrem Mann gegenüber besser verständlich machen zu können. Dieser befürchtete zwar zunächst, mit seiner weiteren Teilnahme an der Therapie die Trennung, die er gerade vermeiden wollte, zu begünstigen. Widerstrebend wurde ihm aber allmählich klar, daß die Ehefrau sich bereits aus der Ehe verabschiedet hatte und daß seine Chancen zu diesem Zeitpunkt darin lagen, die Trennung mitzugestalten. Daher war auch er nach anfänglichem Zögern für die Fortsetzung der Paargespräche motiviert. Hinzu kam, daß das therapeutische Setting einen Rahmen für überwiegend konstruktive Gespräche lieferte, die ohne die Anwesenheit einer dritten Person zu diesem Zeitpunkt nicht möglich gewesen wären. Zunehmend wurde ihm auch bewußt, daß es neben dem so eindeutig vorgetragenen Wunsch, die Beziehung fortzusetzen, noch eine andere Seite gab: zum Beispiel seine Erschöpfung aufgrund der vergeblichen Anstrengungen für die Beziehung in den vorherigen Ehejahren und sein Verharren in einer auch für ihn unbefriedigenden Situation. Schließlich löste auch die Bemerkung eines gemeinsamen Freundes, er habe mit seiner Hilfsbereitschaft seine Frau gleichsam wie ein Diktator unterdrückt, viel in ihm aus. Er sah ein, daß seine Hoffnung auf Besserung innerhalb der Ehe keine Grundlage mehr hatte, da seine Frau dieser Perspektive gegenüber völlig abgeneigt war.

Als Therapeutin unterstützte ich in der dritten Stunde aktiv den Richtungswechsel zur räumlichen Trennung. Man könnte dies als einseitige Parteinahme für das Anliegen der Frau verstehen. Auf der anderen Seite gilt es aber, das aktuelle Kräfteverhältnis einzuschätzen und damit therapeutisch umzugehen. Schließlich war in dieser Phase die Ehefrau eindeutig in der mächtigeren Position, weil sie weniger von ihrem Mann wollte als umgekehrt. Darüber hinaus bestand zu diesem Zeitpunkt aber auch noch die Möglichkeit, daß die wachsende Distanz wieder mehr Annäherung bewirken könnte, gerade auch in Anbetracht der vorherigen ambivalenten Trennungsversuche der Ehefrau. Ich nahm an, daß die Arbeit am Zusammenbleiben, ohne gleichzeitig die Trennung zu thematisieren, in jedem Fall die Polarisierung vergrößert und damit letztlich die Chance für einen konstruktiven Weg – ganz unabhängig von der Richtung – verringert hätte.

Wiederum zwei Wochen später, in der *fünften Stunde*, ging es Mann, Frau und auch der kleinen Tochter zu Hause sehr schlecht, was sich in Unruhe, Angst und Schlafstörungen äußerte; auch Herr C. hatte nun vom Hausarzt ein Beruhigungs- und Schlafmittel erhalten. Er komme allmählich aus dem ersten Schock heraus, wolle sich erklären und Stellung nehmen zu ihren Vorwürfen, doch es sei kein sinnvolles Gespräch möglich. Er leide enorm, wenn er sich die Trennung von der Tochter vorstelle; um dem Schmerz aus dem Weg zu gehen, komme er oft erst dann am Abend nach Hause, wenn die Tochter bereits schlafe. Sie klagte, daß er ihr Vorwürfe mache und sie nicht verstehe. Sie befürchte, er könne die Tochter zunehmend in Loyalitätskonflikte bringen. Bereits am Vortag habe er dies getan, als er auf die Frage der Tochter, warum es ihm schlechtgehe, geantwortet habe: »Mama hat mich nicht mehr lieb.« Im Mittelpunkt dieser Stunde stand der Umgang mit der Tochter. Sie vereinbarten, daß Herr C. ab sofort an 2 bis 3 Abenden pro Woche für die Tochter zuständig ist, Frau C. werde diese Abende auswärts verbringen; an den anderen Abenden werde es umgekehrt sein.

Nach einem weiteren Monat, in der *sechsten Stunde*, hatte sich die

Situation etwas beruhigt. Tochter und Vater ging es besser, seitdem er sie regelmäßig am Abend versorgte. Frau C. war beruflich erfolgreich: Sie wurde befördert und hatte einen Vertrag für eine 80%-Anstellung unterschrieben. Sie plante, während Weihnachten und Neujahr mit der Tochter in Südamerika bei ihren Eltern Ferien zu machen, dann jedoch zurückzukommen und das räumliche Getrenntleben in der Schweiz – und nicht in Südamerika, wie ursprünglich beabsichtigt – auszuprobieren. Dieser neue Plan stehe im Interesse der Tochter, der sie die Beziehung zum Vater erhalten wolle, aber auch im eigenen beruflichen Interesse. Herr C. meinte nun auch, die Trennung sei unausweichlich. Er plante, während der Ferien von Frau und Tochter zu Hause auszuziehen. Er versuche vermehrt in die Zukunft zu schauen, was angesichts der zwiespältigen Gefühle über die Vergangenheit nicht leicht sei. Beide vereinbarten, ihre Tochter erst dann über die geplante räumliche Trennung zu informieren, wenn diese ansteht, und sie dann auch angemessen mit der neuen Wohnsituation vertraut zu machen.

Diese sechste Stunde endete mit der vereinbarten Standortbestimmung: Beide wollen weiterhin zu Gesprächen kommen, um die Lage weiter zu stabilisieren, unter anderem um über die gemeinsame Elternschaft zu sprechen. Frau C. betonte, daß ihr die Gespräche sehr geholfen hätten, überhaupt mit ihrem Mann zu reden und Vernunft walten zu lassen; ohne Paargespräche hätte sie womöglich eine radikale Entscheidung gefällt und wäre eventuell spontan nach Südamerika geflüchtet. Sie habe persönlich an Stabilität gewonnen, was man auch daran erkennen könne, daß sie seit 3 Wochen keine Medikamente mehr nehme; etwa alle 2 Wochen habe sie weiterhin Einzelgespräche. Auch Herr C. will die Paargespräche fortsetzen, um die jeweils anstehenden Probleme gemeinsam zu besprechen. Er sei inzwischen ruhiger geworden, und es sei hilfreich für ihn, einmal wöchentlich in der Einzeltherapie über sich zu sprechen. Er habe den Wunsch nach einer Freundschaft mit der Ehefrau.

Wir trafen uns wieder zu Beginn des neuen Jahres, nachdem Frau und

4 Fallbeispiele

Tochter aus den Ferien zurückgekehrt waren. Für Frau C. war dieser Aufenthalt in Südamerika eine Bestätigung ihrer Entscheidung, die räumliche Trennung in der Schweiz zu praktizieren: Die Tochter brauche den Vater, fühle sich auf dem anderen Kontinent nicht zu Hause; sie selbst müsse dort beruflich und auch im sozialen Umfeld von vorn anfangen, weshalb sie zunächst doch lieber in der Schweiz bleibe. Er bewohnte zu diesem Zeitpunkt vorübergehend die Wohnung eines Kollegen, die Übernahme einer eigenen Wohnung stand unmittelbar bevor.

Beide hatten die Tochter inzwischen über die Trennung informiert und Abmachungen getroffen über die Besuchsregelung. Er war in dieser Hinsicht zunächst dem Vorschlag seiner Frau gefolgt, ohne sich jedoch über die eigenen Wünsche im klaren zu sein. Dies führte dazu, daß er sich abhängig fühlte von ihren Vorschlägen und auf ihr Entgegenkommen angewiesen war. Ich unterstützte ihn darin, eigene Vorstellungen zu entwickeln und umzusetzen. Sie verhielt sich gegenüber seinen Vorschlägen jeweils sehr kooperativ und kam ihm entgegen, sobald er Wünsche äußerte. Schwierig und kämpferisch wurde das Gespräch, als sie unter großem Druck eine schnelle Scheidung favorisierte und ihm vorwarf, auf der Bremse zu stehen, weil er noch keinen Anwalt einbeziehen wollte. Die Benennung der Hintergründe für ihr Drängen bzw. für sein Bremsen ermöglichte es, wiederum eine Verlangsamung des Prozesses zu erwägen: Hinter ihrem Drängen standen nämlich die Mutter und die Freundinnen aus Südamerika, die ihr vorgeworfen hatten, sie komme dem Ehemann zu sehr entgegen; ihre Mutter hatte sogar davor gewarnt, die Tochter beim Vater übernachten zu lassen, und bezog sich dabei auf Fälle, in denen ein geschiedener Vater seine Tochter sexuell mißbraucht hatte. Hinzu kam, daß sie sich als verheiratete Frau unfrei fühlte im Kontakt mit anderen Männern und diese Fesseln gern sprengen wollte. Außerdem befürchtete sie, die Möglichkeit zu verlieren, doch irgendwann mit der Tochter nach Südamerika zurückgehen zu können. Für ihn war entscheidend, daß er emotional noch nicht so weit getrennt war, um zu diesem

Zeitpunkt einer Scheidung zustimmen und entsprechende Schritte einleiten zu können. Er favorisierte das gemeinsame Sorgerecht, um nicht zum »Zahlvater« degradiert zu werden. Weil das gemeinsame Sorgerecht zu dieser Zeit noch nicht in Kraft war, jedoch in Aussicht stand, wollte er Zeit gewinnen. Außerdem wollte er sich zunächst über eine Scheidung informieren und suchte nach einer kostengünstigen Lösung. Beide befürchteten, vom jeweils anderen bzw. von einem vom Partner vorgeschlagenen Anwalt unfair behandelt zu werden. Darüber hinaus fühlte sich jeder vom anderen zu wenig anerkannt für das jeweilige Engagement in der Ehe und für das Bemühen um einen konstruktiven Wandel.

Die Stunde endete damit, daß er ein dreimonatiges Moratorium wünschte und zusagte, danach einen Termin zu vereinbaren, entweder mit einem gemeinsamen Anwalt oder mit einem Mediator. Frau C. war damit einverstanden und zeigte in der Folge eine zunehmende Abgrenzung von ihren Eltern; ihr Interesse an der Kooperation mit dem Ehemann wuchs weiter.

Die Abschlußphase der Therapie: Herr und Frau C. verstanden sich besser, seitdem Herr C., wie er sagte, der Ehe weniger nachtrauere. Dennoch gebe es gewisse »Tretminen« in der Kommunikation, die insbesondere er gern »entschärfen« möchte, um sich freier zu fühlen im Kontakt zu seiner Frau. Schwierigkeiten bzw. Machtkämpfe entstünden aus seiner Sicht immer dann, wenn er sich zum Befehlsempfänger degradiert und benachteiligt oder in seinem Bemühen um eine konstruktive Beziehung nicht anerkannt fühle. Aus Sicht von Frau C. entstünden die Schwierigkeiten dann, wenn sie ihn um etwas bitte oder wenn sie sich auf ihn angewiesen oder sich nicht gewürdigt fühle darin, daß sie mit dem Verlassen des Heimatlandes viel für die Beziehung aufgegeben habe.

In dieser Phase sah ich meine Aufgabe darin, Herrn C. zu ermuntern, seine Wünsche wahrzunehmen und zu artikulieren. Er brauchte Mut dazu, weil er befürchtete, er erschwere die Kommunikation bzw. er handele sich ihren Zorn ein, wenn seine Wünsche sich von ihren unterscheiden. In der Regel konnte er jedoch feststellen, daß er die Kommunikation erleichterte statt erschwerte, wenn er seine Wünsche und Vorstellungen auszudrücken und einen gemeinsamen Weg mit ihr auszuhandeln versuchte. Im Umgang mit der temperamentvollen Frau C. ging es in dieser Phase vor allem darum, ihre Gefühle zu verstehen und ihr vor allem behilflich zu sein, etwas Distanz zu ihren eigenen, oft intensiven Wutgefühlen herzustellen.

Während der Abschlußphase unserer Gespräche fanden auch insgesamt drei Sitzungen bei einem Mediator statt. Herr und Frau C. nutzten die Paartherapie dazu, kritische Punkte im Zusammenhang mit der Mediation nachzubesprechen. In diesen drei Sitzungen beim Mediator wurde eine Scheidungsvereinbarung erarbeitet, mit der sich beide einverstanden erklärten. Wesentliche Einzelheiten dieser Scheidungsvereinbarung hatten sie bereits vorbesprochen. Die zu diesem Zeitpunkt noch bestehenden kritische Punkte wurden in den paartherapeutischen Sitzungen nachbesprochen und führten in der Folge jeweils zu Modifikationen in der Vereinbarung. Beide hatten die Neigung, im Interesse der Konfliktvermeidung zu schnell einer Vereinbarung zuzustimmen, über die dann im nachhinein noch Klärungsbedarf bestand. Hinzu kam, daß Frau C. den Mediator, einen Schweizer Mann, als gegen sie voreingenommen bzw. auf der Seite des Ehemanns erlebte. Der kritischste Punkt bezog sich auf das Sorgerecht: Im Vertragsentwurf wurde das gemeinsame Sorgerecht beantragt, das in Frau C. erhebliche Unsicherheit und Angst auslöste und wodurch sie sich angebunden und auf das Heimatland ihres Mannes fixiert fühlte.

In der *vorletzten Stunde*, etwa neun Monate nach Beginn der Gespräche, berichtet der Ehemann, es gehe allmählich aufwärts: er habe wieder mehr Interessen und könne jetzt auch Einrichtungsgegenstände für seine Wohnung kaufen. Miteinander gehe es »nicht schlecht«, unter anderem hätten sie beide jeweils zweiwöchige Ferien mit der Tochter verbracht. Inzwischen seien die Scheidungspapiere eingetroffen. Ich frage nach der Regelung des Sorgerechts für die Tochter, die im vorhergehenden Gespräch heftige Emotionen aufgerührt hatte. Inzwischen war gemeinsam entschieden worden, daß Frau C. das Sorgerecht erhält.

Herr C.: Das Sorgerecht ist jetzt kein Thema mehr.
Therapeutin: Dann haben Sie ja alles rund um den Scheidungsvertrag sehr schnell erledigt. Wie sieht es bei Ihnen aus, Frau C.?
Frau C.: Das letzte Mal haben wir ja über meine Wut gesprochen, ich habe sehr lange darüber nachgedacht. Ich habe das Gefühl, gescheitert zu sein, und bin eigentlich traurig. Das ist mir jetzt bewußter. Ich versuche mehr zu weinen, damit das rauskommt. Das Scheitern ist schwer für mich zu verarbeiten. Es war mir nicht bewußt, daß ich das so empfinde, das wurde mir erst dank der letzten Sitzung klar. Ich habe mir das nicht so vorgestellt, wie unsere Ehe jetzt geendet ist, aber ich sehe: es gibt keine andere Lösung als das Beste daraus zu machen. Ich habe die Tochter und die Arbeit.
Therapeutin: Insgesamt ist ihre Trennung ja sehr schnell gegangen. In der Regel gibt es auch Phasen, wo die Betroffenen versuchen, einen Neuanfang zu machen, gerade weil das Gefühl des Scheiterns so schwer ist. Haben Sie das auch erlebt?
Frau C.: Nein, seit wir hierher kommen, nicht mehr. Ich habe das Scheitern schon lange empfunden und habe so viel probiert und mir eingeredet, es müsse gut sein. Sonst habe ich immer alles geschafft, nur privat nicht, deswegen habe ich auch die Wutanfälle gehabt. Jetzt weine ich öfter. Ich fühle mich auch einsam, ich und die Tochter, das macht mich traurig, das habe ich mir nicht so gewünscht. Aber wenn ich weine, geht‹s mir besser.
Therapeutin: Was ist leichter zu ertragen? Die Wut oder die Trauer?
Frau C.: Die Traurigkeit ist besser.
Herr C.: Das zeigt mir, daß sie doch Gefühle hat *(er lacht)*. Ich war mir da nicht mehr so sicher, sie ist ja sehr bestimmt aufgetreten für die Scheidung, mit viel Temperament, sie war ja knallhart. Es gab eine Zeit, wo ich sie als eiskalt eingeschätzt habe. Freut mich zu sehen, daß

sie auch solche Gefühle – Trauer – für sich selbst hat. Wir haben gestern schon darüber gesprochen. Ich kann mit ihren Wutausbrüchen nicht umgehen, die versetzen mich in totale Abwehr, die sind fast wie Schläge. Was ich jetzt höre, hilft mir mehr zu verstehen.
Therapeutin: Sie fassen sich auf die Brust?
Herr C.: Ja, es ist auch bedrückend, aber es gibt kein Zurück.
Therapeutin: Wenn Sie an den Anfang unserer Gespräche zurückdenken … Sie haben damals sehr festgehalten …
Herr C.: Ich habe den Eindruck, 10 Jahre gekämpft zu haben für unsere Ehe, ich hatte viel Hoffnung, alles ist gescheitert. Ich habe viele Trennungen erlebt, immer wenn sie in die Ferien gefahren ist. Es war für mich sehr schlimm zu erleben: mit anderen ist sie glücklich, mit mir nicht; wenn andere etwas sagten, konnte sie es akzeptieren, bei mir nicht. Das möchte ich nicht mehr fortsetzen. Es war ein stetiger Kampf. Ich möchte mal wieder leben, ich sein, ohne den ständigen Gedanken, was meine Frau dazu sagt.

Beide berichteten, daß es der Tochter insgesamt gut gehe, obwohl sie jeweils einen Elternteil vermisse, wenn sie beim anderen ist. Herr und Frau C. konnten inzwischen besser miteinander reden. Sie waren immer noch sehr wichtige Personen füreinander und besprachen auch persönliche Anliegen zusammen. In dem zwei Monate später stattfindenden Abschlußgespräch hatte sich die Situation weiter stabilisiert. Das Paar hatte in der Zwischenzeit keine schweren Auseinandersetzungen mehr, was das Vertrauen in die eigene Kompetenz stärkte. Die Beratung beim Mediator war abgeschlossen, der Scheidungstermin stand unmittelbar bevor. Beide hatten nach wie vor auch zwiespältige Gefühle, doch weder sie noch er mochten zurück; beide standen zur getroffenen Entscheidung.

In den *letzten beiden Sitzungen* wurden auch zwei noch offene Themen angesprochen: Zum einen handelte es sich um den früher geäußerten Wunsch, nochmals über die Herkunftsfamilien zu sprechen. Dieser Wunsch war bei beiden inzwischen in den Hintergrund getreten, und sie hatten sich von der Idee verabschiedet, der jeweils andere sollte den Kontakt zur Schwiegerfamilie verbessern. Zum anderen ging es um Phantasien und Ängste bezüglich potentieller neuer Partner. Frau C. wollte über dieses Thema reden wegen der früheren Drohung des Mannes, bei einem Seitensprung von ihr »auszurasten« und den Nebenbuhler »umzulegen«. Sie war beruhigt, von ihm zu hören, daß er eine Außenbeziehung innerhalb der Ehe zwar nach wie vor für inakzeptabel halte, daß dies für die jetzige Trennungsphase allerdings nicht mehr gelte. Herr C. befürchtete, um seine Vaterrolle konkurrieren zu müssen, wenn ein neuer Partner für Frau C. auftauche. Umgekehrt meinte Frau C., sie sei entlastet von Schuldgefühlen, wenn er eine neue Partnerin hätte. Allerdings habe in seinen Phantasien eine neue Partnerin bisher keine Rolle gespielt. Beide stimmten darin überein, es sei noch zu früh, eine verbindliche neue Beziehung einzugehen. Frau C. registrierte zwar Kontaktangebote von Männern, die ihr guttäten, sie habe jedoch noch zuviel Angst vor einer neuen Beziehung.

Kommentar: Während die Ehefrau in der ersten Phase sehr viel Einfluß auf die Zielrichtung der Therapie hatte, war der Ehemann in bezug auf das Tempo des Trennungsprozesses in der stärkeren Position. Er war weniger weit fortgeschritten im Trennungsprozeß als sie und brauchte mehr Zeit, um eine konstruktive Lösung mitgestalten zu können. Letztlich war eine gewisse Zeitverzögerung auch ihr dienlich, wie sie später mitteilte, da sie in manchen Situationen dazu neigte, überstürzte Entscheidungen zu fällen. Diese betrafen zum Beispiel die Rückkehr in ihr Heimatland oder auch den Wunsch nach möglichst sofortiger Scheidung. Ich übernahm also die Funktion, gemeinsam mit dem Paar immer wieder eine Verlangsamung des Prozesses zu erwägen, indem zum Beispiel jeweils die Gründe für das Drängen der Frau bzw. für das Festhalten des Mannes thematisiert wurden. Weiterhin regte ich beide an auszuphantasieren, welcher Unterschied darin bestünde, langsamer oder schneller definitive Entscheidungen zu fällen.

Frau C. übernahm mit ihrem Trennungsentschluß zunächst auch mehr Verantwortung und neigte in der Folge entsprechend zu mehr Schuldgefühlen. Durch die Mitgestaltung der Trennung sowie durch die Wahrnehmung und Artikulierung seiner Vorstellungen und Wünsche wurde auch der Ehemann wieder in die Verantwortung eingebunden, was seinem Selbstwertgefühl förderlicher war, als wenn er sich weiterhin als Opfer bzw. abhängig von ihren Vorschlägen gefühlt hätte. Er gewann immer dann mehr Optionen, wenn er aktiv für seine Wünsche eintrat, selbst wenn dies für ihn zunächst das Risiko vermehrter Konflikte barg. Sie kam ihm in der Regel dann entgegen, wenn sie von seinen Wünschen erfuhr; lediglich in Sachen gemeinsames Sorgerecht konnte sie ihm nicht folgen.

Man könnte die Entwicklung bei diesem Paar so verstehen, daß die Arbeit an der Trennung in gewissem Sinne auch eine Annäherung bewirkt hat: Herr und Frau C. konnten zunehmend besser miteinander sprechen, vor allem weil beide die Position des anderen besser wahrnehmen und etwaige Differenzen zulassen konnten. Als die Trennung ausgesprochen war, wurde die Verschiedenheit zwischen ihnen weniger bedrohlich. Sie wurden zu einem Paar, das räumlich getrennt besser miteinander reden konnte als zusammenlebend unter einem Dach. Die Paartherapie ermöglichte eine konstruktive Trennung.

Frau C. sagte, ihre Liebe sei gestorben, nachdem sie nun zum dritten Mal enttäuscht wurde über den ersehnten Neuanfang. Beide wirkten verletzt, gedemütigt und erschöpft angesichts ihrer jahrelangen vergeblichen Anstrengungen, die Liebe und die Beziehung zu retten. Er klagte vor allem über Angst, Unruhe, Konzentrationsstörungen, sie über depressive Verstimmungen. Er, der Verlassene, kämpfte vor allem mit Selbstwertproblemen; sie, die Verlassende, mit Schuldgefühlen. Am Ende der Gespräche ist das Paar äußerlich getrennt und innerlich sowohl entlastet als auch verbunden in der Trauer über den Verlust von Ehe und Familie.

Wenngleich der vorliegende Fall in vielem typisch verlaufen ist, so ist doch besonders die Motivation beider Partner hervorzuheben, gut miteinander zu kooperieren und Vereinbarungen einzuhalten. Meine Eingangsbedingung, keine spontanen Entscheidungen zu fällen, zielte darauf ab, mit der Angst des anderen nicht zu spielen und den ambivalenten Trennungsprozeß individuell auszuhalten, statt jeden stärkeren Handlungsimpuls gleich umzusetzen. Dies brachte eine gewisse Ruhe und Verbindlichkeit in die Arbeit, obwohl es auch Ausnahmen davon gab. Es kam jedoch während unserer Arbeit nicht zu massiven Drohungen, Außenbeziehungen oder sexuellen Abenteuern. Auch mit finanziellen Belangen gingen sie sehr konstruktiv um und regelten einen Teil dieser Angelegenheiten bereits miteinander, womit sie die spätere Mediation bzw. die Scheidungsvereinbarung gleichsam vorbereiteten. Wenn zwischendurch die Alltagsbewältigung schwierig wurde, ging es in der Paartherapie darum, verbindliche Regeln auszuhandeln und auf diese Weise mit Hilfe äußerer Strukturen Sicherheit zu schaffen. Danach konnte man sich wieder den inneren Prozessen zuwenden. Diese Vorgehensweise wurde auch dadurch unterstützt, daß beide Partner Einzeltherapie-Stunden besuchten, in denen sie über ihre Ängste, Unsicherheiten, Wut, Aggressionen usw. sprechen konnten.

Unter dem Aspekt der Liebe des Paares zeigt diese Entwicklung, daß in der Phase der Trennung/Scheidung ähnliche Phänomene erlebt werden wie im Stadium der Verliebtheit, nur mit negativem Vorzeichen bzw. mit dem Ziel, sich voneinander zu lösen. Der Verlust der geliebten Person nach einer langdauernden Beziehung kann gleichfalls das dem Ursprungsmythos entsprechende Gefühl auslösen, wie halbiert zu sein. Der Psychoanalytiker Ruffiot (1991, S. 160) spricht von der *Passion* des Entliebens, womit er einerseits eine *intensive psychische Beschäftigung* mit der einstmals geliebten Person meint, ganz im Sinne »einer leidenschaftlichen psychischen Aktivität, die sich dem Subjekt aufzwingt ... und die auf einen Rückzug der Objektbesetzung hinarbeitet«. Andererseits weist er mit der Bezeichnung Passion auf das *Leiden* hin, auf den seelischen Schmerz des Entliebens. »So ist die Passion des Entliebens ein erlittenes Phänomen, das alle Merkmale einer Leidenschaft hat, nur jetzt in umgekehrtem Sinne zu der verliebten Objektbesetzung von einst« (ebd., S. 160). Im Entlieben fänden sich – wie in der leidenschaftlichen Liebe – die intensive psychische und geistige Beschäftigung mit dem anderen; das emotionale Leiden und regressive Abwehrmechanismen: Die Idealisierung wird zur Gegenidealisierung, der andere wird herabgesetzt, degradiert, entwertet in bezug auf seine Worte, Gesten und Gewohnheiten (erlebt als Wiedergewinnung des ursprünglichen Selbst). Diese Gegenidealisierung ergibt sich nach Ruffiot aus der Erneuerung der Spaltung in gut und böse, das heißt aus der Verleugnung der guten Anteile des Partners.

Diese Passion des Entliebens ist insbesondere bei Herrn C. zu beobachten: Er beschäftigte sich zunächst intensiv und qualvoll mit der Beziehung, er wirkte förmlich besessen davon. Zunächst eher idealisierend im Bemühen, die Ehe zu erhalten, und in der Hoffnung, eine neue Basis zu finden. Er möchte endlich wieder glücklich sein, allerdings – im Gegensatz zu seiner Frau, die meint, *ohne ihn* sei sie glücklicher – möchte er *mit ihr* glücklich werden. Erst im Verlauf kommt seine Ambivalenz zum Ausdruck, als er von seinem erfolglosen Engagement für die Beziehung spricht: Sie habe immer mehr auf andere gehört als auf ihn, sie hätten 9 Jahre lang an der falschen Front gekämpft. Die im Therapieverlauf vorübergehende Gegenidealisierung zeigt sich vor allem darin, daß er sie als eiskalt, knallhart und gefühllos einschätzt.

Für mich als Therapeutin war die Vorstellung hilfreich, daß das Entlieben und der dazugehörige Trauerprozeß unterschiedliche emotionale Phasen durchlaufen (Kast 1982) und Zeit brauchen. In der Anfangszeit wollen die Betroffenen oftmals nicht wahrhaben, daß ihre Beziehung gescheitert ist. Dann treten immer wieder heftige Emotionen auf – Schuldgefühle, Wut, Haß, Angst, Verzweiflung und Trauer –, die den Betroffenen sehr viel Energie abverlangen. Die weitere Phase des Suchens und Sich-Trennens beinhaltet zunächst einmal den Versuch, sich alte Gewohnheiten zu erhalten, mit dem man sich sozusagen gegen die anstehende Veränderung sträubt. Weil dies letztlich nicht gelingt, wird der Betroffene auf sich zurückgeworfen und dadurch erneut herausgefordert, die Trennung bzw. den Verlust zu akzeptieren. Je besser dies gelingt, um so leichter wird es, einen neuen »Selbst- und Weltbezug« herzustellen, wie Verena Kast dies ausdrückt. Bei dieser letzten Phase könnte man auch von einer Neuorientierung sprechen, nachdem die psychische (libidinöse) Besetzung von der anderen Person etwas »abgezogen« werden konnte, die sich im vorliegenden Fall zum Beispiel in der Bereitschaft zeigte, Einrichtungsgegenstände für die Wohnung zu kaufen oder auch die ehemals gemeinsame Wohnung umzugestalten. Die beschriebenen Phasen folgen nicht linear aufeinander, sondern stehen in Wechselwirkung und können sich überlappen, und sogar in den Phasen, in denen die Trennung bereits akzeptiert wird, kann es zu »Rückfällen« in bereits durchlebte Phasen kommen.

Herr und Frau C. durchliefen diese Phasen zeitlich versetzt, insofern als Frau C. bereits bei Therapiebeginn die Phase des Nichtwahrhabenwollens der anstehenden Trennung weitgehend abgeschlossen hatte. In diesem Sinne klagte Frau C., nachdem sie ihren Trennungsentschluß formuliert hatte, wiederholt darüber, daß er nicht an die Trennung glaube. Er benötigte einige Wochen, um den Entschluß seiner Frau wirklich anzuerkennen und sich nicht mehr einzureden, das könne gar nicht sein. Und immer wieder brachen heftige Emotionen auf: Er wollte mit ihr über die Vergangenheit sprechen, über seine Fehler und Versäumnisse, und er wollte ihr seine Gefühle mitteilen – immer mit der Absicht, sie zurückzugewinnen. Besonders schmerzlich erlebte er, wie seine Frau sich nicht innerhalb der Ehe, sondern erst in der Trennung wohler fühlen und entfalten konnte. Als er schließlich eine eigene Wohnung bezog, war er zunächst nicht in der Lage, diese einzurichten. Ganz allmählich konnte er sich dann neu orientieren, ein Kinderbett für die Tochter anschaffen, Gespräche mit geschiedenen Männern aus seinem Bekanntenkreis führen und etwas Eigenes für die neue Wohnung kaufen. Frau C. hingegen schmiedete relativ schnell neue Pläne, schaffte neue Einrichtungsgegenstände für die Wohnung an und profitierte von der Anerkennung, die sie am neuen Arbeitsplatz erfuhr. In dieser Phase war sie als eine erfolgreiche, in Entfaltung begriffene Frau spürbar, die sich befreite. Erst im weiteren Verlauf erlebte sie die schwierigen Gefühle von Wut und Trauer. Aus therapeutischer Perspektive ist es positiv, daß sie über die Trennung und den Verlust der gemeinsamen Perspektive trauern konnte und daß beide es als verfrüht erachteten, aktuell eine neue, verbindliche Paarbeziehung einzugehen.

Ehemalige geliebte Personen behalten meist für lange Zeit einen besonderen Platz im Gedächtnis und im Leben. Deswegen muß aus therapeutischer Sicht eine verlorene Beziehung notwendigerweise betrauert werden, um innerlich frei zu werden von den zunächst weiterbestehenden Gefühlen und Bindungen. Erst dann kann eine neue Beziehung gelingen. Und gar nicht selten wird die ehemals geliebte Person auch nach Jahren der Trennung wieder aufgesucht mit der Bereitschaft, die Beziehung zu erneuern.

Fallbeispiel 4

Frau Dahms, 60 Jahre alt, Sekretärin, die von ihrem Ehemann seit 10 Jahren getrennt lebt, meldet sich telefonisch an, weil sie eine Paartherapie für ihre 10jährige Außenbeziehung wünscht. Sie leide sehr darunter, daß ihr Freund, Herr Driesch, ein 57jähriger Manager, der seit über 20 Jahren in zweiter Ehe verheiratet ist, die Außenbeziehung mit ihr vor seiner Ehefrau geheimhält und auch in der Öffentlichkeit nicht zu ihr steht.

Im Erstgespräch schildern Frau und Herr D. sich in tiefer und leidenschaftlicher Liebe verbunden. Es habe in den vergangenen Jahren 2 bis 3 halbherzige Trennungsversuche gegeben, den ernsthaftesten vor 4 Jahren, als Frau D. eine Trennung initiierte, die ½ Jahr dauerte und mit einem zufälligen Treffen von beiden endete. Zu Beginn dieser Trennungszeit habe sie sich sehr befreit gefühlt, im Verlauf jedoch zunehmend am Boden zerstört, da sie von »Heimweh« und Sehnsucht nach ihm geplagt war und sich nicht auf andere Beziehungen einlassen konnte. Herr D. sei während der Trennung entlastet gewesen von Schuldgefühlen gegenüber seiner Frau, doch ein wichtiger Teil habe gefehlt in seinem Leben, und seine Ehe sei auch nicht besser geworden in dieser Zeit.

Herr D. lebe »in guter Ehe«: Der gemeinsame Alltag verlaufe sehr gut, doch ihm fehlen dort Wärme und Emotionalität. Eine Scheidung komme für ihn nicht in Frage, denn eine Scheidung sei gleichbedeutend mit dem Eingeständnis eines Versagens. Seine Ehefrau habe kürzlich auch eine Paartherapie vorgeschlagen. Er habe ihrem Vorschlag im Prinzip zugestimmt, weil er auch »etwas für die Ehe tun will«, versuche jedoch, diese Paartherapie hinauszuzögern; der Druck seitens Frau D. ist aktuell größer.

Frau D. lebt seit gut 10 Jahren allein. Ihr Mann, die Söhne und Freunde wissen um ihre Außenbeziehung und können nicht verstehen, weshalb sie diese so lange mitmacht. Sie selbst fühle sich wohl mit dem Alleinleben, sie möchte momentan nicht mit einem Mann zusammenleben. Sie bilde sich beruflich weiter, lebe in einem großen Freundeskreis und pflege intensiv einige Hobbys. Sie habe die Liebesbeziehung zu Herrn D. jahrelang genießen können, wollte ihn gar nicht unbedingt häufiger sehen, doch sie begann zunehmend unter seiner Unfreiheit und seinem Taktieren in der Ehe zu leiden, wovon sie bzw. die gemeinsamen Verabredungen mitbetroffen waren. Diese Konflikte seien auch der Anlaß für die bisherigen Trennungsversuche gewesen. Aktuell war es für sie unerträglich, daß er in der Öffentlichkeit nicht zu ihr stand: Zum einen gab es immer wieder gesellschaftliche Ereignisse, bei denen sie einander begegneten; zum anderen verübelte sie ihm, daß er bei den gemeinsamen Treffen kaum loskam von der Sorge, von der Ehefrau oder von Bekannten ertappt zu werden.

Frau D. formuliert als Anliegen an eine etwaige Paartherapie, sie hoffe nach wie vor darauf, daß er öffentlich zu ihr steht oder daß sie wenigstens verstehen wird, weshalb er dies nicht kann. Sein Anliegen besteht darin, verstehen zu wollen, was beide zusammenhält bzw. weshalb sie sich nicht voneinander lösen können.

4 Fallbeispiele

Herr D. will die Beziehungen zu beiden Frauen erhalten. Er befürchtet, Frau D. durch Unoffenheit zu verlieren, falls er also seine Ehefrau weiter in Unkenntnis über die Außenbeziehung läßt, und er ist sicher, die Ehefrau durch Offenheit zu verlieren. Er habe seiner Frau bei der Eheschließung versprochen, daß sie in der Ehe mit ihm nicht derart hintergangen und betrogen wird wie in ihrer ersten Ehe. Sie lasse ihm wenig Raum, sei eifersüchtig und extrem intolerant gegenüber Außenbeziehungen aufgrund ihrer früheren Erfahrungen. Seine Schuld gegenüber der Ehefrau belaste ihn. – Frau D. steht im Dilemma, zu seinen Bedingungen mitzumachen oder die Beziehung zu beenden; das erste könne sie nicht mehr, zu letzterem sei sie noch nicht in der Lage. Sie akzeptiere, daß er sich nicht trennen will von der Ehefrau, sie akzeptiere jedoch nicht mehr, daß er die Dreiecksbeziehung nicht offen und ehrlich leben kann.

Kommentar: Einerseits hatte ich Verständnis für das Dilemma des Paares, fand beide sympathisch, und die Konstellation interessierte mich: Wie schaffen es zwei Menschen, 10 Jahre lang relativ unbemerkt eine intensive Liebes- und Außenbeziehung zu leben? Andererseits bezweifelte ich, ob bei dem vor mir sitzenden Paar eine Paartherapie die Methode der Wahl war bzw. begann darüber nachzudenken, welche Funktion die Paartherapie haben könnte. Beide wollten etwas »verstehen«, sie wollten mehr verstehen von ihrer Leidenschaft und Liebe – doch: lassen sich intensive Leidenschaft und Liebe verstehen? Und falls ja: was wäre damit gewonnen? Ich ging davon aus, daß sie ihrer Liebesbeziehung nicht gerecht werden konnten, wenn sie versuchten, sie mit meiner Hilfe zu analysieren, zu erklären oder zu verstehen. Meine weiteren Gedanken verdichteten sich zur Hypothese, daß dieses Paar möglicherweise gerade jetzt kam, weil beide kurz vor einer endgültigen Trennung standen und diese gern verhindern wollten. Es kam mir so vor, als ob sie sich bereits entschieden hatten, weil in den letzten Monaten der Preis für die Liebesbeziehung den Gewinn überstieg. Trotz der wertvollen und beglückenden Liebesbeziehung war der Zeitpunkt der Beendigung greifbarer geworden. Ich teilte ihnen am Ende des ersten Gesprächs meine Gedanken mit und bot ihnen an, dies in einem zweiten Gespräch wieder aufzunehmen und gemeinsam mit ihnen über das weitere Vorgehen nachzudenken.

Zum zweiten Gespräch wollten beide wiederkommen. Sie hatten über meine Hypothese nachgedacht und stimmten zumindest teilweise zu, daß die Paartherapie die Funktion haben könnte, eine Trennung hinauszuzögern; dies hätte gewisse Vor- und Nachteile für beide. Die Möglichkeiten lagen auf dem Tisch: Wenn sie sich mit der Heimlichkeit der Beziehung nicht abfinden könnte, bliebe beiden der Schritt in die Trennung, d. h. die Beendigung der Liebesbeziehung, wozu sie noch nicht ganz bereit waren.

Ich fragte, welche Auswirkungen es wohl hätte, wenn sie sich zunächst noch Zeit lassen mit der Entscheidung, und währenddessen jeder »vor der eigenen Türe kehrt«? Zum Beispiel im Rahmen einer Einzeltherapie oder – im Falle von Herrn D. – sogar im Rahmen einer Paartherapie mit seiner Ehefrau. Würde ihre Liebesbeziehung eine solche Klärungsphase überstehen? Worin lägen mögliche Vor- und Nachteile? Herr D. erkundigte sich, ob er eventuell auch mit seiner Ehefrau zu mir zur Paartherapie kommen könne, da ich doch nun einen Wissensvorsprung hätte, der vielleicht seiner Frau und ihm dienlich sein könne. Ich lehnte dies ab, weil es mich beiden Frauen gegenüber in Loyalitätsprobleme gebracht hätte und ich in die Rolle der Geheimnisträgerin gekommen war. Ich wäre ihm aber gern behilflich, einen anderen Paartherapeuten oder eine Paartherapeutin zu finden. Ob ich ihm raten würde, wollte er dann noch wissen, in einer Paartherapie seiner Frau von der Außenbeziehung zu erzählen?

Frau D. rief mich einige Tage später an und teilte mit, sie hätten sich dafür entschieden, daß jeder zunächst »vor der eigenen Türe kehrt«. Sie würde gerne eine Einzeltherapie machen und bat mich um die Adresse von Kolleginnen, die einen Behandlungsplatz frei haben. Sie sei zwar skeptisch, ob er irgendeine Form von Psychotherapie in Anspruch nimmt, aber das sei seine Angelegenheit. Weitere paartherapeutische Sitzungen mit Herrn und Frau D. fanden nicht statt.

Kommentar: Die Reaktion des Paares bestätigte meinen Eindruck, daß eine Paartherapie zu diesem Zeitpunkt dazu beigetragen hätte, eine relativ konfliktreiche Situation weiter aufrechtzuerhalten um einen Preis, den vor allem Frau D. nicht mehr zu zahlen bereit war. Seine Entscheidung war klar: die Beziehung zu Frau D. heimlich fortführen oder aufgeben, wenn Frau D. seine Bedingungen nicht mehr akzeptiert, selbst wenn der Verlust ihn sehr schmerzte.

Die Konstellation lädt besonders zur Parteinahme ein, wie mir die Reaktion von Kollegen und Kolleginnen zeigte: Bei den Frauen löste Herr D. spontan Ärger aus, weil er »*den Fünfer und das Weckli*« will. Darüber hinaus wurde meist thematisiert, weshalb Frau D. eine solche Situation solange mitmacht. Weshalb gibt sie sich zufrieden im Dreieck? Darf sie keinen Mann für sich haben oder will sie eventuell gar keinen Mann »für sich«? Die Männer brachten in der Regel mehr Verständnis für die Situation von Herrn D. auf, blieben jedoch meist zurückhaltend in der Diskussion. Man könnte fragen, weshalb Herr D. die Lebens- und Liebesbeziehung auf zwei Frauen aufteilt. Ist seine Furcht vor der Reaktion der Ehefrau berechtigt oder dämonisiert er seine Frau? Wieviel weiß oder ahnt sie tatsächlich?

Herr D. konnte sich trotz Verliebtheit und Leidenschaft nicht ganz für die Beziehung zu Frau D. entscheiden. Seine Situation ist typisch für die von Sternberg (1986) vorgelegte Differenzierung zwischen Entscheidung (»decision«) und Verbindlichkeit (»commitment«) innerhalb einer Liebesbeziehung: Die Entscheidung, die Liebesbeziehung zu leben, in der Intimität und Leidenschaft sehr hoch ausgeprägt sind, ist nicht gleichbedeutend mit der Verbindlichkeit, diese Beziehung auch aufrechtzuerhalten, wenn ihr Bestehen herausgefordert wird. Frau D. hatte die Vision von einer offen gelebten Dreiecksbeziehung, sie stellte sich weiterhin eine intensive Liebesbeziehung mit dosierter Nähe im Alltag vor und wollte damit im Unterschied zu ihrer ersten Ehe auch mehr Freiraum behalten.

In bezug auf das weitere Vorgehen war es mir wichtig, die therapeutischen Möglichkeiten und auch sonstige Perspektiven zu erwägen, die den Betroffenen helfen können, sich aus einem Dilemma zu lösen und eine überlegte Entscheidung zu treffen. Angenommen, das Paar hätte in einer erfüllenden leidenschaftlichen Liebesbeziehung gestanden, in der sie zwar darunter gelitten hätten, füreinander heimliche Außenbeziehung zu sein, in der jedoch die Intensität ihrer Beziehung ungebrochen und die damit einhergehende Ambivalenz erträglich gewesen wäre, dann hätte es – falls das Paar überhaupt zur Therapie gekommen wäre – therapeutisch vor allem die Möglichkeit gegeben, den potentiellen Schaden für alle Beteiligten, also auch für die involvierten Dritten, zu begrenzen und die Ressourcen der Liebesbeziehung anzuerkennen im Sinne eines Entwicklungsanstoßes, einer Flexibilisierung, eventuell als eine Einladung zu mehr Lebensmut. Für Liebende und für Psychotherapeuten sind Liebe und »Verblendung« zumindest kurzfristig oft schwer zu unterscheiden, worauf Grunebaum (1997) hingewiesen hat. Weil die leidenschaftliche Liebe eine beglückende Erfahrung und willentlich nicht kontrollierbar ist, kann sie auch nicht jederzeit beendet werden. Nach Grunebaum (ebd.) verkompliziert und überschattet das Thema Außenbeziehungen die Bedeutung, welche die meisten Menschen der Liebe geben, da Außenbeziehungen meist auch Lügen, Täuschungen und Betrug beinhalten. Die Konflikte über den Wert der Liebe lassen sich daher besser anhand von Fällen illustrieren, in denen keine Außenbeziehungen vorkommen.[25]

An dieser Stelle soll abschließend vor allem auf die Frage von Herrn D. eingegangen werden, ob es sinnvoll sei, in einer eventuellen Paartherapie mit seiner Frau offen über die Beziehung zu Frau D. zu sprechen. Diese Frage berührt auch ein weiteres allgemeines Thema im Umgang

4 Fallbeispiele

mit der Liebe, nämlich den Anspruch auf totale Offenheit und »totale Kommunikation« in einer Paarbeziehung. Aus therapeutischer Sicht ist es nicht erstaunlich, daß Herr D. diese Frage stellte; viel erstaunlicher ist, daß er in einer früheren Einzeltherapie nicht über seine komplizierte Situation, seine Wünsche und Sehnsüchte, aber auch über seine Schuldgefühle in Zusammenhang mit der Außenbeziehung sprechen konnte, obwohl er es angeblich wollte. Er berichtete, daß nach wenigen Sitzungen Einzeltherapie der Fokus von der Paarbeziehung auf den beruflichen Kontext verschoben wurde, ohne daß die Außenbeziehung je thematisiert wurde.

Weil sexuelle Außenbeziehungen in besonderer Weise die Integrität des Paares berühren, haben sie in der Regel eine besondere Sprengkraft, nicht nur für die Paarbeziehung, sondern auch innerhalb der Paartherapie, falls sie zum Thema werden. Zum Beispiel stehen sexuelle Außenbeziehungen als Gründe für eine potentielle Trennung an erster Stelle bei »normalen« Paaren; bei Therapie-Paaren stehen sie auf dem dritten Platz hinter dem Mangel an persönliche Entwicklung in der Beziehung und unüberbrückbarer Verschiedenheit zwischen den Partnern (Riehl-Emde 1998). Diese Relativierung hat vor allem damit zu tun, daß die Therapie-Paare »offen eingestandene« Außenbeziehungen häufiger erlebt haben und sie mehrheitlich nicht als Grund, sondern als Symbol einer längst problematischen Beziehung interpretieren, oftmals mit katalysierender Wirkung. Aus katamnestischen Befragungen nach Paartherapie ist aber auch bekannt, daß für etliche Paare offene und heimliche Außenbeziehungen Anlaß zur Paartherapie waren oder auch während der Therapie eine Rolle spielten, daß die Paare jedoch nicht darüber sprachen, zumindest in der Paartherapie nicht (Welter-Enderlin 1992).

Welches Ausmaß an Offenheit ist sinnvoll in der Paartherapie? Wie ließe sich die Frage von Herrn D. beantworten? Allgemein ist das Ausmaß an Offenheit in der Paartherapie begrenzter als in der Einzeltherapie, weil das, was gesagt wird, zumeist unmittelbare Folgen hat, da der reale Partner anwesend ist. Im Hinblick auf Außenbeziehungen wird oft (und in therapeutischem Optimismus) empfohlen, diese nicht geheimzuhalten, weil die Offenlegung einen Entwicklungsprozeß im Paar anstoßen und im positiven Fall dazu führen kann, das, was außerhalb gelebt und in der ursprünglichen Beziehung vermißt wird, (wieder) zu integrieren. Allerdings ist solche allgemeine Empfehlung nicht unproblematisch: Weil die Situation ein destruktives Potential für alle Betroffenen und deren Beziehungen birgt, können sowohl durch Offenlegung als auch durch Geheimhaltung erhebliche Probleme entstehen. Genauso wie es umgekehrt sowohl Fälle gibt, in denen sich die Offenlegung als nützlich erweist, als auch Fälle, in denen sich gerade wegen der Geheimhaltung positive Entwicklungsanstöße für die ursprüngliche Paarbeziehung ergeben. Deswegen gibt es auch für Herrn D. kein Patentrezept, allerdings lassen sich die potentiellen Chancen und Risiken einer Offenlegung in seinem speziellen Fall thematisieren.

4.2 Liebesverhältnisse in der Paartherapie

In der Regel kommen Paare zur Therapie und Beratung während der Durststrecken ihrer Liebesbeziehung und selten – wenn überhaupt – während der Hoch-Zeiten. Die Liebe ist ein zentrales Lebensthema. Die meisten Männer und Frauen hoffen auf die romantische und leidenschaftliche Liebe. Sie hoffen, eine Person zu finden, die sie lieben und begehren können und von der sie wiedergeliebt werden, und sie hoffen, diese Beziehung auch erhalten zu können. Die klinischen, wissenschaftlichen und praktischen Erfahrungen zeigen, daß die romantische, leidenschaftliche Form der Liebe zwar kein Dauerzustand ist, daß es einem Paar aber im besten Fall gelingt, punktuell oder immer wieder einmal Phasen von Verliebtheit und Leidenschaft miteinander zu erleben.

Unter der Perspektive der Liebe des Paares ging es bei den vier soeben beschriebenen Konstellationen um unterschiedliche Themen:

4 Fallbeispiele

- Zunächst um ein älteres Paar, das durch die vermehrte räumliche Nähe nach der Pensionierung zunehmend unter Druck und in destruktive Streitigkeiten geriet. Im Therapieverlauf wurde eine etwa 10 Jahre zurückliegende Verletzung aufgedeckt: Die Ehefrau hatte sich nach damaliger Außenbeziehung des Mannes innerlich von ihm distanziert und beschlossen, ihm nie wieder ganz zu vertrauen, um sich vor erneuter Verletzung zu schützen. Die zerstörerische Auswirkung dieses inneren Vorbehalts auf die Liebesbeziehung wurde beiden in der Paartherapie deutlich. Die Möglichkeit, anders als schweigend mit dem damaligen Ereignis umzugehen, das ehrliche Bedauern des Ehemanns und das Verzeihen der Ehefrau, wirkten sich sehr positiv für die aktuelle Beziehungsdynamik und die weitere Gestaltung der gemeinsamen Zukunft aus. Hier konnte mit Hilfe der Handlungslogik der Liebe mit Hilfe von Bedauern und Verzeihen, die Liebesbeziehung wieder an Raum gewinnen.

- Im zweiten Beispiel ging es um ein Paar, das seit fast 30 Jahren ein symbiotisch anmutendes Beziehungsmuster lebte, in dem gelegentliche Außenbeziehungen des Mannes und psychotische Dekompensationen der Frau vor allem der Abgrenzung dienten. Beide wollten ihre Verstrickungen lösen und befürchteten gleichzeitig, daß ihnen damit der Boden für die Liebesbeziehung verlorengehen könnte. Eine Wiederannäherung während der Paartherapie des Paares, das mit großem Zwiespalt bereits zu Therapiebeginn räumlich getrennt lebte, verstärkte bei beiden nochmals die spannungsreiche Ambivalenz, löste Freude und Angst bzw. »Hoffen und Bangen« aus. Das Paar ertrug während der Therapie sehr viel Unentschiedenheit, die immer noch leichter zu ertragen war als eine Entscheidung. Doch beide fanden keine Balance von Nähe und Distanz, von persönlicher Autonomie und Verbundenheit, die zuträglich gewesen wäre und ohne den Preis von psychopathologischen Phänomenen hätte gelebt werden können, zumindest nicht bei Aufrechterhaltung der Liebesbeziehung. Die Wiederannäherung leitete schließlich das allmähliche Ende der Paarbeziehung ein. Beide waren nach nochmaliger psychotischer Dekompensation der Ehefrau davon überzeugt, daß es im Sinne aller Betroffenen liegt, die Paarbeziehung zu beenden, die weiterhin zu leben einen zu hohen Preis fordern würde. Gleichfalls waren sie jedoch davon überzeugt, eine Verbindung aufgrund von Liebe und Zuneigung zu haben. Diese Verbundenheit in Liebe ermöglichte es ihnen, weiterhin als Eltern gut zu kooperieren. Von dieser quasi »verdünnten« Beziehungsform konnten beide profitieren.

- Im Mittelpunkt des dritten Beispiels stand ein Paar im asynchronen Prozeß des Sich-Entliebens, bei dem Ambivalenzen, Depression, Trauer und Wut in Zusammenhang mit dem Trennungsprozeß im Vordergrund standen und gleichzeitig die Aufrechterhaltung einer partnerschaftlichen Beziehung im Interesse der Elternfunktion wesentlich war. Dieses Fallbeispiel zeigt besonders deutlich, daß die Liebe, was immer ein Paar darunter versteht, meist für immer verloren bzw. nicht wiederzuerwecken ist, wenn sie einmal verloren ist: »wenn die Liebe gestorben ist, ist sie für immer gestorben«, wie Frau C. es ausdrückte. Außerdem zeigt dieses Beispiel, daß in Konstellationen, in denen eine Person mehr, die andere weniger liebt, diejenige in einer machtvolleren Position ist, die weniger liebt. In der Regel liegt es im Sinne einer konstruktiven Trennung, die Trennung zunächst einmal zu verlangsamen, damit beide Partner innerlich Schritt halten und sich entflechten können. Im Prozeß des Sich-Entliebens kann die Therapie dazu beitragen, die Beziehung mit weniger Bitterkeit, Ärger und Rachegefühlen zu beenden, was für viele Paare und insbesondere für Paare mit Kindern wichtig ist.

Das Thema der verlorenen Liebe ist in der Praxis nicht leicht zu unterscheiden von einer Konstellation, in der die Liebe »schläft«. Selbst wenn die Psychotherapie nach heutigem Stand keine Liebesgefühle (wieder-) erzeugen kann, so kann sie doch den Beteiligten helfen, ihre »schlafende«

Liebe wieder zu wecken, die »Glut unter der Asche« wieder zu entfachen; insbesondere dann, wenn die Hoffnung besteht, daß bestimmte individuelle oder Beziehungsschwierigkeiten veränderbar sind.

- Das vierte Paar erlebte eine leidenschaftliche Liebesbeziehung, die dadurch begrenzt war, daß es sich um eine Außenbeziehung handelte. Beide standen in dem Dilemma, weder zusammenkommen noch sich trennen zu können, und wollten verstehen, was sie zusammenhält und was sie trennt. Man könnte sagen, es handele sich um eine typische Konstellation, in der infolge der äußeren Schranken die individuelle Autonomie gewährleistet ist und daher innerhalb der Beziehung relativ ambivalenzfrei die Seite der Hingabe gelebt werden kann. Die Konstellation ist jedoch viel komplexer. Ein bisher noch unerwähnter Aspekt betrifft die besonders augenfälligen ethischen Implikationen, Werte und Normen. Herr D. und Frau D. waren 10 Jahre lang bereit, viel einzusetzen und auszuhalten für den Erhalt ihrer Liebesbeziehung, die sie immer wieder in emotionale und in moralische Konflikte brachte; sie setzten sich sogar wissentlich immer wieder den Konflikten aus, weil die Liebesbeziehung für beide so wertvoll war, weil sie als Liebespaar zusammen sein und bleiben wollten. Die Liebesbeziehung war für sie allerdings nicht der einzige Wert und stand in Konflikt mit anderen, wie zum Beispiel mit persönlichen Zielen, mit familiären Belangen und mit ethischen Verpflichtungen.

Es gibt auch für Psychotherapeuten keine klaren Kriterien, solche Konflikte zu lösen; übrigens ebensowenig wie Kriterien, an denen man sich orientieren kann, wenn es um die Aufrechterhaltung einer lieblosen Ehe geht, worauf besonders Grunebaum (1997) hingewiesen hat. Nach Grunebaum haben Psychotherapeuten übermäßig konservative Meinungen, die oftmals auf Anpassung an eine sozial erwünschte Norm abzielen. Therapeuten würden daher leicht zu Vertretern von sozialer

Kontrolle und liefen Gefahr, das Ergriffensein von romantischer und leidenschaftlicher Liebe als eine Form des Agierens anzusehen.

Im abschließenden 5. Kapitel folgen weitere Überlegungen zur Konzeptionalisierung der Paartherapie unter der Perspektive der Liebesbeziehung.

5 Diagnostik und Therapie

Im folgenden wird zwischen Paardiagnostik und Paartherapie unterschieden, obwohl eine klare Trennung zwischen Diagnostik und Therapie, wie in der somatischen Medizin üblich, in der Psychotherapie nicht möglich ist. Denn diagnostische Überlegungen stehen nicht nur im Dienste der Therapie, sondern begleiten auch den therapeutischen Prozeß. Im Erstgespräch, das häufig aus zwei Sitzungen besteht, wird geklärt, ob das Paar mit diesem Therapeuten und ob der Therapeut mit diesem Paar arbeiten will und kann. Darüber hinaus wird der Therapieauftrag besprochen, der sich genau wie die diagnostischen Überlegungen im therapeutischen Prozeß fortlaufend entwickeln und verändern kann. In dieser Anfangsphase wird der Grundstein für die therapeutische Beziehung gelegt, und es werden Beziehungsmuster sichtbar gemacht; wenn möglich, wird ein positiver Sinnzusammenhang zwischen der Problematik oder Symptomatik, die das Paar zur Therapie führt, und der aktuellen Lebenskonstellation hergestellt, und es werden Visionen für die Zukunft entworfen. Paardiagnostik besteht in der Praxis meist aus *klinischer Diagnostik* in Form von Gesprächen und Beobachtungen; hingegen werden Fragebogen oder Ratingskalen vorwiegend zu Forschungszwecken eingesetzt.

Es gibt kein diagnostisches Modell, das an der »objektiven Realität« orientiert ist. Diagnostische Informationen unterliegen immer den Einflüssen der Beurteiler und deren Kontexten. Die Therapeutin ist Gesprächspartnerin, die Anteil nimmt und Bedeutungen (mit-)erzeugt. Diagnostische Überlegungen werden in Verbindung mit professionellem Wissen und Können immer auch aus dem eigenen Fühlen, Denken und Verhalten abgeleitet, weshalb alle Urteilsbildungen als *Arbeitshypo-*

thesen zu gelten haben und im Gespräch mit dem Paar zu überprüfen sind.

Die folgenden Ausführungen und insbesondere die Hinweise und Anregungen für Diagnostik und Therapie entstanden aufgrund meiner eigenen therapeutischen und wissenschaftlichen Arbeit, wobei mich insbesondere die Beschäftigung mit dem romantischen Liebesideal und die Gedanken von Grunebaum (1997), Guggenbühl-Craig (1985, 1999), Person (1990) und Retzer (2002) beeinflußt haben. Wegen der genannten Überschneidungen von Diagnostik und Therapie finden sich auch bereits im ersten Teil zur Diagnostik Hinweise für die Therapie.

5.1 Zur Diagnostik der Liebesbeziehung

Wenn die Liebe des Paares ein Thema ist, empfiehlt es sich, anhand der bereits beschriebenen Elemente vorzugehen.

Zur Bedeutung von Liebe und Partnerschaft

Liebe und Partnerschaft wurden im zweiten Kapitel als Idealschemata, als gegensätzliche Positionen mit unterschiedlichen Handlungslogiken eingeführt, die sich in Paarbeziehungen nicht ausschließen, sondern miteinander verbinden. Partnerschaft ist auf Reziprozität und Gegenseitigkeit ausgerichtet. Sie genügt den heutigen Ansprüchen in der Regel nicht und reicht als alleiniges Konzept zumeist weder aus, eine Paarbeziehung in Gang zu bringen, noch verleiht sie genügend Bindungskraft, um die Beziehung aufrechtzuerhalten. Dies ermöglicht die Liebe, die aus der Ökonomie gesellschaftlicher Tauschrelationen ausgeschlossen ist, auf bedingungsloser und freiwilliger Hingabe beruht und der Beziehung einen exklusiven Sinn gibt.

Unabhängig davon, ob das Paar in der Therapie zunächst die Partnerschaft oder die Liebe thematisiert – nach meiner Erfahrung ist es meist die Partnerschaft –, sollte man sich als Therapeut nicht gleich einladen

5 Diagnostik und Therapie

lassen, auf dieser Ebene mitzugehen, sondern zunächst einmal das andere Prinzip ergänzen. Also zum Beispiel im Sinne der Partnerschaft verhandeln, für mehr Ausgleich sorgen, aber gleichzeitig die Bedeutung der Liebesbeziehung betonen. Oder den Klagen über die Liebesbeziehung Raum geben, dabei jedoch die Gestaltung der partnerschaftlichen Ebene nicht vernachlässigen. Wenn Therapeuten die Unterschiede zwischen den beiden Handlungslogiken kennen und benennen (vgl. Kap. 2) können sie oftmals zur Klärung und Entlastung beitragen.

Beide Prinzipien sind auch enthalten im Vorschlag von Grunebaum (1997), die Liebe in einer »festen« Beziehung als eine spezielle Form der Bindung zu betrachten, als eine Kombination aus Zuneigung, Freundschaft, Sexualität, Verpflichtung, gemeinsamer Problembewältigung und einem von beiden Partnern geteilten sozialen Netz. Er schlägt vor, sich zunächst einen Eindruck über diese verschiedenen Bestandteile zu machen – auch über das Ausmaß an Sicherheit und Gefahr in der Beziehung: Suizidalität? Gewalt? –, bevor die Liebe zum Thema wird. Denn es kommt häufig zu Problemen und Anpassungsschwierigkeiten, wenn sich die Balance dieser Bestandteile verändert. Zum Beispiel wird ein Paar mit einer schmalen freundschaftlichen Basis und wenig gemeinsamen Interessen, das sich jedoch verbunden fühlt in der Liebe zu den Kindern, vermutlich in Schwierigkeiten geraten, wenn die Kinder sich ablösen und das Verbindende damit an Bedeutung verliert. Bei einem anderen Paar kann beispielsweise die Loyalität eines Partners schwinden trotz Liebe und Begehren, weil der Mann oder die Frau nicht in der Lage ist, sich den Anforderungen im familiären und beruflichen Alltag zu stellen.

Wenn Paare zu Beginn der Paartherapie über mangelnde emotionale oder sexuelle Intimität klagen und andere Aspekte ihrer gemeinsamen Lebensgestaltung hintanstellen, ist vom Therapeuten gleichfalls »die andere Seite« einzubringen: einerseits der soziale Kontext, der Lebenszyklus und die Gestaltung des Alltags beider Partner, wie zum Beispiel die Aufteilung von Erwerbs- und Haushaltstätigkeit, der Umgang mit Geld, die Aufteilung von Zeit für Beruf, Familie, Paar, für sich selbst. In diesen Merkmalen kommen oftmals Macht- und Abhängigkeitsverhältnisse zum Ausdruck, welche die Liebesbeziehung beeinflussen. Paradoxerweise hat die Klage über mangelnde emotionale oder auch sexuelle Intimität innerhalb der Dyade oftmals damit zu tun, daß die Partner sich zuwenig Eigenleben zugestehen, z.B. über zuwenig individuellen, privaten Raum verfügen und sich daher in gewisser Weise sogar zu nah sind. Andererseits können auch schicksalhafte glückliche und unglückliche Umstände eine Rolle spielen, sowohl für das Paar als auch für diejenigen, die dem Paar nahe stehen. Zum Beispiel sind Unfälle, Krankheit und der vorzeitige Tod eines Kindes oder eines Mitglieds der erweiterten Familie Ereignisse, die auch die beste Beziehung nachteilig beeinflussen können. Ähnliche Bedeutung haben gesellschaftliche Umwälzungen wie wirtschaftliche Depressionen, Kriege und Naturkatastrophen, die nicht der Kontrolle eines Paares unterliegen, jedoch mit großen Belastungen für persönliche Beziehungen einhergehen (vgl. Abb. 4, Kap. 3: strukturelles Rahmenkonzept).

Für manche Paare sind Informationen über »normale« Entwicklungen in Paarbeziehungen wichtig, z.B. darüber, daß die Liebe in »festen« Beziehungen meist eine spezifische Form der Bindung ist, in der Liebe und Sexualität, aber auch Verpflichtung, gemeinsame Bewältigung von Problemen und ein soziales Netz (Kinder, Nachbarn usw.) zu balancieren sind. Sowohl die Aufwertung »nicht-romantischer« Verbindungen als auch das Gespräch über die spezifische Liebe des jeweiligen Paares kann eine Umbewertung und neue Optionen anstoßen. Insbesondere wenn ein Beziehungsentwurf dominiert, der einer Verlängerung der Verliebtheit gleichkommt, besteht die Gefahr, daß Beziehungen entwertet werden, die auf eine andere Art zusammenhalten, in denen die Verliebtheit nicht am Anfang stand oder vielleicht nur eine ersehnte oder projizierte Phantasie war.

Es bietet sich an, im Paargespräch zunächst einmal die Vor- und Nachteile der aktuellen Konstellation abzuwägen und bei Bedarf die Idee von der leidenschaftlichen Liebe als einzig wertvoller Form der Liebe zu relativieren. Der Übergang in eine ruhigere, oftmals stabilere Beziehungsform wird von vielen sogar als positiv und als leichter vereinbar mit den Anforderungen des Alltags erlebt. Gibt es andere Begründungen für den Zusammenhalt außer der Liebe, wie zum Beispiel Freundschaft, Kameradschaft, Partnerschaft, Schicksalsgemeinschaft? Kann die Paarbeziehung ihre Legitimität zum Beispiel aus der Vergangenheit oder aus einer Ursache außerhalb des Paares ziehen? Lassen sich in der Therapie neue Optionen für ein spezifisches Paar entwickeln? Nicht immer ist es möglich, sich in entwicklungsfördernden Beziehungen zu bewegen und gemeinsam einen Weg aus einer Krise zu finden, und nicht immer bieten sich attraktive individuelle Möglichkeiten außerhalb der jeweiligen Beziehung. Und natürlich sind auch mitbetroffene Drittpersonen (z.B. Kinder, Außenbeziehungen, Eltern) und weitere kontextuelle Bedingungen in die Überlegungen einzubeziehen.

Das epigenetische Modell von Wynne (1985) (Abbildung 5, Kap. 3) eignet sich sowohl für die Diagnostik als auch für die Bestimmung von Prioritäten in der Therapie. Eine Therapie, die Intimität – und damit eine mögliche Form der Liebe – fördern will, wird sich zunächst um die Qualität der Vorläufer der Beziehung kümmern müssen, denn Bindung/Fürsorge, Kommunikation, Problemlösen und Gegenseitigkeit sind grundlegend für deren Zustandekommen. Nach Wynne verspricht eine Therapie mehr Aussicht auf Erfolg, »wenn man sich zuerst um eine Verbesserung des gemeinsamen Problemlöseverhaltens bemüht, bevor die Stabilisierung der Gegenseitigkeit und der Intimität ins Auge gefaßt wird. In anderen Fällen muß der Schwerpunkt der Intervention noch weiter zurückverlegt werden, zur Bearbeitung des kommunikativen Verhaltens oder sogar der elementaren Erfahrungen emotionaler Bindung« (Wynne 1985, S. 142). Kommunikation und Problemlösen sind für strukturierte therapeutische Interventionen zunächst viel zugänglicher als Bindung/Fürsorge, Intimität und Gegenseitigkeit. Das gemeinsame Lösen von Problemen und die gemeinsamen sachlichen Bemühungen können dann durchaus den Nährboden für größere Intimität bilden, ebenso wie auch die Intimität in Wechselwirkung mit den anderen Entwicklungsstufen steht und wiederum dem Problemlösen neue Impulse verleihen kann.

»Man erreicht paradoxerweise das Ziel (Intimität) um so weniger, je hartnäckiger man es herbeizwingen will. Gleichzeitig hält solch intensives Bemühen aber auch davon ab, anderen erreichbaren Beziehungsformen die gebührende Beachtung zu schenken« (ebd., S. 137).
»In der Tat leiden viele ›moderne‹ Paare daran, daß sie der Erhaltung ihrer ›Intimität‹ zu hohen Wert beimessen und es darüber versäumen, den Alltagsproblemen und ihrer gemeinsamen Bewältigung die nötige Priorität einzuräumen. So wird dann viel über ›intime‹ bzw. ›tiefe‹ Liebe geredet, aber der Problemlösung oder der Neugestaltung der Bindungs-Fürsorge-Muster wenig Beachtung geschenkt« (ebd., S. 136).

Neu eingegangene Paarbeziehungen nach Scheidung oder Verwitwung sind typische Konstellationen, in denen häufig die Hoffnung auf Wiederherstellung einer früheren oder jetzt erwünschten Beziehungsqualität besteht und oftmals sehr schnell und überstürzt zu erreichen versucht wird. Eine wichtige therapeutische Aufgabe in diesen Konstellationen – aber auch in oder nach Paarkrisen – besteht darin, für die Verlangsamung des Prozesses zu werben, weil ein überzogenes Tempo meist neue Schwierigkeiten schafft. Erst wenn eine vertrauensvolle Bindung und ein neues Kommunikationsmuster entwickelt worden sind, können laut Wynne Problemlösung und Intimität in Angriff genommen werden.
Wynne weist auch darauf hin, daß es in kleinem Ausmaß in fast allen Beziehungen zu Phänomenen von sogenannter Pseudogegenseitigkeit kommt. Unter Pseudogegenseitigkeit bzw. Pseudo-Gemeinschaft, manchmal wird auch von *negativer Gegenseitigkeit*[26] gesprochen, versteht Wynne Verzerrungen von Gegenseitigkeit und Intimität, aus denen die

Illusion einer engen emotionalen Bindung entsteht, obwohl weder gemeinsame Aufgaben noch Kommunikation die Grundlage bilden, eventuell nicht einmal eine ausreichende affektive Bindung vorhanden ist, welche die Beziehung über Divergenzen hinwegtragen könnte. Insbesondere die Menschen, die im Glauben und in der Erwartung verharren, ihr Verhältnis zueinander sei unwandelbar positiv, laufen Gefahr, in pseudogegenseitige Sackgassen zu geraten. Von außen betrachtet fehlt einer solchen Beziehung die Intimität, sie wirkt langweilig, öde und leer, und es fehlt ihr an echtem Gesprächsstoff, an Spaß, Humor und Kreativität (Schneewind 1999, S. 137).

Diese Pseudogegenseitigkeit nicht zu beachten erleichtere den Umgang miteinander. Wynne warnt jedoch vor den therapeutischen Sackgassen, in die man mit Paaren leicht geraten kann, wenn deren Pseudogegenseitigkeit zum alles überspannenden Beziehungsmuster geworden ist. Diese Sackgasse öffnet sich, wenn Paar und Therapeut aufgrund einer miteinander geteilten Illusion der Pseudogegenseitigkeit zu direkt die Ebene der Empathie und Intimität ansteuern und die Strukturierung von Aufgaben und Problemlösung vernachlässigen.

Die Reihenfolge wird auch berücksichtigt im Rahmen der EFT (»Emotionally Focused Marital Therapy« nach Greenberg und Johnson 1988), eine klinisch-psychologische Behandlungsmethode aus den USA, die hierzulande noch weitgehend unbekannt ist. Die EFT hat das Ziel, Gefühle von sicherer Bindung und gemeinsamer Vertrautheit zu stärken. Es handelt sich um eine Methode, die erlebniszentrierte und interaktionelle Elemente integriert und auf der ersten Ebene Bindung/ Fürsorge ansetzt. Der Ausgangspunkt ist, »daß es bestimmte, vom bewußten Erleben ausgeschlossene emotionale Grundverfaßtheiten gibt, die assoziiert sind mit stabilen Interaktionspositionen, und daß das emotionale Band zum Guten hin umstrukturiert werden kann, wenn die Partner mit diesen ihren Basisemotionen wieder in Kontakt kommen« (Heekerens 1995, S. 310).

5.1 Zur Diagnostik der Liebesbeziehung

Exploration der Liebesbeziehung

Bis hierher wurde davor gewarnt, zu früh das Thema der Intimität und Liebe anzusteuern. Wie und wann kann man sich nun aber dem Thema zuwenden?

Liebe läßt sich zwar nicht erklären, sie läßt sich aber erzählen mit Hilfe von Bildern, Symbolen und Signalen, anhand der alltäglichen Kommunikation und mit Hilfe von Geschichten. Gab es eine Vision, was man gemeinsam oder mit Hilfe des anderen realisieren wollte? Sogar in Krisenzeiten kann Paaren unterschwellig etwas von den tiefen Gefühlen füreinander bewußt bleiben, und sie können versuchen, die Liebe, die sie füreinander empfunden haben, wieder zu mobilisieren; dies geschieht zum Beispiel, indem ein Paar an ein Ritual anknüpft, das sie in der Vergangenheit zusammenbrachte oder ihre Beziehung belebte.

Selbst wenn sich die Partner zu Beginn der Paartherapie an keine Liebesgeschichte erinnern können, bedeutet dies keineswegs, daß diese für immer verloren sein muß. Wesentlich ist, ob es eine Vision davon gibt oder eine Zuversicht oder ernstgemeinte Hoffnung, die Liebe könne wieder erwachen. Wenn jeder der Partner über Visionen oder über Entwürfe für zukünftige Möglichkeiten verfügt, kann auch die phantasierte Zukunft gestaltende Kraft für die Gegenwart entfalten. Wenn allerdings »die Liebe gestorben ist«, wie es Frau C. im dritten Fallbeispiel beschrieben hat, so ist meist auch die Hoffnung auf ein Wiedererwachen zerstört. Und wenn es keine Liebesgeschichte gibt – sei es, daß sie verloren ist oder daß es sie nie gab – stellt sich die Frage, ob etwas anderes als die Liebe das Paar verbinden kann.

Die Visionen eines Paares sind allerdings nicht automatisch ein Garant für die weitere gemeinsame Zukunft. Sie können eine Ressource sein; wenn sie jedoch einen sehr hohen Anteil an Projektionen aufweisen, wenn sie kaum zu den Möglichkeiten der einzelnen und des Paares passen und auch nicht modifizierbar sind, dann sind Visionen häufig zum Scheitern verurteilt. Das Ausmaß von projektiven Anteilen läßt sich oftmals über konkrete Utopien feststellen, wenn man z.B. eine

Woche, ein Wochenende oder einen Urlaub in fünf Jahren ausphantasieren läßt.

Obwohl die Liebe ein Lebensthema ist, bestehen große Unterschiede, welchen Stellenwert und welche Bedeutung Menschen der Liebe in ihrem Leben geben. Daher gilt es, Raum zu geben für die spezielle Liebesgeschichte des jeweiligen Paares. Weiterhin gilt es, Paare zur Gestaltung ihrer spezifischen Beziehung, ihrer eigenen Möglichkeiten und Vorstellungen von Liebe zu ermutigen. Hierzu gehört es, sowohl spontan auftretendes positives Verhalten zu verstärken als auch mögliche Verhaltensänderungen gemeinsam zu erarbeiten mit dem Ziel, die Beziehung zu verbessern.

Eine Therapie kann Menschen dabei helfen, auch eine nicht leidenschaftliche Liebe, zum Beispiel eine freundschaftliche Zuneigung, als ausreichend erfüllend zu betrachten. Zuneigungsbeziehungen werden bisweilen sogar angestrebt, wenn das Risiko der Leidenschaft zu groß erscheint. Dies war zum Beispiel der Fall bei einer Patientin, welche die leidenschaftliche Liebe wiederholt mit Männern erlebt hatte, von denen sie betrogen und verlassen worden war. Sie hatte daraufhin im Alter von 40 Jahren einen etwas jüngeren Mann geheiratet, dem sie freundschaftlich verbunden war und der sich ihrer Meinung nach gut als Vater eignete; von ihm bekam sie sehr schnell ihr erstes Kind. Gut 10 Jahre später kam die Frau zur Konsultation, nachdem der Ehemann sich zum ersten Mal in eine andere Frau verliebt und deswegen von ihr getrennt hatte. Die Patientin, die zuvor die Erfahrung der Leidenschaft gemacht hatte, wußte zu würdigen, was sie mit der Zuneigungsbeziehung gewonnen hatte. Der Ehemann hingegen, der sich nie zuvor in seinem Leben verliebt hatte, war mit der Zuneigungsbeziehung das noch größere Risiko eingegangen, sich irgendwann betrogen zu fühlen. Als er sich heftig verliebte, spürte er, was ihm gefehlt hatte. Er trennte sich daraufhin von der Patientin, um in der neuen Beziehung zu leben.

Bevor es darum geht, wie eine Liebesgeschichte konstruiert sein muß, um zu einer Ressource für die Paarbeziehung werden zu können, werden im folgenden zwei Interview-Varianten zur Exploration der Liebes- und Beziehungsgeschichte dargestellt.

Leitfragen zur Exploration der Beziehungsgeschichte

In dem von Gottman und Krokoff entwickelten *Oral History Interview* (OHI, Krokoff 1984; Buehlman und Gottman 1996), ein halbstrukturiertes Paarinterview zur Beziehungsgeschichte und Ehephilosophie, fragt der Interviewer, wie das Paar sich kennengelernt hat, er fragt nach guten und schlechten gemeinsamen Zeiten, nach Beziehungsvorbildern und nach der Ehe der Eltern. Dadurch, daß das OHI die positiven Aspekte der Beziehung fokussiert – Kennenlernen, positive Zeiten, Bewältigung gemeinsamer Probleme –, werden vorhandene Ressourcen aktiviert, und es lassen sich gleich zu Beginn der therapeutischen Beziehung Potentiale bzw. Veränderungsmöglichkeiten aufzeigen. Es geht bei der Auswertung weniger darum, *was* das Paar berichtet, sondern *wie* es die gemeinsame Beziehung darstellt. Das Nonverbale ist also wichtiger als das Verbale zur Einschätzung, ob die »Glut unter der Asche« noch vorhanden ist.

Dieses Interview wurde bisher vor allem in wissenschaftlichen Untersuchungen eingesetzt[27], es gibt jedoch bereits erste Erfahrungen aus der paartherapeutischen Praxis (Gottman 1994). Die Fragen sind anregend für die Exploration der Liebesbeziehung, so daß sie im folgenden auszugsweise dargestellt werden.[28] Tabelle 8 gibt eine Übersicht über die 12 Fragenkomplexe des Interviews, 9 zur Beziehungsgeschichte, 3 zur Ehephilosophie.

Das OHI ist nicht nur von diagnostischer, sondern auch von prognostischer Bedeutung. Denn die so erhobenen Befunde haben sich als bester Prädiktor für einen späteren Therapieerfolg bzw. für eine spätere Scheidung erwiesen und sind aussagekräftiger als die subjektive Beziehungszufriedenheit der Partner. Die negative Bewertung der gemeinsamen Vergangenheit gilt dabei als bedeutsamstes Merkmal unglücklicher Paare: Unglücklichen Paaren fällt es schwer, sich glückliche Zeiten wieder

5 Diagnostik und Therapie

Teil I Geschichte der Beziehung

Frage 1 Fangen wir beim Anfang an... Erzählen Sie mir bitte, wie Sie sich kennenlernten und zusammenkamen ... Erinnern Sie das erste Treffen? Erzählen Sie mir davon... Gab es irgend etwas, was Ihnen besonders an ihr/ihm auffiel? Wie war der erste Eindruck voneinander?

Frage 2 Wenn Sie sich an Treffen zurückerinnern, bevor Sie geheiratet haben, woran erinnern Sie sich? Was war besonders an dieser Zeit? Wie lange kannten Sie sich vor der Heirat? Was fällt Ihnen aus dieser Zeit ein? Was waren die Höhepunkte? Gab es Spannungen? Was haben Sie zusammen unternommen?

Frage 3 Erzählen Sie mir, wie Sie zu der Entscheidung kamen zu heiraten. Was führte Sie zu der Entscheidung, gerade diesen Menschen zu heiraten/mit diesem Menschen zusammen zu ziehen? War es eine leichte oder schwere Entscheidung?

Frage 4 Erinnern Sie die Hochzeit? Erzählen Sie davon. Waren sie auf Hochzeitsreise? Woran erinnern Sie sich bezüglich der Hochzeitsreise?

Frage 5 Was fällt Ihnen aus dem ersten Ehejahr ein? Mußten Sie sich erst an die Ehe anpassen/gewöhnen? (Wenn Kinder vorhanden sind) Wie war das, als Sie beide Eltern wurden? Erzählen Sie mir aus dieser Zeit, wie war diese Situation für Sie beide?

Modul 1 Zur Partnerschaft gehört auch immer Sexualität. Gab es besonders schöne Zeiten der Sexualität oder Probleme für Sie? Wie hat sich dieser Bereich menschlichen Zusammenseins verändert? Wie sind Sie mit Familienplanung und Verhütung umgegangen?

Frage 6 Welche Momente fallen Ihnen als wirklich gute Zeiten in ihrer Ehe ein, wenn Sie auf die Jahre zurückblicken? Wie sahen die glücklichen Zeiten aus, was machte sie aus?

Frage 7 Viele Paare, mit denen wir sprachen, sagten, daß es Höhen und Tiefen in ihrer Beziehung gab. Trifft das auch auf ihre Ehe zu?

Frage 8 Welche Momente fallen Ihnen als wirklich schwierige Zeiten in Ihrer Ehe ein, wenn Sie so zurückblicken? Was glauben Sie, warum blieben Sie zusammen? Wie haben Sie diese schweren Zeiten überstanden?

Modul 2 Vielfach berichten uns Paare von Streiteskalationen. So kann einer handgreiflich werden oder die Wohnung verlassen. Wie würden Sie einen für Sie eskalierten Streit beschreiben?! Wie häufig kommen solche Auseinandersetzungen vor?

Frage 9 Worin unterscheidet sich Ihre heutige Beziehung von der zu Beginn Ihrer Ehe? Was wissen Sie heute, was Sie damals nicht wußten?

Teil II Die Ehephilosophie
Frage 10 Wir interessieren uns dafür, was Sie glauben, das eine Ehe funktionieren läßt. Was glauben Sie, warum manche Ehen funktionieren und andere nicht? Denken Sie an ein Paar aus ihrem Bekanntenkreis, das eine besonders gute Ehe, und eines, das eine besonders schlechte Ehe führt. Wie unterscheiden sich diese beiden Ehen? Wie würden Sie Ihre Ehe im Vergleich zu den beiden anderen Paaren sehen?
Frage 11 Erzählen Sie mir von den Ehen Ihrer Eltern! (Jeden einzeln fragen.) Wie war die Beziehung zu Ihrem Vater, zu ihrer Mutter, als Sie aufwuchsen? Wie war deren Ehe? Gleicht die Ehe Ihrer Eltern Ihrer eigenen oder unterscheidet sie sich stark? Worin?
Frage 12 Was möchten Sie noch über Ihre Ehe oder Ehe im allgemeinen sagen, was wir nicht angesprochen haben? Wie sehen die Zukunftspläne aus? Haben Sie Ratschläge für junge Paare, die mit dem Gedanken spielen zu heiraten?

Tabelle 8: Leitfragen des Paar-Interviews zur Beziehungsgeschichte (aus Saßmann 2001).

vor Augen zu führen; sie interpretieren ihre Vergangenheit um, alles wird in ein schlechtes Licht gerückt; positive Ereignisse werden schwerer, negative leichter erinnert (z.B. Bradbury und Fincham 1990; Riehl-Emde 1998)[29].

Die Auswertung des Interviews erfolgt halbstrukturiert nach einem Manual; sie ist sehr zeitaufwendig und bedarf einer intensiven Schulung. Es ist wie gesagt wichtiger, *wie* das Paar seine Geschichte darstellt, als *was* die beiden im einzelnen sagen. Bei der Durchführung im klinischen Alltag ist daher besonders zu achten auf jeden verbalen oder nonverbalen Ausdruck von Liebe, Anerkennung, Bewunderung oder Zuneigung in Abgrenzung zu distanziertem, neutralem oder negativem Verhalten. Außerdem ist sehr wichtig, ob die Paarbeziehung Auseinandersetzung bedeutet, die sich lohnt, und ob der Wunsch zusammenzubleiben im

Vordergrund steht oder die Partner hoffnungslos, enttäuscht und desillusioniert sind im Hinblick auf ihre Beziehung und eventuell eine Trennung in Betracht ziehen.

Die Beziehungsgeschichten stellen in vielen paartherapeutischen Ansätzen ein zentrales Element dar. Konkret legt zum Beispiel die koevolutive Paartherapie (Willi 2000) bei der Exploration der Beziehungsgeschichte einen Schwerpunkt auf die Partnerwahl: »Was war die Ausgangssituation, als sie sich kennenlernten? Welche Frustrationen in Beziehungen waren unmittelbar vorangegangen, was hatten sie sich als Beziehung ersehnt? Was war der erste Eindruck beim Sichkennenlernen, welche persönlichen Entwicklungen schien das Zusammenleben mit dem Partner in Aussicht zu stellen, welche bisher vermißte Entfaltung schien nun möglich? Welche Aspekte einer Paarbeziehung waren mit Angst beladen und schienen mit diesem Partner nicht zum bedrängenden Thema zu werden?« (Willi 2000, S. 36). Der andere Schwerpunkt liegt auf dem der Krise unmittelbar vorangegangenen Zeitraum: »Welche Umstände hatten die ursprünglich idealisierte Beziehung in ein anderes Licht gestellt? Was hatte sich im Beziehungsumfeld verändert? Welche Seiten des Partners, die ursprünglich idealisiert worden waren, zeigten sich nun von ihrer negativen Seite? Welche anstehenden Entwicklungen werden durch die Destruktivität der Paarbeziehung verhindert? Was könnte anders werden, wenn die Destruktivität wegfallen würde?« (ebd.).

Liebesgeschichten als Ressource

Die Exploration der Liebesgeschichte dient auch dazu, gute Erinnerungen und Gefühle zu reaktivieren. Manchmal kann eine Veränderung bereits damit angestoßen werden, daß Liebesgeschichten erzählt werden oder an längst vergessene Liebesgeschichten erinnert wird. Die Paarbeziehung kann damit quasi wieder an ihren Ursprungsmythos anknüpfen. Denn Vorstellungen über Liebesbeziehungen und Liebesgeschichten gehören zu den Mythen unserer Kultur. Die Liebesgeschichten sind in der Regel erfundene bzw. konstruierte Mythen, die erzählt werden, um

5.1 Zur Diagnostik der Liebesbeziehung

dem Kommunikationscode der Liebe eine kommunizierbare Form zu geben (Simmel 1907).

Wenn sich glückliche und unglückliche Paare in der Qualität ihrer Erinnerungen bei der Rekonstruktion der gemeinsamen Beziehungsgeschichte unterscheiden – bei glücklichen Paaren sind die Erinnerungen günstig, bei unglücklichen Paaren ungünstig –, so ist hier an erster Stelle eine Funktion des Mythos betroffen, die sogenannte temporale Funktion (Assmann 1997; Retzer 2002). Die temporale Funktion zeigt, daß mit dem gegenwärtig erinnerten Mythos Bezug genommen wird auf die Vergangenheit und daß der Mythos gleichzeitig die Gegenwart und die Zukunft in ein bestimmtes Licht stellt. Diese temporale Funktion kann fundierenden oder kontrapräsentischen Charakter haben:

- *fundierend:* Das Gegenwärtige wird in das Licht einer Geschichte gestellt, die immer noch gilt, möglicherweise sogar in die Zukunft hineinwirkt. Der Mythos läßt das Gegenwärtige bedeutsam (sinnvoll, gottgewollt, notwendig, unabänderlich usw.) erscheinen.
- *kontrapräsentisch:* Das Gegenwärtige wird als defizitär beobachtet und erfahren. Der Mythos hebt das Fehlende, Verschwundene, Verlorene, das an den Rand Gedrängte hervor und macht den Unterschied zwischen einst und jetzt beobachtbar. Die erinnerte Geschichte stellt das Gegebene in Frage und ruft zu einer Veränderung auf.

Die vier Paare aus den dargestellten Fallgeschichten konnten von ihren Liebesgeschichten erzählen, selbst wenn die Funktion der Liebe eingeschränkt war. Zum Beispiel vermittelten Herr und Frau A., daß sie zu Recht einander gewählt haben, obwohl einer der Väter dagegen war, weil Frau A. »nicht die Prinzessin« war, die er sich gewünscht hätte. Mit ihrer Geschichte positionierten sie sich klar gegenüber dem Vater, für den es nach Meinung des Paares die Frau gar nicht hätte geben können, die er als Schwiegertochter akzeptiert hätte. Frau A. konnte mehrere Liebesgeschichten erzählen, zunächst allerdings vor allem solche mit kontrapräsentischer Funktion. Es ist sogar typisch, daß die zu Beginn der Therapie erzählten Liebesgeschichten einen kontrapräsentischen Charakter haben und daß es selten nur eine Geschichte gibt, sondern im Laufe der Therapie weitere Geschichten zutage gefördert werden. So entstand über den Traum von Frau A., in dem sie sich und den Ehemann in liebevoller Verbundenheit im Alter sieht, eine greifbare Vision für die Zukunft.

Herr und Frau B. teilten eine Geschichte von schicksalhafter Verbundenheit, aus der man nicht wegkommt, selbst wenn man krank wird oder sich anderweitig verliebt. Die Liebesgeschichte fundierte die Beziehung, obwohl sie sich für beide leidvoll und entwicklungshemmend auswirkte. Dieses Beispiel und auch die Geschichten aus dem dritten und vierten Fallbeispiel zeigen, daß die bloße Existenz einer Liebesgeschichte keinesfalls ausreicht, um zur Ressource zu werden, denn es kann sich auch um eine Behinderungsgeschichte handeln. Damit die Geschichte zur Ressource wird, ist entscheidend, daß sie im Sinne einer Entwicklungs- oder Bewältigungsgeschichte konstruiert ist. Um zu einer Ressource für die Probleme einer Paarbeziehung zu werden oder um als glücklich zu gelten, muß eine Liebesgeschichte das Moment einer gelungenen Krisenbewältigung beinhalten. Dieses Moment fehlte im dritten und vierten Fallbeispiel. Hierzu ein kurzer Ausflug in die Literaturwissenschaft:

Die Liebe in der Literatur repräsentiert existentielle Krisen, von denen nach der literaturwissenschaftlichen Analyse von Peter von Matt (1999) im Ablauf einer Liebesgeschichte drei inszeniert werden können: die Krise der Selbstwerdung (Initiation, Erwachsenwerden), die Krise im Konflikt mit sozialer Macht (Familie, Staat) und die Krise von metaphysischer Dimension (Weltvertrauen, Sinn, Zuversicht). In der Literatur werden diese Krisen gelöst oder die Protagonisten scheitern. Das heißt: wenn es um Selbstwerdung geht, kommt es entweder zur Verwandlung, oder die Person bleibt im Prozeß der Initiation stecken; wenn es analog um die Verwandlung des Paares geht, kommt es entweder zum Beziehungswandel, oder mindestens einer von beiden blockiert »die gemeinsame Verwandlung in eine neue Zelle intimer Gemeinschaft und Arbeit« (ebd., S. 377). Wenn es um Konflikte mit sozialer Macht geht, kommt es entweder zur Versöhnung mit den Vertretern sozialer Macht, z. B. mit der Familie, oder die Rigidität der sozialen Institution setzt sich gegen das Zusammenfinden bzw. Zusammenbleiben des Paares durch, und die Versöhnung scheitert. Und bei den Krisen von metaphysischer Dimension geht es um eine gewisse Erlösung von den Konflikten um Weltvertrauen, Sinn und Zuversicht; oder die Erlösung scheitert und die Menschen bleiben in metaphysischen Konflikten stecken. Werden die Krisen gelöst und führen damit zu Verwandlung, Versöhnung oder Erlösung, beinhalten sie die Möglichkeit, mit den realen Paradoxien der Liebe freier umzugehen.

Diese literaturwissenschaftliche Analyse bietet eine Art »Programm« und damit einen konzeptionellen Rahmen für den therapeutischen Umgang mit der Liebe des Paares. Die Liebeskrisen können gelöst werden, dies entspricht der entwicklungsorientierten Perspektive vom gemeinsamen Wachstum bzw. von der Liebe als Individuationsweg. An den Liebeskrisen kann ein Paar jedoch auch scheitern bzw. in den darin enthaltenen Konflikten steckenbleiben. Bei Herrn und Frau C. kam es im Laufe der Therapie zu einer Verwandlung von Mann und Frau, die zur Auflösung ihrer Ehebeziehung führte; die Liebe der Frau war bereits bei Therapiebeginn gestorben, die des Mannes zumindest eingeschränkt. Ob das Dilemma des Paares D. gelöst werden kann, blieb in der Erstgesprächsphase offen, allenfalls ein Eintritt in Wandel konnte ermöglicht werden. Es hatte den Anschein, als ob diese Liebesbeziehung am Konflikt mit sozialer Macht, mit Regeln und Loyalitäten zu zerbrechen droht.

In der Therapie bestehen mehrere Chancen: zum einen in den vorhandenen Geschichten die Ressourcen herauszuarbeiten oder neue Geschichten zu erfinden; zum zweiten unterscheiden zu lernen, ob die jeweilige Beziehung das Potential zur gelingenden Krisenbewältigung birgt oder nicht; zum dritten, wenn die Krisenbewältigung nicht gelingt,

5 Diagnostik und Therapie

sich – zumindest zunächst – für ein Steckenbleiben bzw. Aushalten zu entscheiden oder sich aus der Liebesbeziehung zu lösen. Bei letzterem kann es sich um die Trennung vom Partner oder auch um die Trennung von der Idee der Liebesbeziehung handeln.

»Wie eng ein gemeinsamer Lebensentwurf und Liebe miteinander verwoben sind, zeigt sich darin, daß entliebte Ehepaare geschichtslos sind und dies in dem Sinne, daß gemeinsam begangene außerordentliche Ereignisse ausbleiben und daher auch weder antizipiert noch erinnert werden können, sich vielmehr zwei Privatsichten der Ehegeschichte verselbständigen, in denen jeder noch einen Halt für sich in der Ehe und im Leben überhaupt zu finden sucht. Die Geschichtswürdigkeit der Liebe ergibt sich dadurch, daß Liebe auf Außerordentlichem aufruht. ... Diese Geschichte privilegiert Diskontinuität, und sie motiviert durch Diskontinuität am Anfang die Kontinuität im Fortgang« (Leupold 1983, S. 308).

Exploration der sexuellen Beziehung
Die Sexualität des Paares und die Bedeutung, die das Paar der Sexualität gibt, ist ein weiteres wichtiges Kriterium für den Zustand der Beziehung, da Sexualität für viele Menschen als ein Gütesiegel der Paarbeziehung gilt. Das Absterben der sexuellen Lust, die erotische Langeweile in der »festen« Beziehung oder die Sexualität, die nur in Außenbeziehungen intensiv erlebt werden kann, sind häufige Themen von Paaren.

Unbefriedigende Situationen in der gemeinsamen Sexualität kommen in der Therapie oft gar nicht oder lange Zeit nicht zur Sprache, es sei denn, der Therapeut fragt aktiv und direkt nach dem Sexualleben des Paares und riskiert es, »mit der Tür ins Haus zu fallen«. Unbefangen gestellte Fragen nach sexueller Lust und emotionaler Intimität können dazu beitragen, auch bisher tabuisierte Themen in Sprache zu fassen. Ist der Zeitpunkt überhaupt günstig, um über die gemeinsame Sexualität zu sprechen? Wie häufig und auf welche Art werden Zärtlichkeit und

Sexualität ausgedrückt? Gibt es sexuelles Begehren in der Beziehung? Wie oft? Wie wird es gezeigt? Wie wird es bemerkt? Wie wird mit unterschiedlichen sexuellen Wünschen bzw. Abneigungen in der Beziehung umgegangen? Wenn zwischen den Partnern romantische, erotische oder leidenschaftliche Gefühle bestehen, sind diese als besonders kostbar und wertvoll anzuerkennen.

Die Vorstellung, die Sexualität sei wie ein Seismograph für die Partnerschaft, zeugt vom romantischen Beziehungsideal, das die Sexualität untrennbar an die Liebe gebunden hat und die Einheit von Lust und Gefühl, von sexueller Leidenschaft und affektiver Zuneigung postulierte. Die eigene Untersuchung zeigte zwar, daß viele Paare eine gewisse Reduktion sexueller Lust im Verlaufe ihrer Beziehung akzeptieren und die Sexualität nicht zum alleinigen Gütesiegel der Beziehung machen, dennoch wird von der Qualität der gemeinsamen Sexualität oftmals auf die Qualität der Beziehung geschlossen. Viele Menschen attestieren sich nicht nur sexuelle Schwierigkeiten (z.B. »sexuelle Lustlosigkeit«), sondern auch dahinterstehende Liebesprobleme bzw. folgern, mit der Beziehung sei etwas nicht in Ordnung, wenn die gemeinsame Sexualität in irgendeiner Weise nicht der Erwartung entspricht. Das Nachlassen intensiver Gefühle füreinander kann die Beziehung verunsichern und entwerten, kann als beängstigend bzw. als katastrophal erlebt werden. Im Rahmen des modernen Beziehungsideals wird folglich das Nachlassen intensiver Gefühle füreinander, ein fester Bestandteil einer dauerhaften Beziehung, wie im Verlauf dargestellt, wenig erträglich. Was zusammenhalten soll, wird auf diese Art zum potentiell Trennenden, zumal die »instrumentellen« Funktionen der Ehe – z.B. der gemeinsam erreichte Lebensstandard, die soziale Anerkennung, die Rollenteilung und die Kinder – an Bedeutung verloren haben und auch ohne eine Partnerschaft heutzutage leichter zu erreichen sind als früher (Schmidt 1998).

5 Diagnostik und Therapie

Sexuelle Lust und Leidenschaft in »festen« Beziehungen

Wie bereits dargestellt, begann sich erst mit dem ausgehenden 18. Jahrhundert die Liebe als wesentliches Motiv zur Eheschließung durchzusetzen. Bis dahin waren die Liebe (im Sinne einer leidenschaftlichen Liebesbeziehung) und die Ehe (in der die Leidenschaft keinen Platz hatte) strikt voneinander getrennt. Mit dem Ideal der Liebesheirat verband sich die Hoffnung und Erwartung, daß Liebe und Leidenschaft in der Ehe fortbestehen.

Die enge Verbindung von leidenschaftlicher Sexualität und Liebe läßt mindestens zweierlei außer acht. Zum einen läßt sich Sexualität nicht nur als eine Funktion der Beziehung verstehen, zum anderen folgt die Leidenschaft eigenen Gesetzmäßigkeiten, und häufig bleibt die Realität hinter dem Ideal des Fortbestehens der sexuellen Leidenschaft zurück.

Zum einen: Ein Teil des sexuellen Lebens hat wenig mit der Paarbeziehung zu tun: Masturbation; Sexualität mit früheren oder potentiell anderen Partnern; sexuelle Träume und Phantasien, die meist auf unbekannte, vage Partner bezogen sind oder auf solche, mit denen keine Beziehung gewünscht ist. Sexualität ist also nicht gleichbedeutend mit partnerschaftlicher Sexualität. Selbst wenn Liebe und Sexualität im subjektiven Erleben oft miteinander verquickt sind, läßt die enge Verbindung außer acht, daß Liebe und Sexualität nicht zwangsläufig miteinander verbunden sind, weshalb es auch Liebesbeziehungen gibt, in denen die Sexualität keine oder nur eine untergeordnete Rolle spielt. Es gibt sexuelles Verlangen ohne den Wunsch nach Liebe und umgekehrt auch Liebe ohne sexuelles Verlangen.[30]

Praktisch sind Arrangements, in denen Zuneigung und Sexualität getrennt werden, zu allen Zeiten so häufig gesucht worden, schreibt Person (1990, S. 442), daß »wir ... es kaum jemandem zum Vorwurf machen können, wenn er in seinem Leben nicht auf Zuneigung verzichten will, nur weil er sie nicht mit Sexualität in einer Beziehung aneinanderfügen kann. Verglichen mit der sehr viel gängigeren und gesellschaftlich weitgehend akzeptierten Abspaltung in umgekehrter Richtung – der Beibehaltung einer versachlichten Sexualität innerhalb einer emotional abgestorbenen Beziehung – erscheint die Liebe ohne Sexualität allemal als das vorzuziehende Arrangement ...«.

Guggenbühl-Craig (1992) schätzt, daß ein Fünftel der Menschen nur ein sehr geringes Interesse an der Sexualität hat, daß sie ihnen wenig sagt, vor allem nicht lebenswichtig ist. Er vergleicht die Asexualität mit Amusikalität und plädiert dafür, diese im Sinne einer mehr oder weniger vorhandenen Begabung anzuerkennen. Die moderne Psychologie, die Asexualität nur als neurotische Erscheinung bzw. Verdrängung gelten läßt, mache es den weniger Begabten schwer. Die Anerkennung der Unabhängigkeit der Sexualität könne sehr viel Neurotisierung verhindern. »Die verschiedenen Erscheinungen könnten respektiert werden ohne fanatische Ansprüche des Verstehens und Beherrschens« (ebd., S. 145). »Manche Menschen haben einen starken, unabhängigen Trieb, andere können ihre seelischen Beziehungen durch Sexualität gestalten. Bei anderen wiederum richtet sie Schaden in der Beziehung an« (S. 143).

Zum anderen: Empirische Untersuchungen zeigen, daß die Reduktion der leidenschaftlichen Liebe bzw. der Sexualität in langfristigen Beziehungen ein »normaler« (entsprechend der statistischen Häufigkeit), der dauerhaften Beziehung immanenter Prozeß ist (z.B. Schmidt 1998; Riehl-Emde 1998). Daher gehen auch die meisten Autoren von der Vergänglichkeit intensiver leidenschaftlicher Gefühle aus, die allenfalls ein Auftakt für die Liebe sind und – im positiven Fall – in eine Art zärtlicher Zuneigung übergehen. Andere Autoren vertreten, bestenfalls lasse sich ein Kern an Leidenschaftlichkeit auch über die Phase der Verliebtheit hinaus bewahren bzw. es könne Paaren gelingen, zumindest punktuell Phasen von Verliebtheit und Leidenschaft miteinander zu erleben (Grunebaum 1997; Jellouschek 1992; Person 1990). Damit sind also Paare gemeint, die wissen, einander zu lieben und die von Zeit zu Zeit romantische, leidenschaftliche und erotische Gefühle mobilisieren können. Bevor diese Vision wiederaufgenommen wird, sei zunächst einmal festgehalten, daß die Reduktion von leidenschaftlicher Liebe und Sexualität in langfristigen Beziehungen das häufigste Phänomen darstellt, so daß Schmidt (1998) es sogar als festen Bestandteil einer dauerhaften Beziehung bezeichnet hat.

Wie Paare mit den nachlassenden oder sich verändernden Liebesgefühlen umgehen, hängt entscheidend von der sozialen Umgebung und auch davon ab, welche individuelle und partnerschaftliche Bedeutung diese Veränderungen bekommen. Sie können problematisch sein für die Paare, die kontinuierlich andauernde oder sogar wachsende Liebesgefühle, also eine unveränderte Beziehungsintensität, als eine Art Gütesiegel ihrer Beziehung ansehen. Sie können unproblematisch sein für Paare, deren Situation von einer Art »Lebenskampf« und einer gemeinsamen Aufgabe geprägt ist, weil ein geringeres Bedürfnis nach Romantik und eine reduzierte Sexualität oft mit erheblichem Zeitgewinn für die gemeinsame Aufgabe einhergehen (Schmidt 1998).

Welche psychodynamischen Erklärungen gibt es für dieses so häufige Phänomen der Reduktion von leidenschaftlicher Liebe und Sexualität in langfristigen Beziehungen? Die derzeit aktuelle Erklärung lautet, daß Bindungs- und sexuelle Motivation Antagonisten sind (Bräutigam 1991; Clement 2001), also Gegensätze bilden. Das sexuelle Begehren gilt als kurzlebig, oftmals ambivalent und teilweise paradox: Es zielt auf sexuelle Befriedigung, läßt jedoch nach, sobald Gewißheit über die Befriedigung besteht; zuviel Gewißheit behindert sogar das Begehren. Eine »feste« Bindung im Sinne einer dauerhaften, verbindlichen, berechenbaren Interaktion schafft nun jedoch Vertrauen und eine emotionale Heimat. Die Paarbeziehung ist für viele Menschen eine Art emotionales Nest, in dem sie zur Ruhe kommen, sich geborgen und sicher fühlen wollen. Die Bezeichnung des Partners als »Individuum mit Heimcharakter« beschreibt sehr treffend die Vorstellung von einem idealen Bindungsobjekt (Meyer-Holzapfel 1940). Der daraus entstehende Konflikt zwischen Bindungs- und sexuellen Bedürfnissen wird in »festen« Beziehungen oftmals zugunsten der Bindung gelöst. Ein gewisses sexuelles Desinteresse könnte also sogar der Preis für die sichere Bindung sein.

Eine weitere psychodynamische Erklärung für die Abnahme der Leidenschaft in festen Beziehungen knüpft an die psychoanalytische Vorstellung an, die Objektfindung sei eine Wiederfindung[31] bzw. die Wahl der geliebten Person erfolge nach dem Bild der frühesten Liebesobjekte. Das bedeutet: Die intensive Erregung in der Verliebtheit setzt geradezu voraus, daß – psychoanalytisch gesprochen – bestimmte ödipale Erinnerungen aktiviert werden. Genau hierin liegt jedoch die Konfliktquelle bzw. die Fragilität der Leidenschaft, denn diese Aktivierung muß weit genug unterhalb der Bewußtseinsschwelle bleiben, damit nicht gleichzeitig auch Schuldgefühle über die ehemals inzestuöse Bindung aktiviert werden; aus den Schuldgefühlen resultieren in der Regel lähmende Hemmungen. Oftmals wird dieser Verwandlung, dem Aufkommen ödipaler Erinnerungen, Vorschub geleistet, wenn Paare Eltern werden. Die Erinnerungen können jedoch auch durch altersbedingte äußerliche Veränderungen der Partner oder dadurch gefördert werden, daß einer dem anderen gegenüber sehr viel Mütterlichkeit und Fürsorglichkeit entfaltet, die überstarke Assoziationen zum Eltern-Kind-Verhältnis wecken. »Im glücklichen Fall«, so Person (1990, S. 150), »ruft Liebe die Vergangenheit wach, während sie uns gleichzeitig über sie hinausführt und gegen zuviel Muttermilchgeruch abschirmt«. Wie das gelingt und wie die inzestuöse Bindung überwunden werden kann, ist bisher allerdings nicht restlos geklärt.

Insbesondere wenn alternde Paare über eine auffällige Reduktion von Zärtlichkeit und Sexualität klagen, sind ganz allgemein die veränderten Reaktionsmuster beider Geschlechter zu bedenken; im speziellen kommt der Gesundheitszustand beider Partner dazu, ihre sexuelle bzw. erotische Beziehungsgeschichte sowie die Qualität der Paarbeziehung. Für eine auffällige Reduktion der Sexualität sind aus paardynamischer Sicht vor allem die folgenden Gründe zu bedenken (Jellouschek 1995):

5 Diagnostik und Therapie

- die emotionale Zerrüttung der Beziehung, obwohl beide Partner sexuell interessiert sind;
- zu viele Verletzungen und Kränkungen, so daß die körperliche Nähe nicht mehr zugelassen werden kann;
- Probleme, sexuelle Wünsche auszudrücken, bzw. eine schweigende Erwartungshaltung;
- die etwaige Erkrankung eines Partners;
- die Angst des Mannes vor seiner nachlassenden Potenz, die sich mit der Angst der Frau vor ihrer nachlassenden Attraktivität zu einem Vermeidungsmuster verbinden kann.

Selbst wenn viele Paare den »normalen« Verlauf der Reduktion sexueller Lust akzeptieren und die Sexualität eher als Ausdruck der emotionalen Bindung statt der Leidenschaft bewerten – Willi (2002) unterscheidet in diesem Zusammenhang die »Sexualität der Zugehörigkeit« von der »Sexualität der Lust« –, bleibt die Sexualität eng an die Beziehung gekoppelt. Es wird eher toleriert, daß sie gar nicht mehr vorkommt, als daß sie in anderen Beziehungskontexten gelebt wird, weil die exklusive Funktion der Liebe verlorenginge. Wird sie in anderen Beziehungskontexten gelebt, so wird manchmal schlagartig klar, daß die sexuelle Beziehung doch wichtiger ist, als man sich bis dahin eingestand. Wie im folgenden Exkurs zur Sexualtherapie dargestellt, einigen sich Paare in der Sexualität implizit oft auf einen gemeinsamen Nenner, d.h. sie gehen Kompromisse ein, vergessen förmlich ihre eigenen Wünsche und Phantasien, gerade weil sie die verborgene Sprengkraft des Sexuellen ahnen und weil die Sexualität nicht nur als beziehungsstiftend, sondern auch als bedrohlich für die Integrität des Paares erlebt werden kann. Sexualität ist oftmals verbunden mit Schuld, Scham, Angst, Dominanz, Anpassung, Aggressivität und Bemächtigung, aber auch mit dem mehr oder weniger komplizierten Verhältnis zum Körper. Ganz davon abgesehen, daß die Sexualität auch ganz unterschiedliche Bedeutung haben kann und daß es Menschen gibt, für die Sexualität tatsächlich nebensächlich bis unwichtig ist, könnte sich in vielen Lebensläufen die Akzeptanz des angeblich »normalen« Verlaufs doch als Scheinlösung im Interesse der Sicherheit der Paarbeziehung erweisen. Sexualität kann nicht immer aufregend sein, ganz davon abgesehen, daß sie für viele Zwecke instrumentalisiert wird und daß sich individuelle und auch Beziehungsprobleme in ihr ausdrücken können. Sexuelle Leidenschaft zumindest punktuell bzw. hin und wieder mit dem eigenen Partner erleben zu können, stellt jedoch für Paare, für die Sexualität bedeutsam ist, eine wichtige Ressource für die Liebesbeziehung dar.

Hans Jellouschek (1992) betrachtet die bereits erwähnte »Kunst, als Paar zu leben«, als einen Weg, auf dem »eine lebendige, erotische Liebe und eine verläßliche Dauerhaftigkeit keine Widersprüche sind« (ebd., S. 15). Und Rosmarie Welter-Enderlin sagt dazu (1996, S. 168): »Je differenzierter das jeweilige Selbst ist, je sicherer jedes der beiden seine Autonomie beansprucht, desto leidenschaftlicher ihr Zupacken- und Loslassen-Können, desto lebendiger ihre Sexualität« (Welter-Enderlin 1996, S. 168). Anders und möglicherweise im Sinne einer realen Utopie formuliert: Wer es riskiert, sich eine gewisse Offenheit zu bewahren, beweglich und neugierig zu bleiben und den Blick auf Unerwartetes und Ungewöhnliches in der Beziehung zu behalten, hat auch die größere Chance, dem »normalen« Verlauf ein Schnippchen zu schlagen.

Exkurs: Sexualtherapie
In der Sexualtherapie wird seit Jahrzehnten überwiegend nach dem Ansatz von Masters und Johnson (1970) gearbeitet (Modifikationen: Singer Kaplan, 1981; Arentewicz und Schmidt 1986), der davon ausgeht, daß sexuelle Erregung Entspannung voraussetzt.[32] Die standardisierten Übungen (»sensate focus«) schaffen dank ihrer berechenbaren Struktur einen angstreduzierenden Kontext, weshalb sie vor allem indiziert und nützlich sind beim Vorliegen entspannungsverhindernder Leistungs-, Gewissens- und Versagensängste. Die heute vermehrt diagnostizierte Lustlosigkeit speist sich hingegen nicht aus dieser Art von

5 Diagnostik und Therapie

Ängsten, weshalb es sich speziell bei Lustlosigkeit als nachteilig erweist, daß mit der vollkommenen Entspannung »andere emotionale Amplituden der Erotik gleich mitgekappt« werden (Clement 2001). Zwei Perspektiven, die ohne Angst gar nicht denkbar sind und die zentrale Momente sexueller Erregung ausmachen können, werden nach Clement im Ansatz von Masters und Johnson marginalisiert: erstens, »daß Sexualität ein prototypischer Weg persönlicher Entwicklungen sein kann, die alles andere als ›Spaß‹ machen, sondern ausgesprochen ängstigend sein können, ja ohne Angst gar nicht denkbar sind«; und zweitens, »daß Sex nicht nur gut, sondern eben auch ›schlimm‹ und ›böse‹ sein kann« (Clement ebd., S. 97). Diese Gedanken sind nicht ganz neu, aber in letzter Zeit von Clement besonders pointiert formuliert worden.

Inspiriert von David Schnarch (1991, 1997) vertritt Clement (2001) ein Konzept von Sexualtherapie, welches das sexuelle Begehren in den Mittelpunkt des Störungsverständnisses und der therapeutischen Interventionen stellt. Sexualität wird nicht als »Ausdruck« der Beziehung oder als Teil der Partnerschaft verstanden, sondern die partnerschaftliche Sexualität gilt als Teil des sexuellen Spektrums einer Person. Zu diesem Spektrum gehören außerdem die sexuelle Biographie vor der jeweiligen Paarbeziehung, sexuelle Erfahrungen mit anderen Partnern, Selbstbefriedigung, Phantasien über Sexualität mit anderen Partnern, in anderen Kontexten oder Inszenierungen u. a. Zwei Partner verfügen also über ein breiteres Spektrum sexueller Möglichkeiten, als in der Beziehung gelebt wird. In den subtil verlaufenden erotischen Abstimmungsprozessen eines Paares kommt es in der Regel zu dem, was Clement die »freundlich-kooperative Reduzierung der sexuellen Wünsche auf den kleinsten gemeinsamen erotischen Nenner« bezeichnet. Und genau diese Kooperation sei »der zentrale Mechanismus zur Erzeugung routinierter Alltagssexualität mit geringen Amplituden« (ebd., S. 104), der Differenzen im Begehren zweier Partner tabuisiert. Es sind also die Kompromisse im Sexuellen, die nach diesem Modell zur Reduktion der gemeinsamen Sexualität führen.

5.1 Zur Diagnostik der Liebesbeziehung

Wer sich nicht mit der Reduktion abfinden kann und bereit ist, ein Risiko einzugehen – das Risiko, den kleinsten gemeinsamen Nenner zu verlassen und zumindest vorübergehend die Kooperation aufzugeben –, für den ist eine Sexualtherapie im Sinne von Clement und Schnarch zu erwägen: Im Fokus des neuen sexualtherapeutischen Vorgehens steht zum einen das Spannungsfeld von ungelebter Phantasie und gelebtem Verhalten, zum anderen die Unterbrechung sexueller Interaktionsmuster. Durch die Unterscheidung von Sexualität und partnerschaftlicher Sexualität wird versucht, neue Optionen für das gemeinsame Sexualleben zu entwickeln.

Inhaltlich und emotional stehen die Paare vor der angstmachenden Herausforderung, die Gemeinsamkeiten und Unterschiede ihrer beiden sexuellen Spektren neu auszubalancieren. Es geht um die Nutzung eines Entwicklungspotentials, das in der sexuellen Differenz liegt, also genau in dem Segment des erotischen Potentials, das bisher nicht miteinander geteilt bzw. gelebt wurde. Lebendige Sexualität und Leidenschaft haben also mit individueller Differenzierung zu tun, mit »selbstvalidierten« Aussagen, man muß »Ich« sagen und sich damit in Gegensatz zum »Du« des Partners positionieren können. Die Paradoxie der gemeinsamen erotischen Entwicklung – gleichsam eine Schwellensituation – besteht darin, daß die bisherige Gemeinsamkeit erst einmal aufgekündigt werden muß, damit sie auf einer anderen Ebene neu entwickelt werden kann.[33]

Hier wird innerhalb der Sexualtherapie ein Weg beschritten, der an einen Individuationsweg erinnert und der im Grunde auch für die Liebesbeziehung gilt, wenn diese lebendig und offen für Wandel sein soll. Denn auch hierfür gilt die auch von Clement dargestellte Paradoxie, daß die bisherige Gemeinsamkeit teilweise aufgekündigt werden muß, damit sie auf einer anderen Ebene neu entwickelt werden kann. Ein solcher Entwicklungsschritt geht aber mit Risiken einher, ist faszinierend und ängstigend zugleich, und oftmals überwiegt die Angst davor, die sichere Basis zu verlassen. Deswegen wird ein solcher Schritt in der Regel auch nicht freiwillig gemacht, sondern meist ausgelöst durch äußere Ereignisse, denen man nicht mehr ausweichen kann. Im epigenetischen Modell von Wynne (1985) entspricht dieser Schritt der Ebene der Gegenseitigkeit, auf der die Beteiligten eine »Metaposition« innerhalb ihrer Beziehung einnehmen, aus dieser Metaposition heraus Beziehungsmuster überprüfen und überarbeiten und so mit Hilfe einer Art »periodischer Inventur« Flexibilität und Wandel ermöglichen. Die Gegenseitigkeit beginnt mit dem Erkennen von Schwierigkeiten oder Problemen, die nicht im bisherigen Muster lösbar sind.

5.2 Zur Therapie der Liebesbeziehung

Ein gewisses Maß an Vertrauen und Sicherheit in der Beziehung, sowohl in der Paarbeziehung als auch in der therapeutischen Beziehung, ist die Voraussetzung für ein konstruktives Gespräch. Im positiven Fall kann trotz einer unsicheren bzw. krisenhaften Paarbeziehung innerhalb der therapeutischen Beziehung die emotionale Sicherheit gewonnen werden, die eine Basis darstellt, um neue Wege zu riskieren. Die Aufgabe der Therapeutin besteht darin, Halt zu geben und einen Raum zur Verfügung zu stellen, in dem das Paar überlegte Entscheidungen treffen bzw. aus einer Sackgasse herausfinden kann. Die Therapeutin sollte beide Partner bei ihren individuellen Anliegen unterstützen und beiden Zeit einräumen für die individuelle Differenzierung und für die damit verbundene Chance des Eintritts von Wandel in der Beziehung. Das Paar kann ermuntert werden, die normalen und notwendigen Ambivalenzen in Liebesbeziehungen anzuerkennen und Möglichkeiten zu finden, diese auszuhalten.

Liebe, Intimität und Nähe sind für strukturierte therapeutische Interventionen viel weniger zugänglich als Kommunikation und Problemlösen. Ebenfalls wurde bereits darauf hingewiesen, daß das gemeinsame Lösen von Problemen, gemeinsame sachliche Bemühungen und Alltagsgestaltung jedoch den Nährboden für größere Nähe und Intimität bilden und dieser neue Impulse verleihen können. Der intime Dialog gehört allerdings nicht in die Paartherapie, denn ein Dritter sollte die Liebesbeziehung des Paares nicht stören. Wenn ein solcher Dialog ansteht, ist es die Aufgabe des Therapeuten, sich überflüssig zu machen, um die Exklusivität der Liebesbeziehung zu schützen.

Bereits in den vorangegangenen Abschnitten über Liebesgeschichten und Sexualität traten die diagnostischen Aspekte zunehmend hinter den therapeutischen Anliegen zurück. Im folgenden werden weitere für die Therapie der Liebesbeziehung relevante Themen erörtert. Schwerpunktmäßig geht es um Angst und Machtkämpfe in Liebesbeziehungen, um das Thema der »Verrechnungsnotstände«, um Diskretion und Geheimnis und um die Entlastung der Paarbeziehung durch etwas Drittes. Abschließend wird die Ambivalenz als Grundprinzip seelischen Lebens bzw. als entwicklungsförderndes Potential in Liebesbeziehungen in den Mittelpunkt gestellt.

Paarbeziehung und Macht
Macht ist unvermeidbar in Beziehungen, weil Menschen sich immer gegenseitig beeinflussen, auf andere Einfluß nehmen und anderen Einfluß zugestehen. Auch Liebesbeziehungen sind nie losgelöst von Machtverhältnissen, weil das Verlangen nach Inbesitznahme der anderen Person und der Impuls zur Hingabe zwei Grundelemente der Liebe bilden (Person 1990). Gleichzeitig ist die Sicherung der Liebe durch Machtausübung nie absolut möglich, da Kontrolle zwar über das Verhalten (den Körper), aber nicht über die Seele (Metaphysisches) ausgeübt werden kann. Und selbst wenn Machtausübung einen Besitz sichern kann, ist sie fatal für die Liebe: Zum einen wertet der Liebende durch Hervorkehrung seiner Überlegenheit die geliebte Person ab und beraubt sich damit selbst der Möglichkeit, die geliebte Person bewundern und idealisieren zu können. Zum anderen kann das, was mit Macht eingefordert wird, nicht mehr als freiwilliges Geschenk erlebt werden und verdirbt so die Möglichkeit, sich geliebt zu fühlen bzw. der Liebe zu trauen. Frau A. zum Bei-

spiel entschied sich aufgrund ihrer Verletzung durch die Außenbeziehung des Ehemannes, ihm nie wieder ganz zu vertrauen, ihm also etwas vorzuenthalten, ohne je darüber zu sprechen. Zum Selbstschutz zog sie sich zurück, was sich sehr bald aber auch als Machtmittel entpuppte und womit sie längerfristig die Liebesbeziehung usurpierte, obwohl dies gar nicht beabsichtigt war. Im dritten Fall übte Herr C. auf seine Frau Macht aus, indem er ihr Verhaltensvorschriften machte; bei ihm standen überwiegend Unsicherheit und Angst dahinter, doch sie erlebte ihn als »Diktator«. Zwar konnte er damit eine Zeitlang die Beziehung stabilisieren, doch die Liebe wurde ebenfalls usurpiert. Als beide zu Paargesprächen erschienen, war die Ehefrau in der machtvolleren Rolle, weil ihre Liebe gestorben war und sie damit weniger vom ihm wollte als umgekehrt.

In der eigenen Untersuchung bewerteten die Therapie-Paare ihrer Verbundenheit in Liebe als erheblich reduziert im Vergleich zu den Referenz-Paaren, wobei allerdings die Männer ihre Liebesgefühle für ihre Frauen noch deutlich höher einschätzten als umgekehrt. Zur Paartherapie kommen also bevorzugt Paare, in denen eine Person mehr und die andere weniger liebt (Riehl-Emde 1998). Gar nicht selten gibt es auch Paarkonstellationen, in denen beide Partner keine intensive Verliebtheit miteinander erlebt haben und eine Person darunter leidet, daß sie selbst oder der Partner bzw. die Partnerin in eine andere Person intensiver verliebt war. In einem solchen Fall machte es zum Beispiel der Ehefrau zu schaffen, daß sie den Eindruck hatte, ihr Mann sage nie ganz ja zu ihr, weil er seine große Liebe mit einer anderen Frau erlebt hatte. Sie fühlte sich immer wieder bedroht, wenn erneut ein Kontakt zu dieser Frau entstand.

Die Person, die weniger liebt, ist in der Regel mächtiger, denn während für den Beginn einer Liebesbeziehung zwei Personen notwendig sind, ist für das Ende eine Person ausreichend, wie das Fallbeispiel von Herrn und Frau C. gezeigt hat. Zwar steht nicht immer die Existenz der Beziehung auf dem Spiel, doch sehr häufig geht es in der Paartherapie um Machtkämpfe zwischen Mann und Frau.

Daher sollte sich der Therapeut möglichst schon zu Therapiebeginn sachkundig machen über die Machtverhältnisse und insbesondere darüber, welches Ausmaß an Sicherheit oder Gefahr in der Paarbeziehung besteht. Es sollte dann versucht werden, das Verhalten zu verändern, das zu Ängsten und Machtkämpfen führt sowie zu Ungleichheiten in der Beziehung beiträgt. Therapeutisch entscheidend ist dabei der Gedanke, daß hinter jedem Machtkampf, auch hinter jedem gewalttätigen Konflikt, Anliegen und Wünsche, Enttäuschungen und Verletzungen versteckt sind. Bevor sich ein Paar den Liebeswünschen und Sehnsüchten, aber auch den damit verbundenen Enttäuschungen und Verletzungen öffnen kann, muß in der Regel zunächst einmal die »dunkle Seite der Liebe« (Destruktivität, Angst usw.) einen Ort bekommen, evtl. auch einfach einmal als unlösbarer Konflikt benannt, erkannt und mitgetragen werden. Kernberg würde vermutlich sagen, es gehe darum, den Haß zu explorieren, damit die Liebe wieder Platz haben kann. Dies war auch im dritten Fall bei Frau C. so, die am Ende über ihre Wut sprach in Zusammenhang mit dem Gefühl, gescheitert zu sein; und dann schließlich spürte, darüber eigentlich weniger wütend als traurig zu sein, wodurch eine erneute Verbindung zwischen dem Paar entstand. Es geht darum, derartige Botschaften zu erkennen, sie zu entschlüsseln und dazu beizutragen, sie in eine verständliche Form zu übersetzen oder andere Möglichkeiten zu finden, die häufig zugrundeliegenden Bedürfnisse nach Wertschätzung und Liebe zum Ausdruck zu bringen.

Geschlechtsspezifische Muster im Umgang mit Liebe und Gewalt
Die Begriffe »Destruktivität« und »Gewalt« sind eindeutig negativ konnotiert, sie bedeuten im vorliegenden Zusammenhang, daß dem Partner bzw. der Partnerin Schaden zugefügt wird, daß die andere Person geschwächt oder in Angst versetzt wird. Ich benutze beide Begriffe hier relativ gleichwertig und werde im folgenden noch spezifischer auf die Verbindung von Liebe und Gewalt eingehen.

Mit Machtkämpfen sind immer bestimmte Formen der Machtausübung verbunden, wobei körperliche oder seelische Mittel eingesetzt werden. Mit körperlicher oder seelischer Gewalt zwingt man eine Person, sich anders zu verhalten oder zu benehmen, als sie möchte. Weil man verhindert, daß die andere Person ihre Absichten, Wünsche, Bestrebungen umsetzt, vernichtet man quasi einen Teil der geliebten Person. Eine Person kann mit seelischen Mitteln genauso gequält, manipuliert oder zu etwas gezwungen werden wie mit körperlicher Gewalt, obwohl die seelische Gewalt in der Regel weniger dramatisch erscheint als die körperliche. Mittel körperlicher Gewalt bzw. Machtausübung sind Schläge, Stöße, Stiche und Verbrennungen. Zu den Mitteln seelischer Gewalt gehören Drohungen von Liebesentzug oder tatsächlicher Liebesentzug, wie zum Beispiel tage- oder wochenlang nicht mit dem Partner zu sprechen. Dazu gehören auch die Ausübung von Zwang, Erpressung, etwas gegen den eigenen Willen zu tun oder zu lassen; die Aktivierung von schlechtem Gewissen, von Angst oder seelischer Verwirrung; auch verbale Gewalt gehört zu den Mitteln seelischer Gewaltausübung, z. B. die andere Person durch beleidigende, erniedrigende und entwürdigende Äußerungen zu verletzen oder ihr Schaden zuzufügen.

Die Neigung zu Macht und Gewaltausübung gilt zwar als ein allgemeines menschliches Phänomen; es gibt aber traditionelle geschlechtsspezifische Vorlieben für die Arten von Macht- und Gewaltausübung. Diese haben mit den spezifischen Stärken des jeweiligen Geschlechts zu tun, sind aber auch Ausdruck von geschlechtsspezifischen Sozialisationsformen und -inhalten sowie Ausdruck gesellschaftlicher Verhältnisse. Man sollte sich als Therapeut daher hüten, diese geschlechtsspezifischen Vorlieben zu individualisieren oder zu pathologisieren, und sich bewußt sein, daß die Machtmittel, auch wenn sie als geschlechtstypisch gelten, im Einzelfall durchaus auch umgekehrt verteilt sein können.

»Das Hauptproblem in der (heterosexuellen) Liebe ist das Aufeinandertreffen der weiblichen Sehnsucht nach ihr und der männlichen Angst vor ihr. Die unterschiedlichen Prädispositionen haben zur Folge, daß die Liebe bei Frauen eher in Richtung Unterwürfigkeit degeneriert, bei Männern dagegen in Richtung Dominanzstreben – wenn diese Verteilung auch keineswegs durchgängig ist, da individuelle Persönlichkeitsstrukturen die Überhand über gesellschaftliche Vorgaben gewinnen können ... Auch wenn dieser Machtaspekt nicht immer im Spiel ist, scheint mir doch sein häufiges Vorhandensein beinahe zwingend aus dem Wesen der Liebe zu resultieren« (Person 1990, S. 385/6).[34]

Männer sind aufgrund ihrer körperlichen Stärke und häufig auch aufgrund ihrer meist höheren gesellschaftlichen Position den Frauen überlegen. Es liegt nahe, daß Männer diese Vorteile auch im Machtkampf nutzen. Bevorzugte Machtmittel sind daher dominierendes Verhalten, Zwang oder Lenkung mit körperlicher Gewalt, aber auch verbale Einschüchterungen, finanzielle, soziale oder sonstige Sanktionen. Ein Mann kann allein aufgrund seiner Anatomie die Frau zum sexuellen Verkehr zwingen, und Frauen sind den sexuellen Wünschen der Männer mehr ausgeliefert als umgekehrt. Übrigens ist Macht sogar häufiger als Sexualität die Triebkraft für sexuelle Gewalt! Da Frauen in der Regel körperlich unterlegen sind, haben sie oft die psychologischen Machtmittel besser ausgebildet. Ihre typischen Machtquellen sind sexuelle Attraktivität und Gebärfähigkeit, die Kinder sowie die sprachlichen Möglichkeiten. Frauen operieren häufiger mit Unterordnung oder Fürsorge, demonstrieren damit moralische Höherwertigkeit oder erzeugen Schuldgefühle, die sie dann auch manipulativ nutzen. Gewährung oder Verweigerung sexueller Befriedigung sind weitere traditionell weibliche Kontrollmittel.

Liebe und Gewalt

Bei Cloé Madanes, einer amerikanischen Familientherapeutin, findet sich zum Thema »Liebe und Gewalt« die folgende Aussage:

»Die Kernfrage, die sich Menschen stellt, ist, ob sie einander lieben, beschützen und helfen wollen oder ob sie Grenzen überschreiten,

> beherrschen und kontrollieren und damit anderen Leid und Gewalt antun wollen. Das Problem ist komplex, weil Liebe Grenzüberschreitung, Herrschaft, Kontrolle und Gewalt einschließt und weil Gewalt im Namen von Liebe, Schutz und Hilfe erfolgen kann. Je intensiver Liebe ist, desto näher ist sie der Gewalt im Sinne eines anmaßenden Besitzergreifens. Gleichermaßen gilt: Je mehr wir am Objekt unserer Gewalt hängen und von ihm abhängig sind, um so intensiver ist die Gewalt« (Madanes 1997, S. 18).

Die Psychoanalytikerin Ethel Person (1990) beschreibt das gleiche Phänomen mit anderen Worten: Der Impuls zur Kolonisierung der geliebten Person und die Neigung zur sklavischen Selbstaufgabe gelten als die »dunklen Kehrseiten der Liebe«. Da diese Kehrseiten zur Liebe dazugehören, tragen liebende Personen das Potential in sich, entweder zu Tyrannen oder zu Sklaven zu werden.

Eine populäre These aus der Persönlichkeitspsychologie lautet, daß eine Person um so leichter Zuflucht zu Machtmitteln nimmt, je unsicherer sie ist, weil aus dem Gefühl der Abhängigkeit vom Liebespartner der Drang entsteht, den anderen binden, kontrollieren und sich die Liebe »sichern« zu wollen. Ein niedriges Selbstwertgefühl gilt demgemäß als eine wichtige Bedingung für Gewalttätigkeit. Neuere Untersuchungen (z.B. Baumeister et al. 1999) favorisieren hingegen die Hypothese, daß sich Gewalttätige eher durch ein unrealistisch überhöhtes, jedoch instabiles Selbstwertgefühl mit narzißtischen Zügen auszeichnen. Es komme vor allem dann zu gewalttätigen Handlungen, wenn eine Person mit überhöhtem Selbstwertgefühl kritisiert wird oder sich unterlegen fühlt, also mit Bedingungen konfrontiert ist, die eine Revision des unrealistischen Selbstkonzepts erfordern. Gewalttätigkeit kann dann als Versuch interpretiert werden, Kontrolle und Überlegenheit zu demonstrieren oder sich für eine subjektiv empfundene Ungerechtigkeit zu rächen mit dem Ziel, sich vor der Reduktion des Selbstwertgefühls bzw. vor der narzißtischen Beschämung zu schützen (Becker 2002).

5.2 Zur Therapie der Liebesbeziehung

In bezug auf die Entstehung von Gewalt wird in der Familientherapie von einem multifaktoriellen Bedingungsgefüge ausgegangen (Cirillo und Di Blasio 1992). Ergänzungen für die therapeutische Arbeit mit Paaren wurden gleichfalls im systemischen Feld entwickelt. Insbesondere die beiden folgenden Interpretationsrahmen liefern sehr wertvolle therapeutische Ansatzpunkte, weil sie speziell auf die Verbindung zwischen Liebe und Gewalt fokussieren: Zum einen wird Gewalt als eine Funktion polarisierter Geschlechtsrollen gesehen, zum anderen gilt Gewalt als Ausdruck einer unerträglich empfundenen Ambivalenz in Liebesbeziehungen.

- *Gewalt als Funktion polarisierter Geschlechtsrollen:* Goldner et al. (1992) verweisen in einer Arbeit über Liebe und Gewalt darauf, daß die Konstruktion einer Geschlechtsidentität, die auf Gegensätzen beruht und »natürliche Ähnlichkeiten« zwischen Mann und Frau unterdrückt, dazu führt, daß jeder im anderen das beansprucht, was er bzw. sie selbst verloren hat. Zur Lösung chronifizierter Gewalt empfiehlt Goldner, daß beide ihre Ähnlichkeiten verstehen lernen, d.h. daß der Mann sein Abhängigkeitsbedürfnis anerkennt und die Frau ein Bewußtsein als unabhängiges Subjekt entwickelt. Damit ist auch verbunden, daß die Frau internalisierte Vorstellungen von Hilflosigkeit aufgibt und Gewalt nicht hinnimmt oder gar erwartet.

Diese Sichtweise von Gewaltphänomenen als einer Funktion polarisierter Geschlechtsrollen ist eine Variante des allgemeinen Themas der gegenseitigen Projektionen: Ungelebte oder unterentwickelte Facetten der eigenen Person werden beim Partner wahrgenommen, das Festhalten an einseitigen Bildern kann die beiden Betroffenen einengen und Polarisierungen sowie Kollusionen bis hin zu Gewaltspiralen auslösen.
Welter-Enderlin (1996, S. 101) schreibt innerhalb dieses Interpretationsrahmens, die Liebes- und Entwicklungsmöglichkeiten des Paares hingen wesentlich von der Fähigkeit ab, die Pole Nähe/Distanz und

oben/unten immer wieder so zu vereinbaren, daß für beide Partner Begrenzung und Freiheit auf Dauer ausbalanciert werden. Die Kunst der Therapie liege *auch* darin – und hier kommt ein hoffnungsvolles und utopisches Moment zum Ausdruck –, behilflich zu sein, individuelle Freiräume innerhalb der gegebenen gesellschaftlichen Verhältnisse zu finden, die mittelfristig die gesellschaftlichen Bedingungen in Richtung einer weiteren Gleichstellung von Mann und Frau verändern, statt den Kampf der Geschlechter zu schüren. Dies könnte heißen: Wenn es gelingt, Liebes- und Entwicklungsmöglichkeiten zu entfalten, sind nicht nur individuelle Veränderungen innerhalb der gegebenen gesellschaftlichen Bedingungen, sondern Veränderungen der Bedingungen selbst möglich.

- *Gewalt als Ausdruck einer unerträglichen Ambivalenz in der Liebesbeziehung:* Gewalt entsteht nach Retzer (1993, 1994) aus der Idee einer ambivalenzfreien Liebe. Die Wünsche nach Nähe und Geborgenheit, nach Verschmelzung und dem Ungewöhnlichen werden als zur Liebe dazugehörig erlebt, doch die damit korrespondierende Furcht vor Grenzverlust und Abhängigkeit, vor Autonomieverlust und Wahnsinn, die zum Wunsch nach Distanz, Autonomie und Kontrolle führen, werden als Ausdruck von Nicht-Liebe bewertet. Die mit der Liebe einhergehenden Befürchtungen und die Wünsche nach Distanz usw. haben in der Idee der ambivalenzfreien Liebe keinen Platz. Gewalt kann in einer solchen Konstellation ein entscheidendes beziehungsgestaltendes Mittel werden; denn durch Gewalt ist man gleichzeitig in einer sehr intensiven Beziehung zur geliebten Person, ohne sich in unkontrollierbarer Nähe zu ihr zu verlieren und ohne die Furcht, sich allein, einsam oder isoliert wiederzufinden.

Der Versuch, Gewißheit und Eindeutigkeit in Liebesdingen herstellen zu wollen – gleichfalls Ausdruck des Ideals der ambivalenzfreien Liebe –, ist gleichfalls bedeutsam für die Produktion von Gewalt. Beispielhaft veranschaulicht Retzer (1994) dies anhand eines Paares, in dem die Ehefrau ihren Mann wiederholt mit dem Kleiderbügel schlägt und es als Liebesbeweis betrachtet, daß er sich dennoch nicht von ihr trennt.

Aus diesen an der Ambivalenz ansetzenden Überlegungen ergibt sich die therapeutische Zielvorstellung, die »Geschichte von der Gewalt« in eine »Geschichte der Liebe« umzuschreiben. Dies wird möglich, wenn die Idee der ambivalenzfreien Liebe relativiert und die gegensätzlichen Wünsche im Ideenkontext der Liebe verbunden werden können; denn dann wird Gewalt überflüssig oder zumindest weniger notwendig.

Unabhängig davon, ob Gewalt als eine Funktion polarisierter Geschlechtsrollen oder als Ausdruck einer unerträglich empfundenen Ambivalenz in Liebesbeziehungen verstanden wird, paßt zu beiden Modellen, daß die besondere Intensität von destruktiven Beziehungen oftmals daraus resultiert, daß auf einen gewalttätigen Ausbruch eine Phase der Versöhnung folgt. Die Versöhnungsrituale sind sehr wesentlich für die Stabilität von destruktiven Beziehungen, weil ein Paar darin eine intensive Form von Intimität und Nähe erleben kann. Die Interaktionssequenzen verlaufen zyklisch und tragen dazu bei, innerhalb der Beziehung relativ ambivalenzfrei die Seite der Hingabe, den Wunsch nach Verschmelzung zu leben. Denn die potentielle Gewalt bildet eine Art »Sicherung« oder Schutz vor Angst auslösender Nähe.

Unabhängig von den paardynamischen Verstehens- und Erklärungsmöglichkeiten müssen Therapeuten klar Stellung beziehen, falls es um Gewalt geht, um nicht automatisch auf der Seite der überlegenen Person zu stehen. Eine Möglichkeit besteht darin, einen »Rahmenvertrag« mit den Betroffenen zu vereinbaren, in dem die Konsequenzen für erneute Gewalttätigkeit festgelegt werden, z.B. eine physische Trennung. Ein solcher Vertrag ist wie ein Ritual, das die Angst vor Kontrollverlust bei beiden Partnern bannt und zeigt, daß Gewalt nicht bagatellisiert wird. Wenn Machtkämpfe mit Destruktivität und Gewalt im Vordergrund stehen, ist es oftmals sinnvoll, neue Rituale einzuführen, welche die Aggression nicht unterdrücken, sondern in andere Bahnen lenken. Es kann darüber hinaus therapeutisch sehr wirksam sein, wenn es gelingt, die hinter Wut und Ärger oftmals verborgene Trauer zu mobilisieren. Wenn Trauer fühlbar ist, wird blinde Zerstörung unmöglich, und Wut und Ärger werden geringer.

Manchmal trifft man in der Praxis auf Paare, die sich nicht trennen können, denen man jedoch eine Trennung wünschen würde, weil die Beziehung mindestens für einen von beiden, eventuell auch für das mitbetroffene soziale Umfeld, destruktive Auswirkungen hat. In der therapeutischen Arbeit kann dann die Vorstellung hilfreich sein, daß Partner füreinander Bindungsfiguren (»signifikante andere«) sind und sich deswegen sogar dann noch Sicherheit bieten, wenn sie sich tagtäglich verletzen (Golden 1991). Eine solche Konstellation wird dann besonders problematisch, wenn die Person, die zur Sicherheit der anderen beiträgt, gleichzeitig Qual und Deprivation in dieser anderen Person auslöst. Wenn die »mißhandelnde« Person gleichzeitig eine wichtige Bindungsfigur darstellt, ist mit einer potentiellen Trennung zumeist große Überlebensangst verbunden; deswegen wird alles darangesetzt, die Trennung zu verhindern. Das Bindungsverhalten wird sogar stärker, wenn sich eine Person in Gefahr fühlt, weil sie gleichzeitig erwartet, daß die Bindungsfigur sie vor der Gefahr schützen kann. So kann es zu einem tragischen Dilemma kommen: Wenn die Gefahr von der Person ausgeht, die gleichzeitig Bindungsfigur ist, wächst mit steigender Gefahr auch das Bedürfnis, die Beziehung zu dieser Bindungsfigur abzusichern.

»Verrechungsnotstände« – Vergessen und Vergeben
Daß Paare von der Vergangenheit eingeholt werden und daß Erinnerungen, die eine Paarbeziehung erheblich belasten, zunehmend wieder an Bedeutung gewinnen, kommt im Alter weitaus häufiger vor als in jüngeren Jahren, oft auch als Begleitsymptom einer manifesten oder subklinischen Depression. Derartige Erinnerungen lassen sich am besten als ein

5.2 Zur Therapie der Liebesbeziehung

Zeichen einer aktuellen Notsituation verstehen. Deswegen sollte das Thema der Auseinandersetzung auch nicht in die Vergangenheit verlegt werden, sondern in der Gegenwart lokalisiert sein.

Im ersten Fallbeispiel erinnerte sich Frau A. im Verlauf der Paartherapie an eine 15 Jahre zurückliegende Verletzung, zunächst unter dem Tenor, dieses Ereignis bewältigt zu haben. Im Zusammenhang mit einer Außenbeziehung des Mannes hatte sie damals völlig den Boden unter den Füßen verloren. Im weiteren Therapieverlauf kamen dann jedoch nochmals heftige Gefühle von Bitterkeit, Wut, Enttäuschung und Niedergeschlagenheit in ihr hoch; diese Gefühle, die vermehrt Trennungsgedanken in ihr auslösten, machte sie zunächst mit sich aus. Von der Therapeutin ermuntert, ergriff Frau A. schließlich die Initiative zu einem Gespräch mit ihrem Mann. Auf ihre Art forderte sie sein ehrliches Bedauern heraus, kam ihm entgegen, anstatt sich weiter in ihrem Leid zu verstricken und an einer moralisch überlegenen Position festzuhalten. Herr A. reagierte in diesem persönlichen Gespräch erstmals sehr betroffen angesichts der Auswirkungen seines damaligen Fremdgehens auf seine Frau und auf die Ehebeziehung; früher hatte er sowohl das Ereignis als auch die Auswirkungen bagatellisiert. Sein ehrliches Bedauern ermöglichte es ihr, ihm zu verzeihen, und beide konnten zusammen darüber weinen, daß diese Thematik jahrelang untergründig Mißtrauen und Feindseligkeit zwischen ihnen geschürt hatte.

Betrachtet man das Geschehen unter dem Aspekt der Handlungslogiken von Liebe und Partnerschaft, zeigt dieses Beispiel, daß Liebesbeziehungen zwar längere Zeiten von Imbalancen überstehen können – in der Regel längere Zeiten als Partnerschaften –, daß jedoch auch Liebesbeziehungen irgendwann einen Ausgleich brauchen. Bei Herrn und Frau A. ging es daher um die Einführung sogenannter irrationaler Grundsätze der Liebeslogik – nämlich einerseits um sein Bedauern darüber, was er in ihr und in der Ehe mit dieser Außenbeziehung ausgelöst hat, und andererseits um die von ihr gewährte Verzeihung bzw. Vergebung –, statt im Sinne der Gerechtigkeit, wie es der Partnerschaftslogik entspricht, Eins zu Eins aufzurechnen bzw. Wiedergutmachung zu fordern.

In der Paartherapie werden oft Geschichten von »Verrechnungsnotständen«, von Schuld und von Gerechtigkeitsproblemen, erzählt. Retzer (2002) warnt davor, sich als Therapeut zu schnell verführen zu lassen und auf die Aushandlungsebene zu gehen, weil die meisten Paare nicht die Partnerschaft, sondern die Liebesbeziehung suchen. Es kann statt dessen nützlich sein, darüber zu sprechen, was die Paarbeziehung entstehen und die Liebesbeziehung enden ließ. Meist erfährt man dann von Ungerechtigkeiten, von Verletzungen und von Schuld. Sowohl diese Gefühle als auch Leiden, Trauer und Enttäuschungen im Zusammenhang mit der Liebe und dem Liebespartner brauchen Raum. Sie können zur Verbundenheit beitragen, und es ist möglich, daß die Liebesbeziehung durch ein solches Gespräch wieder auflebt oder sich neu konstituiert.

In derartigen Konstellationen auf Ausgleich nach Art eines Tauschhandels zu setzen, hält Retzer zu Recht für eine naive Gerechtigkeitsillusion, die allenfalls Partnerschaftsprobleme, aber keine Liebesprobleme löst. Ausgleichs- und Gerechtigkeitsmetaphern bleiben innerhalb der Logik der Partnerschaft (vgl. Tab. 2, Kap. 2) und erzeugen in der Liebesbeziehung höchstens neue Verrechnungsnotstände. Werte wie liebevolle Zuwendung, Verläßlichkeit, Loyalität, oder die Bereitschaft, eigene Bedürfnisse um des anderen willen hintanzustellen, lassen sich nicht verrechnen. Es geht in der Therapie der Liebesbeziehung darum, irrationale Grundsätze zu realisieren, die der Natur der Liebe entsprechen, wie z. B. die Nicht-Aufrechenbarkeit von Fehlern, Verzeihung und Hingabe, Vergessen durch Vergeben. Diese Grundsätze erweisen sich als weit wichtiger für die Rekonstituierung der Liebesbeziehung als die unmittelbare Reziprozität und Balance in der Beziehung.

Der Begriff der Vergebung weckt leicht Assoziationen zum religiösen Kontext und verdeckt die Sicht auf die emanzipatorische Seite der Vergebung, nämlich auf den Zugewinn an persönlicher Autonomie. Vielleicht ist die Vergebung deswegen zum »Stiefkind therapeutischen Handelns« (Kämmerer und Kapp 2002) geworden? Wenn ein spezifischer Bruch in der Paarbeziehung erkennbar ist, zum Beispiel ein Bruch aufgrund einer außerehelichen Beziehung oder durch die Aufdeckung eines Geheimnisses oder durch das Gefühl, vom Partner verraten worden zu sein – sei es gegenüber der Familie oder gegenüber Freunden –, kommt gerade der Vergebung eine Schlüsselrolle in der Therapie der Liebesbeziehung zu. Manche Paare können mit einem solchen Bruch auch ohne fremde Hilfe umgehen. Andere begeben sich unmittelbar danach in eine Paartherapie. Und wieder andere Paare, darunter auch Herr und Frau A., kommen erst Jahre später zur Therapie. Sei es, daß sie lange Zeit irrtümlich glaubten, das Ereignis längst überwunden zu haben; sei es, daß sie seither unter Gefühlen von Enttäuschung oder Mangel an Vertrauen litten und das Ereignis nicht bewältigen konnten. Wenn Vergebung nicht gelingt, treten in der Folge häufig Depressionen, vermehrte Ängstlichkeit und ganz allgemein Feindseligkeit innerhalb der Paarbeziehung auf.

Vergebung bedeutet, wie Kämmerer und Kapp (2002) ausführen, auf Rachgefühle der verletzenden Person gegenüber zu verzichten und nicht mit Groll, Strafe oder ähnlichem auf erlittenes Unrecht zu reagieren. Sie ist erkennbar an einer Abnahme feindseliger Gefühle, Gedanken und Handlungsimpulse gegenüber der verletzenden Person. Vergebung entschuldigt nicht die Tat, sondern ist eine Haltung gegenüber der verletzenden Person, der das schuldhafte Verhalten nicht weiter vorgeworfen, die Verletzung aber auch nicht relativiert wird.

Der Prozeß der Vergebung durchläuft in der Regel mehrere Phasen, die Kämmerer und Kapp (ebd.) unter Bezugnahme auf die Literatur folgendermaßen beschreiben:

1. *Auseinandersetzung mit der eigenen Verletztheit:* Wahrnehmung der eigenen verletzten Selbstachtung und des verminderten Selbstwertgefühls, aber auch Wahrnehmung von Wut und Groll gegenüber

5 Diagnostik und Therapie

dem Partner. Durch die Reflexion der eigenen Gefühle wird die distanzierte Betrachtung der interpersonalen Problematik möglich, die auch die eigene Involviertheit darin einschließt und die eigene Position als Opfer hinterfragt. Letzteres ist eine Voraussetzung zur Distanzierung vom Anlaß der Verletzung und ein Beitrag zur Stabilisierung des Selbstkonzepts.

2. *Auseinandersetzung mit der verletzenden Person:* Bereitschaft zum Perspektivenwechsel mit dem Ziel, ein komplexes und differenzierteres Verständnis der Beweggründe der anderen Person zu gewinnen. Bei dem Versuch der Perspektivenübernahme geht es nicht darum, die Tat zu entschuldigen, sondern darum, den anderen wieder als handelndes Subjekt wahrzunehmen statt durch den Filter der eigenen Erwartungen und Bewertungen.

3. *Entscheidung zur Vergebung und zum Loslassen der negativen Gefühle:* Die Vergebung ist ein Willensakt bzw. eine Entscheidung, nicht weiter unter dem Vorfall leiden und der anderen Person wieder offen begegnen zu wollen. Vergebung ist eine Option, wie die Person mit der eigenen und gemeinsamen Vergangenheit umgehen und wie sie Gegenwart und Zukunft gestalten will. Insofern ist Vergebung eine Handlung in Richtung auf die andere Person und in Richtung auf das eigene Selbst. Der Willensakt ist notwendig, doch erst das Loslassen der negativen Gefühle führt dazu, sich innerlich von der verletzenden Begebenheit zu befreien. Das Loslassen kann in symbolischen Handlungen bestehen oder auch im Verbalisieren der eigenen Verletzung gegenüber dem Partner.

4. *Neues Verhältnis und neues kommunikatives Verhalten gegenüber der verletzenden Person:* Es ist möglich, daß es nach der Vergebung zu einer Wiederannäherung kommt, z.B. im Sinne einer Versöhnung; es ist jedoch auch eine Distanzierung (temporär und/oder mit Formulierung von Regeln und Abmachungen für die Zukunft) oder endgültige Trennung möglich.

5.2 Zur Therapie der Liebesbeziehung

Die bisherige Darstellung fokussiert vor allem auf die Person, die verletzt wurde und Vergebung gewährt. Es ist wichtig, daß die Vergebung nicht von den Reaktionen des anderen abhängig gemacht wird, sondern als autonomer Willensakt der vergebenden Person erhalten bleibt. Vergebung fällt allerdings leichter, wenn die verletzende Person das eigene Verhalten bedauert und Reue zeigt bzw. zumindest Verantwortung für das Ereignis übernimmt. Herr A. stand zu seiner damaligen Außenbeziehung, und es war wichtig, daß er sie nicht bagatellisierte; doch die Auswirkungen auf die Ehefrau und auf die Beziehung haben ihm leidgetan, selbst wenn er damals nicht anders konnte oder wollte.

Verzeihen und Vergeben dürfen allerdings nicht zum Ersatz für eine fällige Auseinandersetzung werden oder den Konflikt nur zudecken oder verschieben, statt ihn zu lösen. Bei wirklicher Versöhnung hat der Unschuldige nicht nur den Anspruch auf Sühne, er hat auch die Pflicht, sie zu fordern. Und der Schuldige hat nicht nur die Pflicht, die Folgen seiner Taten zu tragen, er hat auch ein Recht darauf. Mit vermeintlicher Schuld und Unschuld gehen auch immer Macht und Einfluß einher. Ohne die Machtverhältnisse in ein Gleichgewicht zu bringen – die »Waffen der Unschuld« können genauso stark sein wie die ständige Schuld –, gibt es keine konstruktive Entwicklung menschlicher Beziehungen (Welter-Enderlin 1996).

Es war davon die Rede, daß das Loslassen negativer Gefühle im Rahmen symbolischer Handlungen erfolgen kann oder im Verbalisieren der eigenen Verletzung gegenüber dem Partner. Die symbolischen Handlungen lassen sich auch mit therapeutischen Ritualen verbinden, die bevorzugt in den Phasen 3 oder 4 konstruiert werden, um Verzeihung und Versöhnung und damit einen neuen Anfang zu ermöglichen (Imber-Black et al. 1998). Das Besondere an einem Ritual ist, daß es gleichzeitig beide Seiten eines Widerspruchs einschließt, die damit beide bewältigt werden können. Wie zum Beispiel eine Hochzeitszeremonie auch Verlust und Trauer umfaßt (»Sie verlieren keine Tochter, sie gewinnen einen Schwiegersohn«), verbindet auch ein Versöhnungsritual den Abschied von alten Erwartungen bzw. den Verzicht auf Projektionen mit neuen Möglichkeiten für die Beziehung und für die individuelle Biographie. Wenn die Versöhnung gelingt, können eine größere Ernsthaftigkeit, Tiefe und Gelassenheit in die Beziehung kommen.

Abschließend sei auf alte Paare verwiesen, die den Eindruck eines ehelichen Burnouts vermitteln (Bösch 1995), weil beide Partner überfordert sind und spüren, daß sie nichts mehr ertragen und auch kein weiteres Verständnis füreinander aufbringen können; gleichzeitig wissen sie, daß sie der Beziehung nicht entrinnen können.

> Die gegenseitigen Schuldzuweisungen resultieren oftmals »aus dem verzweifelten Bemühen ..., dem Partner klarzumachen, daß man nicht anders konnte und guten Willens war. Diese scheinbare verbale Aggression ist meistens ein maskierter und unverstandener Schrei nach Verständnis. Alte Menschen müssen sich stark mit Trennungs- und oft mit existentiellen Verlusterlebnissen auseinandersetzen, und ihre seelische Belastbarkeit ist aus diesen und vielleicht anderen, uns nicht bekannten Gründen vermindert ... Gerade weil die emotionale Bindung so stark ist und Loyalitäts- und Schuldgefühle so zwingend sind, kann mit positiver Konnotation ihrer gemeinsamen Geschichte und ihres gegenseitigen guten Willens durchaus eine Entspannung und Beruhigung erreicht werden« (Bösch 1995, S. 301).

Diskretion und Geheimnisse voreinander
Georg Simmel warnte bereits um 1920 vor der Gefahr, die der Liebesbeziehung droht, wenn sie in völliger Offenheit bzw. Authentizität geführt wird: Liebe brauche die Diskretion, das Geheimnis, die Undeutlichkeit, die Phantasie usw. Er sah »die Gefahr der indiskreten, rest- und schamlosen Hingabe« (Simmel 1906) und ging davon aus, daß die Beziehung schnell endet, wenn sie keine Grenzen mehr kennt. »Die Grenze macht zum einen den Reiz des anderen aus, solange man noch nicht alles von

ihm weiß. Zum anderen hilft sie aber auch, die Idealisierung und Bewunderung, die nur zum Teil auf ›Wahrheit‹ beruht, aufrechtzuerhalten. Sie stellt auch einen gegenseitigen Schutz dar« (zit. Burkart 1998, S. 31/2). Gemeint ist die Gefahr, daß im vertraut alltäglichen Beisammensein, angesichts räumlicher Nähe und intimer Verrichtungen, die Ehepartner allmählich zu Selbstdarstellungen finden, in denen die Kommunikation in Banalitäten zu versanden droht, in denen die Intimität reduziert wird auf gegenseitige kleine Ängste und Schwächen und der Ort signifikanter Erfahrungen nach außen, ehe-extern, verlagert wird. Nur noch in außerehelichen sozialen Kontakten erfährt man dann jene Bestätigungen und Achtungserweise, mit denen man sich selbst zu identifizieren vermag. Simmel bezeichnet eine derartige Entwicklung als Degeneration, die aufgehalten oder unterbrochen werden muß.

Die Logik der Liebe besteht im Gegensatz zur Partnerschaft nicht darin, authentisch und wahrhaft zu sein oder alles zu gestehen. Die Liebe braucht also Diskretion, Geheimnis, Undeutlichkeit, Phantasie; ihr droht Gefahr, wenn sie in völliger Offenheit bzw. Authentizität geführt wird. Dennoch gibt es bei Liebespaaren die Erwartung nach »totaler Kommunikation«, und damit die Erwartung von »totaler Identität« und »totalem Vertrauen«, die nicht erfüllbar sind und daher zu den Grundenttäuschungen in einer Liebesbeziehung gehören (Wyss 1988). Das Problem liegt in der Verpflichtung, statt in der Möglichkeit zur Selbstöffnung. Diese Verpflichtung bedeutet im Extremfall totale Offenheit und totale Kontrolle, womit das Individuum sich gleichsam auflöst in der Dyade. Die ersehnte Intimität kehrt sich gegen das Paar, die grenzenlose Offenheit, nach der Liebende streben, gräbt der Liebesbeziehung auch das Grab, wie Wyss (1988) im Zusammenhang mit anderen Paradoxien der Liebe festgestellt hat.

Um die Gefahr der genannten »Degenerationsprozesse«, die der Liebe durch völlige Offenheit drohen, aufzuhalten bzw. zu unterbrechen, hat bereits Simmel Geschichten und Rituale empfohlen, allgemeiner: Reflexionsleistungen und institutionelle Mechanismen, welche die auf

Liebe basierende Beziehung in den Mittelpunkt stellen (zit. Leupold 1983, S. 307/8). Konkret hat zum Beispiel die *Beziehungsgeschichte*, d.h. sowohl die Erinnerung an den Ursprung der Beziehung als auch der Entwurf in die Zukunft, die Funktion, sich der spezifischen Identität und damit der Besonderheit der eigenen Beziehung zu vergewissern. Mit einer solchen Geschichte werden Glücksmomente mit einer Vielzahl anderer erinnerter oder antizipierter Momente zu einer kontinuierlichen Geschichte verbunden (Simmel 1907), wodurch auch eine Steigerung jedes einzelnen Glücksmoments erreicht wird. Mit den *Ritualen* sind weniger die kleinen Rituale des Alltags gemeint als die explizit veranstalteten, die einen selbstverständlich fortlaufenden Prozeß insofern unterbrechen, als sie Gelegenheit schaffen, daß die Beziehung selbst das Geschehen bestimmt.

> »Wenn auch nicht Reflexion im Sinne der Thematisierung der Identität des Systems, so sind Rituale doch reflexiv in dem Sinne, daß sie die Beziehung nicht nur unterstellen, vielmehr für die Beteiligten darstellen, ihr Raum geben und in ihrer Spezifität zur Erlebnisqualität werden lassen. Statt Reflexionsanstrengungen fordern Rituale den Beteiligten eher situationsgestaltende Fähigkeiten und Bereitschaften ab – und eben auch die Gelassenheit, sich einmal in der Woche Zeit zu nehmen, beispielsweise für ein gemeinsames Essen in außeralltäglichem Rahmen« (Leupold 1983, S. 308).

Nicht nur Simmel, sondern auch andere bekannte Soziologen haben sich zu dieser Thematik geäußert: In bezug auf die Selbstöffnung im Gespräch warnt zum Beispiel Sennett (1983) vor der »Tyrannei der Intimität« und der »destruktiven Gemeinschaft«, wenn in einer Beziehung beide Partner das Recht auf Intimität verlangen: sich dem Partner »zu öffnen«, mit ihm die ganze, privateste Wahrheit über das eigene Innenleben zu teilen, »absolut aufrichtig« zu sein, nichts zu verbergen, wie aufwühlend eine solche Information auch immer für den anderen sein mag.

Diese Haltung beruhe auf dem Glauben, daß man »mit anderen um so stärker interagiert, je mehr man ihnen über sich selbst erzählt«; in der »Furcht, daß man kein Selbst habe, bis man einem anderen darüber etwas erzählt habe«. Nach Sennett (1977) bürdet die Entblößung der eigenen Seele dem Partner eine enorme Last auf, denn er wird gebeten, seine Zustimmung zu Dingen zu geben, die ihn nicht notwendigerweise begeistern; außerdem wird er gebeten, »aufrichtig« und »ehrlich« zu antworten. Auf dem wackligen Boden der gegenseitigen Intimität könne keine andauernde Beziehung und besonders keine dauerhafte Liebesbeziehung errichtet werden. Wenn dann auch noch Wechselfälle der Einstellung gegenüber dem anderen zu einem wichtigen Beziehungsthema werden, hält die Beziehung genau so lange, wie sie das erträgt.

Luhmann (1982) forderte »Schutzzonen der Unaufrichtigkeit« gegen den Anspruch auf Offenheit und Authentizität, der von therapeutischer Seite oftmals sogar unterstützt wird. Der Anspruch nach totaler Transparenz in der Paarbeziehung, die oftmals als Indiz für Liebe und Vertrauen gewertet wird, ist nicht nur nicht erfüllbar, sondern hat gegenteilige Wirkung. Von daher bietet es sich an, in der Paartherapie derartige Ansprüche in Frage zu stellen und sogar das Aushalten von Ungewißheit und Geheimnis zu ermuntern, das heißt ein gewisses Maß an intradyadischer Abgrenzung zu fördern. Der Umgang mit Offenheit läßt sich in der Paartherapie modellhaft erproben, weil bereits in diesem Setting das Ausmaß an Offenheit in der Regel begrenzter ist als in der Einzeltherapie; denn das, was gesagt wird, hat zumeist auch unmittelbare Folgen, weil der reale Partner anwesend ist.

Aus therapeutischer Perspektive ist die Unterscheidung zwischen konstruktiven und destruktiven Geheimnissen hilfreich (Welter-Enderlin 1992, S. 130), obwohl diese Unterscheidung nicht immer leicht zu treffen ist. Als konstruktiv gelten Geheimnisse im Zusammenhang mit der Ausbildung von Individualität; als destruktiv, wenn aus Gründen der Machtausübung gelogen wird. Geheimnisse haben häufig die Funktion eines Machtmittels und sind in dem spezifischen Kontext zu verstehen,

5 Diagnostik und Therapie

in dem sie auftreten und Wirkung zeigen. Eine Untersuchung zum Thema »wahre Liebe« gibt hierzu weitere Anregungen:

Maurice T. Maschino, Philosoph und Schriftsteller in Paris, führte in Frankreich eine Untersuchung zum Thema »wahre Liebe« mit Männern und Frauen durch, die sich auf seine Annonce »Schriftsteller sucht Paare, die mit ihm über die Treue reden«, gemeldet hatten. Von 150 Interviewpartnern gaben vier an, eine lügenfreie Paarbeziehung zu führen. Am häufigsten gelogen wurde in bezug auf Finanzen, Sexualität und Untreue. Dabei ist wichtig zu wissen, daß Maschino (1996) alle Formen von Unwahrheit, also auch Mißverständnisse, Schweigen, Halbwahrheiten, Andeutungen als Lüge definiert. Er plädiert für eine Veränderung der Moralvorstellungen und dafür, die Lüge zu normalisieren und zu banalisieren, weil sie eine Möglichkeit sei, sich selbst zu schützen und anderen mit Respekt und Liebe zu begegnen. Die Lüge tue dem Menschen mehrheitlich Gutes (»Lügt, aber lügt gut«). Psychologisch liege der Lüge oftmals eine Angst vor der Einvernahme durch andere und die Angst, sich selbst zu verlieren, zugrunde. Die Wahrheit gehe oftmals mit Kränkung und unnötiger Brutalität gegen den anderen einher, entspringe oft einer sadomasochistischen Neigung und entstehe selten aus Selbstlosigkeit. Die Lüge hingegen signalisiere das Bedürfnis, die Beziehung weiterzuführen. Mit der Wahrheit oder mit »plumpen Lügen«, die leicht zu durchschauen sind, werde in der Regel eine Entscheidung provoziert. Geschwiegen oder gelogen werde hingegen oftmals aus Angst vor Veränderung, die meist einem offenen Gespräch folge, und einen Abbruch oder Neuanfang der Beziehung bedeuten könne. »Auf Grund meiner Untersuchungen kann ich sagen, daß Paare, die über Jahre hinweg sehr gut funktionieren, ihre Beziehungen zwar selten auf einem Lügengebälk aufbauen, sich aber auch nicht alles erzählen. In einer glücklichen Beziehung ergänzen sich Wahrheiten und Unwahrheiten offenbar aufs angenehmste« (ebd., S. 73).

Mit dem Thema der Offenheit und Aufrichtigkeit ist auch die Frage nach der Gewißheit in Liebesdingen verknüpft (Retzer 2002): Liebe ich wirklich? Und wenn ja, wie aufrichtig? Wie kann ich das herausfinden? Wie kann ich es dem anderen beweisen? Wie kann ich herausfinden, ob der andere mich wirklich liebt? Handelt es sich eigentlich um die wahre Liebe? Wenn Paare unsicher sind, welche Art von Beziehung sie haben, und wenn sie mit Hilfe der Therapie herausfinden wollen, ob sie noch durch Liebe verbunden sind, seien Therapeuten gut beraten, so Retzer, sich nicht auf das Gespräch einzulassen, wenn es um Beweise für die eigene oder für die Liebe des Partners geht bzw. um die Ungewißheit, ob die eigene Liebe geglaubt wird, oder um die Ungewißheit in Bezug auf die Liebe der geliebten Person. Ein solches Gespräch sei sinnlos. Nicht deshalb, weil Gewißheit ungefragt vorausgesetzt werden kann, sondern weil die Frage nicht beantwortet werden kann und weil sich Gewißheit im Sinne von »objektivem Wissen« schon aus erkenntnistheoretischen Gründen nicht einstellen kann.

Fruchtbar werden in etwas Drittem bzw. Entlastung durch etwas Drittes

Der Philosoph Saner (1999) schrieb, die zwischenmenschliche Liebe könne oftmals dadurch gerettet werden, »daß wir noch anderes als Menschen lieben«. Wenn zwischenmenschliche Beziehungen in Krisenzeiten einbrechen, könne die Liebe zu »außermenschlichen Objekten« standhalten und indirekt auch die Liebesfähigkeit zu Menschen retten, weil die Liebe zu außermenschlichen Objekten stabiler und in der Regel dauerhafter sei als die zwischenmenschliche Liebe. Auf das Paar übertragen bedeute dies, daß die verbindende Liebe zu etwas Drittem – sei es ein Geschäft, ein Haus, ein gemeinsames Hobby usw. – ganz entscheidend dazu beitrage, die Liebesbeziehung mit ihren Wechselfällen und Ambivalenzen zu entlasten und über Krisen zu retten.

Zum potentiell Dritten gehört aber nicht nur die Liebe zu außermenschlichen Objekten, sondern auch die Liebe zu Kindern. Allerdings ist die Beziehung zu Kindern, weil sie eine zwischenmenschliche Beziehung ist, gleichfalls krisenanfällig. Die Emotionalisierung der Eltern-

Kind-Beziehung, zu der es in Folge der Emotionalisierung der Ehebeziehung kam, zeitigt Folgeprobleme (Retzer 2002). Zum anderen hat auch die Existenz von Kindern wiederum sehr zwiespältige Auswirkungen auf die Paarbeziehung, da Kinder das Paar sowohl binden als auch trennen.

Im romantischen Liebesideal war davon die Rede, daß die Elternschaft die Vollendung der Liebesbeziehung des Paares bedeutet. Wenn man »Vollendung« als ein relativ ambivalenzfreies Geschehen auffaßt und das Liebesideal sich demnach nahtlos fortsetzt in der Idealisierung der Elternschaft, entsteht jedoch vor allem eine weitere Quelle von Problemen. Es ist weitaus günstiger, »Vollendung« als eine weitere Chance auf dem Weg zur Individuation zu verstehen und sie als eine weitere Herausforderung zu begreifen, Ambivalenzen zu integrieren.

Zur Veranschaulichung einige Äußerungen von Paaren in Paartherapie (Riehl-Emde 1998): »Zu meinem Erstaunen habe ich festgestellt, daß ich, was andere als »Kitt« einer Ehe betrachten, nämlich die Kinder, eher als Last empfinde. Für das Erhalten unserer Ehe aber sind unsere Kinder ganz entschieden ein Grund« (35jährige nach 13 Ehejahren, zwei Kinder, 10 und 12 Jahre alt). Eine 48jährige nach 21 Jahren Ehe mit drei Kindern zwischen 10 und 13 Jahren: »Dieser Bereich wird von mir sehr ambivalent erlebt. Sehr große Freude an den Kindern, gleichzeitig sind sie Ehekiller.« – Doch auch »normale« Paare äußern sich durchaus kritisch zu den Belastungen, die die Kinder für die Partnerschaft bedeuten. Dennoch klingen in ihren Äußerungen auch Humor und Wachstumsmöglichkeiten an: »Durch die Kinder müssen wir uns sehr oft zusammenraufen und viele Dinge ausdiskutieren. Oftmals kommt der Partner zu kurz, weil man den Kindern Vorrang gibt« (40jähriger Mann); ein anderer 40jähriger: »Kinder sind ein Segen! auch wenn man sie gelegentlich auf den Mond schießen könnte.« – Eine 47jährige: »Probleme zu lösen in Zusammenhang mit den Kindern verlangt eine stabile Partnerschaftsbasis.«

Beide Themen – die Liebe zu außermenschlichen Objekten oder zu Kindern – lassen sich auch unter einem weiteren Blickwinkel beleuchten, nämlich mit Hilfe zweier auf den ersten Blick gegensätzlicher jungianischer Thesen. Diese Thesen lauten: »Kinderlose Paare gibt es nicht« (Guggenbühl-Craig 1994) und »Alle Ehen sind in gewisser Weise kinderlos« (Schellenbaum 1994). Können zwei so gegenteilige Aussagen zutreffen?

Guggenbühl-Craig begründet seine These »Kinderlose Paare gibt es nicht« mit dem Archetyp des Kindes, womit nach jungianischer Vorstellung gemeint ist, daß das, was wir äußerlich erleben, auch innerseelisch angelegt ist; insofern trägt jeder Mensch auch ein Bild des Kindes in sich. Das Wesen dieses »inneren Kindes« läßt sich anhand des Wesens des äußeren konkreten leiblichen Kindes beschreiben und umgekehrt. Das »innere Kind« – Symbol für das Neue, Schöpferische, Zukunftsträchtige in einem selbst – ist nach dieser Vorstellung für alle Menschen sehr zentral und während des ganzen Lebens allgegenwärtig. Paare mit Kindern, die nur das äußere leibliche Kind erleben und das innere Kind verdrängen bzw. nicht würdigen, erleben neue seelische Entwicklungen nur im leiblichen Kind; sie kommen in Gefahr, sich an dieses Kind zu klammern und sich selbst seelisch nicht weiterzuentwickeln. Entfernt sich das Kind, bleiben innere Öde und Leere; allenfalls wird einer der Partner dann zum Kind und läßt sich vom anderen betreuen. Paare ohne Kinder sind unter diesem Blickwinkel einfach Paare, bei denen sich das leibliche Kind nicht eingestellt hat, und sie stehen vor der Aufgabe, sowohl den Kontakt zum inneren Kind herzustellen als auch um den Verlust des äußeren, leiblichen Kindes zu trauern und damit den Archetyp anzuerkennen. Bleibt diese Anerkennung aus, wird das Paar selbst zu kindischem Benehmen und Verhalten gedrängt. Weil alle Menschen vom Archetyp des Kindes beeinflußt sind, gibt es, so die These von Guggenbühl-Craig, keine kinderlosen Paare.

Schellenbaums These lautet »Alle Ehen sind in gewisser Weise kinderlos«. Er stellt die Hypothese auf, daß Paare, die nur auf ihre Kinder hin leben und für die ein gemeinsames Leben ohne Kinder gar nicht vorstellbar ist, zwar ein Arbeitsbündnis eingegangen, aber nicht genügend tief miteinander verbunden sind, um – psychologisch gesprochen – eine Ehe bilden zu können. Alle Ehen seien insofern kinderlos, als gemeinsame Kinder noch keine Ehe ausmachen. Der Titel »Die Ehe als psychologische Beziehung« (Jung 1925) – und auch unverheiratete Paare können psychologisch gesehen eine Ehe bilden – meint die Zielvorstellung, daß zwei Menschen »so tief voneinander ergriffen sind, daß sie ihr Leben auf der körperlichen, seelischen und geistigen Ebene durch gegenseitige Hingabe zur Entfaltung bringen wollen« (Schellenbaum 1994, S. 209). Es sei klar, daß dieses Ziel nie ganz erreicht werde, doch die Vorstellung wirke untergründig mit im Zusammensein. Sie sei die Dynamik einer lebendigen Ehe, nicht im institutionellen, sondern im psychologischen Sinne. Ein Paar ohne Kinder brauche »menschlich erfüllende Aufgaben, jeder für sich und beide zusammen, damit auch in ihrem Leben die natürliche Bezogenheit beider auf ein Drittes eine verbindende Dynamik erzeugt und neue Lebendigkeit schenkt« (ebd., S. 218). Wenn ein Paar Leben in irgendeiner Form zeugt, erfüllt es den Sinn einer ganzheitlichen Partnerschaft. Auch Schellenbaum spricht in Anlehnung an Jung die Aufgabe an, »das innere Kind zu zeugen« im Sinne der Entfaltung der eigenen Persönlichkeit und der Entwicklung der Beziehung. Seine These steht daher nicht wirklich im Gegensatz zur erstgenannten.

Mit der Leitvorstellung der Paarbeziehung oder Ehe als psychologischer Beziehung ist implizit eine lebendige Liebesbeziehung gemeint; eine Partnerschaft im Sinne eines Arbeitsbündnisses oder einer Geschäftsbeziehung wäre psychologisch gesehen keine Ehe. Wenn das »Wir« des Paares etabliert ist, soll die Beziehung in etwas Drittem fruchtbar werden. Auch soziale und kulturelle Aufgaben können zu Kindern werden oder ganz allgemein ein »subjektiv unteilbares Engagement«, das in manchen Fällen eine Teilung zwischen Berufung und Kindern sogar ausschließt.

Arbeit an der Ambivalenz (Paradoxie der Liebe)

»Wenn man sie recht anfaßt und recht betrachtet, gibt es keine trefflichere Einrichtung in unserer Gesellschaft (als die Ehe). Wir können nicht ohne sie auskommen und suchen sie schlecht zu machen. Es geht damit wie mit den Käfigen: die Vögel, welche draußen sind, möchten mit aller Gewalt hineinkommen; und ebenso ungestüm begehren jene, die drinnen sind, hinaus ins Freie. Sokrates antwortete auf die Frage, was besser sei, eine Frau zu nehmen oder keine zu nehmen: Tue, was du willst, es wird dich beides gereuen!« (Montaigne, Essais, S. 638).

Um das innere Gleichgewicht zu wahren, müssen Individuen, aber auch Paare, Familien und größere Systeme stets gegensätzliche Tendenzen ausbalancieren. Ambivalenz gilt als Grundprinzip seelischen Lebens, als entwicklungsförderndes Potential: Gegensätze müssen bestehen bleiben, damit seelisches Leben stattfinden kann. Ambivalenz kann zu Pathologie führen, wenn entweder ein Pol verdrängt und der andere überbetont wird, oder wenn beide Pole bewußt und relativ gleichwertig, die Personen der Spannung jedoch nicht gewachsen sind. Ambivalenz gilt aber nicht per se als pathologisch. Die Anerkennung von Mehrdeutigkeit und Ambivalenz kann sogar zu größeren Freiheitsgeraden und mehr Optionen verhelfen.[35] Die Zielvorstellung im Umgang mit Ambivalenzen besteht folglich nicht darin, Eindeutigkeit herzustellen, sondern ein Leben mit Mehrdeutigkeit zu führen. Es geht nicht um eine (dialektische) Synthese bzw. um Konfliktlösung, sondern um das »Aushalten« gegensätzlicher Pole, also darum, Gegensätze bewußt nebeneinander und als zueinander gehörig gelten lassen.

Ambivalenz als notwendig und normal zu betrachten, ist innerhalb unserer christlich-abendländischen Tradition im Gegensatz zu fernöstlichen Traditionen kulturell nicht oder nur wenig gebahnt. »Die Forderung, bewußt mit Ambivalenz und mit Widersprüchen zu leben, sie nicht so schnell wie möglich ›lösen‹ oder ›auflösen‹ zu wollen, stellt die klassische Harmonievorstellung in Frage: Nicht das Vorhandensein stärkerer Konflikte in Individuum, Familie und Gesellschaft zeigt einen pathologischen Zustand, sondern die Unfähigkeit, derartige Spannungen auszuhalten. Die Betonung muß von der Konfliktbewältigung oder -lösung auf die ›Konfliktfähigkeit‹ verlagert werden, denn eine weitgehende Konfliktfreiheit kann zur Stagnation führen« (Otscheret 1987, S. 151).

In der Paartherapie hat die Therapeutin als dritte Person die Aufgabe, gemeinsam mit dem Paar die Spannungen auszuhalten, die speziell mit den Ambivalenzen und Paradoxien von Liebesbeziehungen einhergehen. Bereits dadurch kann sie zu Umbewertungen bzw. zu neuen Optionen anregen. Die möglichen Wunsch- und die Angstkomponenten angesichts der speziellen Herausforderung, eine Liebesbeziehung zu erhalten, hat Willi (2002) sehr anschaulich beschrieben:

»Diese Herausforderungen betreffen etwa die Fähigkeit, eine verbindliche Beziehung einzugehen, ohne allzu große Angst vor Verlust an Freiheit, aber auch ohne übergroße Angst davor, verlassen zu werden und sich auszuliefern. Sie beziehen sich auf die Fähigkeit, mit den begrenzten Liebesmöglichkeiten des Partners und mit seinen eigenen umzugehen und sich selbst und den Partner in seinen Grenzen zu akzeptieren, oder um die Anforderung, sein persönliches Potential in den Aufbau einer gemeinsamen Welt zu investieren, im Bewußtsein, damit auf die Wahl anderer Möglichkeiten zu verzichten, dafür mit dem Gewinn, sich mit einer gemeinsam geschaffenen Welt identifizieren zu können. Jede dieser Herausforderungen kann Angst auslösen und Anlaß geben, sich mit Abwehrmaßnahmen zu schützen und gegen den Partner abzusichern. Die Bewältigung dieser Ängste kann durch frühere Traumatisierungen in Beziehungen erschwert sein, die eine übermächtige Liebessehnsucht, aber auch eine übergroße Angst vor deren Erfüllung hinterlassen« (ebd., S. 303/4).

Eine weitere Herausforderung besteht möglicherweise darin, daß Menschen sehr viel von jeder ernsthaften Liebesbeziehung erwarten: eine intensive emotionale Bindung und gemeinsames Glück; eine Zweierbeziehung, die Leidenschaft und Stabilität garantiert; sowie eine dauerhafte Einrichtung, in der zwei Menschen alles füreinander bedeuten und gleichzeitig auch viele banale Aufgaben im Alltag erfüllen. Das romantische Liebesideal, in dem menschliche Ambivalenzen nicht vorkommen, wirkt sich konfliktsteigernd bis destruktiv aus, da ausgeblendet bleibt, daß Liebe und Leidenschaft, Wünsche und Sehnsüchte zwischen Menschen immer unauflösbar gebunden sind an »dunkle Seiten« und daß der Erhalt einer Liebesbeziehung entscheidend zu tun hat mit dem Aushalten und Versöhnen widerstrebender Tendenzen in einem selbst und in der Gemeinschaft.

Das Erleben von Ambivalenz geht immer mit inneren Spannungen einher, von denen man sich gern befreien möchte. Wenn man beobachtet, wie Paare sich von Ambivalenzen befreien, so findet man in der Paartherapie vor allem zwei typische Beziehungsmuster: Entweder wird ein Thema in verteilten Rollen polarisiert, oder von beiden gemeinsam wird eine Seite der ambivalenten Grundspannung überbetont. Im erstgenannten Fall werden Ambivalenzen interpersonell aufgeteilt, im zweiten zeitlich (vgl. Simon und Weber 1990).

- *Interpersonelle Aufteilung:* die Widersprüchlichkeit wird individuell nicht mehr wahrgenommen. Drängt zum Beispiel die Frau auf Veränderung, betont der Mann gleichzeitig die Beständigkeit; sorgt die Frau für Nähe, bemüht sich der Mann um Distanz und vice versa.
- *Zeitliche Aufteilung:* Beide Seiten werden zeitlich nacheinander erlebt. Dies kann so sein wie im Zitat von Montaigne, daß ein Paar zuerst nur mit einer Seite identifiziert ist, doch sobald das entsprechende Bedürfnis erfüllt ist, wird die andere Seite spürbar. Die Bedeutung der einen Seite kann folglich nur dann erfahren werden, wenn man gerade mit ihrem Gegensatz identifiziert ist, was in der

Regel zu einem mehr oder weniger schnellen Hin- und Herkippen zwischen den möglichen Zuständen führt. – Eine weitere Möglichkeit der zeitlichen Aufteilung besteht darin, daß ein Paar sehr langfristig eine Seite der Ambivalenz überbetont und die andere Seite gar keinen Platz hat.

In einer Paartherapie geht es im Fall der interpersonellen Aufteilung darum, daß aus interpersonellen wieder intrapsychische Konflikte werden und jeder der Partner in der Lage ist, die Ambivalenzspannung selbst zu tragen. Wenn beide Partner ihre Ängste und Erwartungen als ihre eigenen anerkennen, statt sie im anderen zu bekämpfen, verbessert sich in der Regel auch wieder das Verständnis füreinander.

Bei der zeitlichen Aufteilung meldet sich ein Paar oftmals dann zur Paartherapie an, wenn einer oder sogar beide überfordert sind, z. B. von einem Hin- und Herschwanken zwischen Zusammenbleiben und Trennung oder zwischen Nähe und Distanz. Oftmals ist es dann hilfreich, das Paar anzuregen, die Unentschiedenheit zunächst noch weiter auszuhalten und keine vorschnellen Entscheidungen zu treffen, bei denen immer eine Seite der Ambivalenz zu kurz käme. – Wenn das Paar nur mit einer Seite der Ambivalenz identifiziert ist und die andere Seite überspringt, wenn zum Beispiel bestimmte »Gütesiegel« der Partnerschaft oder bestimmte Tendenzen (z. B. Nähe, Autonomie, Wandel) einseitig betont werden, geht es darum, daß der Therapeut als »Anwalt der Ambivalenz« vorübergehend Partei für die andere, jeweils zu kurz kommende Seite ergreift. Damit werden Entwicklungsmöglichkeiten angestoßen, »das Entweder-Oder-Muster zu überwinden und die ambivalenten, gegenläufigen Tendenzen und Strebungen miteinander zu versöhnen oder dritte Wege zu entdecken oder zu erfinden« (Simon und Weber 1990, S. 260/61). Dies ist der Hintergrund dafür, daß es ratsam sein kann, Paaren, die mit dem Wunsch nach mehr Nähe in die Therapie kommen, zunächst einmal Distanz zu verordnen. Denn häufig sind solche Paare sich dauerhaft zu nah, die Nähe ist zur erstickenden Enge geworden; sie

5.2 Zur Therapie der Liebesbeziehung

brauchen Unterstützung bei der Einführung von Distanz im weitesten Sinne – sich als unterschiedliche Personen erkennen und anerkennen –, damit Nähe wieder möglich wird. Was Wynne bezüglich der Intimität feststellte, gilt auch für die Nähe: Das Ziel wird paradoxerweise um so weniger erreicht, je mehr man es herbeizwingen will.

Die Verbindung der Gegensätze ist eine Zielvorstellung der Individuation, und die Notwendigkeit, gegensätzliche Strebungen zu integrieren, wird je nach theoretischem Hintergrund und therapeutischem Vorgehen anders formuliert. Im Hinblick auf die Paarbeziehung gehört nach Wallerstein und Blakeslee (1996) zu einer »guten Ehe« die Balance zwischen Idealisierung und Realitätssinn, d.h. die Fähigkeit, sich einen idealisierenden und gleichzeitig realistischen Blick auf den Partner zu bewahren. Kernberg (1992, S. 797) hält es für entscheidend, daß die Liebe größer ist als der Haß. Nach Gottman (1994) liegt das Verhältnis von positiven zu negativen Interaktionen in befriedigenden Paarbeziehungen bei 5 : 1.[36] Und bereits Dicks (1967) ging von der Hypothese aus, daß eine Paarbeziehung in dem Ausmaß stabil und dauerhaft sei, in dem beide Partner »über alles gesehen« ein positives Gleichgewicht zwischen Befriedigung und Nichtbefriedigung erleben, was keinesfalls gleichbedeutend ist mit Konfliktfreiheit oder Glück.

Menschen gehen offenbar davon aus, ein Recht auf Glück zu haben. »Sobald wir aber nicht glücklich sind, neigen wir dazu, uns einen Sündenbock zu suchen, den wir dafür verantwortlich machen können. Solange wir jung sind, sind das meist ein Elternteil oder ein Bruder/eine Schwester, und später muß dann der Partner herhalten. Die Liebe ist deshalb nicht nur mit den Problemen befrachtet, die sie selbst von ihrem Wesen her beinhaltet, sondern außerdem auch noch mit der Last unserer sämtlichen Frustrationen und unerfüllten Wünsche ... wenn die Liebe am Leben bleiben soll, ist es vielleicht die wichtigste Vorbedingung, daß wir sie nicht überbürden« (Person 1990, S. 434/5).

Gemäß der philosophischen Lebenskunst wird Glück nicht nur vom Positiven bestimmt, also vom Angenehmen, vom Wohlfühlen, von guten Empfindungen, vom Glück auf körperlicher und seelischer Ebene. In der philosophischen Lebenskunst wird sogar davor gewarnt (Schmid 2000), das gesamte Leben unter den Aspekt des Wohlfühlglücks zu stellen, eine Diskussion, die auch nochmals die Frage berührt, ob die Ehe mehr Wohlfahrtseinrichtung oder Heilsanstalt bedeutet. Die moderne philosophische Lebenskunst erinnert an das der antiken Philosophie bekannte Glück der Fülle, das es wiederzuentdecken gilt. Dieses Glück der sogenannten *eudaimonia* gilt als umfassender, dauerhafter und weniger abhängig von momentanen Empfindungen. Es stellt die Balance in allen Polaritäten des Lebens dar, und zwar durch das gesamte Leben hindurch, nicht nur in einem jeweiligen Augenblick: Gelingen und Mißlingen gehören dazu, Erfolg und Mißerfolg, Lust und Schmerz, kurz: »Positives« und »Negatives«. Das Glück der Fülle umfaßt daher nicht nur das Glücklichsein des Wohlfühlens, sondern paradoxerweise auch das Unglücklichsein. Dieses Glück der Fülle ist eine Frage der eingenommenen Haltung, zu der Gefühl und Geist gehören, Heiterkeit und Gelassenheit. In diesem umfassenden Verständnis von Eudaimonia könnte man sogar auch wieder heiraten, um glücklich zu sein.

Zur Utopie der Paartherapie
Die meisten Paare, die zur Paartherapie kommen, hoffen mit Hilfe des Therapeuten einen neuen Weg für ihre Paarbeziehung zu finden. Die Hoffnung, die sich zunächst auf die dritte Person richtet, muß sich jedoch – wenn die Therapie erfolgreich ist – in ein Vertrauen in die eigenen Möglichkeiten verwandeln. Bei diesen Möglichkeiten geht es zum einen um das Potential der beiden Individuen; wenn sich die beiden jedoch entschieden haben, ihrer Liebesbeziehung eine Zukunft zu geben, geht es zum anderen und speziell unter dem Aspekt der Paartherapie um das Potential des Paares. Dieses Potential, verbunden mit einer Vision für die Zukunft des Paares, kann zwei Menschen auf einen neuen Weg bringen. Hierbei ist jedoch immer zu prüfen, in welchem Ausmaß sich Möglichkeiten und Visionen entsprechen: Es ist günstig, wenn das

Paar die Voraussetzungen hat, die Vision annäherungsweise erfüllen zu können. Übersteigen hingegen die Visionen die realistischen Möglichkeiten des Paares in erheblichem Ausmaß, wirken sie sich meist quälend und destruktiv aus, und es ist zu prüfen, ob die Visionen dem Potential angenähert werden können.

Die Paartherapie lebt aber auch von den Visionen auf der Seite der Therapierenden. Welche Visionen und Utopien haben die therapeutisch Tätigen über das Zusammenleben von Mann und Frau? Und wie gut passen diese Visionen und Utopien zu den wirklichen Paaren? Wie gut passen sie gegebenenfalls zur eigenen Paarbeziehung? Die Liebe gilt als eine uns Menschen eigene Gestaltungskategorie, welche die Wirklichkeit zu transzendieren vermag, die äußere und die innere Wirklichkeit. Insofern stellt die Liebe auch eine Utopie dar, die unter günstigen Umständen hin und wieder realisiert werden kann: Wenn man liebt, ist es leicht, großzügig und gut zu sein, sich in den besten Möglichkeiten zu zeigen und andere in ihren besten Möglichkeiten zu sehen; auch Verzeihen wird unter diesen Bedingungen erleichtert.

Die Möglichkeit, mit Hilfe der Liebe innere und äußere Grenzen zu überwinden – selbst wenn daraus neue Begrenzungen folgen –, ist faszinierend. Bei distanzierter Betrachtung gleichfalls faszinierend, aber vor allem erschreckend und leidbringend, sind deren »dunkle Seiten«, die oftmals ausgeblendet werden, jedoch integriert werden müssen, wenn eine Person den Individuationsweg der Liebe gewählt hat. Liebe und Ehe als Individuationsweg, als Weg zur Verbindung existentieller Gegensätze, wie die Jungianer sagen, sind keineswegs für alle Menschen geeignet. Es geht dabei um ein weitaus anspruchsvolleres Unterfangen als bei dem durch Verliebtheit ausgelösten Entwicklungsschub.

Stein (1983) vertritt die These, unsere heutigen Beziehungsmuster gestatteten – trotz neuer Formen von Ehe und Gemeinschaft – nur neue Variationen des Themas Bindung; sie entsprächen nicht der Notwendigkeit der anderen Seite, dem Bedürfnis nach Freiheit. Das moderne Muster der aufeinanderfolgenden Ehen und Scheidungen, die soge-

5 Diagnostik und Therapie

nannten Lebensphasen-Partnerschaft, heile nicht die gespaltene Polarität von Bindung und Freiheit, sondern erkaufe nur die Illusion einer vorübergehenden Freiheit. »Das Bedürfnis, gebunden zu sein, kehrt bald in alter Stärke zurück, und deshalb heiratet ein so hoher Prozentsatz der geschiedenen Leute bald wieder« (S. 3). Stein bezeichnet mit »Coupling und Uncoupling« die durchaus bedenkenswerte Vision, Gegensätze auszuhalten und zum Beispiel mit dem gleichen Ehepartner immer auch ein bißchen unverheiratet zu bleiben.

Anmerkungen

1 Die Untersuchung zur Qualität und Stabilität von Paarbeziehungen (Riehl-Emde 1998) wurde an einer Zufalls-Stichprobe von 204 Ehepaaren aus Stadt und Kanton Zürich durchgeführt, die zwischen 5 und 30 Jahren verheiratet waren. Die Zufalls-Stichprobe, auch Referenzgruppe genannt, wurde von einem unabhängigen Forschungsinstitut ermittelt. Die Befragung erfolgte schriftlich, die Rücklaufquote lag bei 74,7 % der versandten Fragebogen. Die Antworten dieser Referenzgruppe dienten zum Vergleich mit den Antworten von 31 Paaren aus laufenden Paartherapien. Die Therapie-Stichprobe wurde mit Hilfe von vier Therapeuten und fünf Therapeutinnen rekrutiert.

2 Übrigens gehörten die Paare, die Paartherapie in Anspruch nehmen, eher einer höheren Bildungsschicht an, wie oft vermutet wird. Etwa 6 % der Paare der Referenzgruppe gaben an, mit ihrem Partner je eine Eheberatung oder Paartherapie aufgesucht zu haben. Diese Zahlen lassen sich vermutlich auf therapeutisch ähnlich gut versorgte Regionen übertragen.

3 Die Thematik »Religiosität« erwies sich allerdings als stichprobenspezifisch und besonders bedeutsam für Personen aus einer katholischen Region Österreichs. Von den Stichproben der Hauptuntersuchung wurde »Religiosität« nicht sehr hoch gewichtet. – »Religiosität« war laut Beschreibung im Fragebogen nicht zwangsläufig an die Kirche gebunden, sondern breiter gefaßt i. S. einer »religiösen Dimension«. Es geht z. B. darum, ob eine Person oder ein Paar die Idee haben, gemeinsam in einem größeren Ganzen aufgehoben zu sein.

4 Auf die Berührungspunkte zwischen Liebe und Religion wurde schon von vielen Seiten hingewiesen. So beschrieb zum Beispiel Max Weber die Liebe als Konkurrentin der Religion, weil sie ähnliche Sinnbedürfnisse erfülle (zit. Burkart 1998, S. 14); «Ekstase» ist ein Phänomen, das sowohl aus dem religiösen als auch aus dem erotischen Erlebnisbereich bekannt ist; und auch das «ozeanische Gefühl«, in dem das Einssein mit dem großen Ganzen erlebt wird bzw. die Grenze zwischen dem Ich und einem anderen verschwimmt, kann beiden Erlebnisbereichen zugerechnet werden.

5 419 Frauen (69 %) und 187 Männer (31 %), im Mittel 39 Jahre alt (Spannweite: 18–82 Jahre), Teilnehmer öffentlicher Lesungen aus dem Buch »Was hält Paare zusammen« (Willi 1991) wurden in die Untersuchung einbezogen; die Lesungen fanden in der Schweiz und in Österreich statt.

Anmerkungen

6   Dieser Abschnitt basiert in großen Teilen auf Lenz (1998).
7   Z.B. Friedrich Schlegel (Roman »Lucinde«, orig. 1799) und Friedrich Schleiermacher.
8   Wie z.B. Leupold (1983) ausführt, bringen es die Vorgänge der Universalisierung des neuen Ehegründungsprinzips und die Engführung der Liebe auf die Ehe mit sich, »daß die Institutionalisierung der Liebessemantik sich nicht des avanciertesten Niveaus liebestheoretischer Reflexionen bedienen kann und also als Semantik einen Trivialisierungsprozeß erfährt« (S. 301).
9   Luhmann war nicht der erste, der die Liebe als Kommunikationsmedium definierte, er hat diese Idee allerdings besonders deutlich herausgearbeitet (vgl. Burkart 1998, S. 33).
10 Quellen u. a.: Luhmann 1982; Simmel 1921; Tyrell 1987.
11 So beschrieben in Patricia Highsmith (1964), Der süße Wahn. Diogenes, Zürich.
12 1. Bewunderung; 2. Welche Lust usw.; 3. Hoffnung; 4. Die Liebe erwacht; 5. Erste Kristallisation; 6. Zweifel tauchen auf; 7. Zweite Kristallisation.
13 Es gibt allerdings auch kritische Stimmen, die in der Freudschen Theorie der Verliebtheit »nur« (?) eine philosophische Spekulation sehen.
14 Vgl. Freud (1930, S. 422) über das »ozeanische« Gefühl, das hier auch als Quelle religiöser Energie eingeführt wird. Andere Berührungspunkte zwischen Liebe und Religion finden sich in den Begriffen Enthusiasmus und Ekstase.
15 Groucho Marx: »Ich würde niemals einem Klub beitreten, der mich als Mitglied akzeptiert.«
16 »Liebe ist, daß Du mir das Messer bist, mit dem ich in mir wühle« (Franz Kafka, Brief an Milena Jesenka).
17 Evtl. wäre »volitional« die zutreffendere Bezeichnung.
18 Drei wesentliche Gruppen von Prädiktoren für Ehestabilität und Ehequalität werden unterschieden (Karney und Bradbury 1995):
    ■ *Überdauernde Eigenschaften der Partner oder der Dyade:* Bildungsniveau, Neurotizismus, Bindungsstil, die Passung der Merkmale der beiden Partner; überdauernde dyadische Merkmale: gemeinsamer Besitz, Beziehungsdauer vor der Ehe.
    ■ *Belastende Ereignisse:* Arbeitslosigkeit, Krankheit, Streß am Arbeitsplatz, Seitensprung, Schwierigkeiten mit den Kindern (sie benennen Vulnerabilitäten, meinen jedoch auch das Gegenteil: protektive Faktoren).
    ■ *Adaptive Prozesse:* Bewältigungsprozesse von Paaren; insbesondere wurde das Interaktionsverhalten von Paaren im Rahmen von Konfliktgesprächen untersucht.
19 In dieser Studie wurden 17 Paare mehrfach befragt. Sie waren beim letzten Untersuchungszeitpunkt zwischen 50 und 69 Jahre verheiratet.
20 Vgl. Berger und Kellner (1965); Leisi (1983).
21 Personen und Ereignisse sind anonymisiert, um den Persönlichkeitsschutz der Betroffenen zu gewährleisten.

Anmerkungen

22 Spark, N. (1996): Wie ein einziger Tag. Wilhelm Heyne Verlag, München; Bayley, J. (2000): Elegie für Iris. C. H. Beck, München.
23 »Einen Menschen zu lieben, heißt einwilligen, mit ihm alt zu werden« (Albert Camus).
24 Dieser Therapieverlauf erschien unter dem Thema »Paartherapie als Trennungsbegleitung« in Kontext 31: 139–155 (2000).
25 Zum Umgang mit Außenbeziehungen haben z.B. Finzi (1988), Gambaroff (1984), Jellouschek (1995), Smith (1991) und Thompson (1984) wertvolle Anregungen gegeben. Zum Thema der »unmöglichen Liebe« empfiehlt sich Bauer (1995).
26 Mit *negativer Gegenseitigkeit* bezeichnet Stierlin, abweichend von Wynne, einen Mangel an Bewegung, Mangel an Dialog, gegenseitige Abwertung. Dies führt zu komplementärer Erstarrung oder zu symmetrischer Eskalation.
27 Das OHI und das dazugehörige Kodiermanual liegen inzwischen auch in deutsch vor, ihre methodische Güte ist untersucht, die Reliabilität gilt als befriedigend bis ausreichend. Die deutsche Version heißt »PIB« (Paar-Interview zur Beziehungsgeschichte) (Saßmann et al. 1997; Saßmann 2001).
28 Gegenüber der Originalversion (Buehlman und Gottman 1996) ist die deutsche Fassung um zwei Fragenkomplexe zu Sexualität/Familienplanung und Aggression/Gewalt erweitert (Modul 1 und 2).
29 Bei unglücklichen Paaren dominieren im Unterschied zu glücklichen Paaren insbesondere die folgenden vier Bereiche (Übersicht bei Halford et al. 1997):
- ineffektive Kommunikations-, Konfliktregelungs- und Problemlösungsfertigkeiten;
- ein reduziertes Ausmaß an positiven Beziehungserfahrungen im alltäglichen Kontakt des Paares, auch in nicht konflikthaften Situationen;
- eine wechselseitig stabile, internale und globale Zuschreibung von negativen Absichten und Eigenschaften der Partner, die in Konfliktsituationen die Wahrscheinlichkeit für den Einsatz destruktiver Konfliktregulierungsstrategien erhöht;
- ungünstige Beziehungserinnerungen bei der Rekonstruktion der gemeinsamen Beziehungsgeschichte.

30 Auch die in Kap. 3 vorgestellten empirischen Modelle basieren auf der Vorstellung, daß Liebe aus relativ unabhängigen Dimensionen besteht, der emotionalen, kognitiven und motivationalen bzw. Triebkomponente.
31 »...l'on revient toujours à ses premiers amours« (Charles-Guillaume Etienne).
32 Übrigens wurde eine gewisse »Entkoppelung« von Sexualität und Partnerschaft auch in der Anfangszeit der Sexualtherapie vorgenommen (Masters und Johnson 1973); die Verbindung mit der Paarbeziehung wurde erst im Rahmen der »Psychosexualtherapie« (Singer Kaplan 1981) gefestigt.

Anmerkungen

33 Aus bindungstheoretischer Perspektive bedeutet dies, allzuviel Vertrautheit in Frage zu stellen und anstelle der Bindungs- die Explorationsseite zu aktivieren.

34 »Die Liebe ist nur eine Episode im Leben des Mannes; sie ist die ganze Geschichte des Frauenlebens« (Mme. de Staël).
»Wenn eine Frau liebt, liebt sie immer; ein Mann hat zwischendurch zu tun« (Niklas Luhmann).

35 Baumann (1992) formulierte es als ein Ziel der Moderne, Ambivalenztoleranz zu entwickeln: Ambivalenz sei Normalität und Notwendigkeit, die Pathologie zeige sich in der »Verdrängung des Widerspruchs«.

36 Wie stabil diese »Gottman-Konstante« ist, ist noch unklar. Jedenfalls hat sie sich gegenüber dem früher ermittelten Verhältnis von 1 : 10 bereits erheblich verändert.

Literatur

Abraham G (1985) Sexualität und Befriedigung in langdauernden Paarbeziehungen. Familiendynamik 10: 353–359
Ainsworth MDS, Blehar MC, Waters E, Walls S (1978) Patterns of Attachment: A Psychological Study of the Strange Situation. Erlbaum Associates, Hillsdale NJ
Ainsworth MDS (1982) Attachment: Retrospect and Prospect. In: Parkes CM, Stevenson-Hinde J (eds) The Place of Attachment in Human Behavior. New York: Basic Books, S. 3–31 (zit. Schneewind 1999)
Alberoni F (1998) Liebe. Das höchste der Gefühle. München, Heyne
Arentewicz G, Schmidt G (1986) Sexuell gestörte Beziehungen. Springer, Heidelberg
Assmann J (1997) Das kulturelle Gedächtnis. C. H. Beck, München (zit. Retzer 2002)
Baber R (1953) Marriage and the Family. New York, 2. Aufl. (zit. Leupold 1983)
Bader E, Pearson PT (1988) In Quest of the Mythical Mate. New York, Brunner/Mazel (zit. Revenstorf 1999)
Bauer J (1995) Unmögliche Liebe: vom Sinn unerlaubter Leidenschaften. Schweizer Spiegel-Verlag, Zürich
Baumann Z (1992) Moderne und Ambivalenz. Das Ende der Eindeutigkeit. Junius, Hamburg
Baumeister RF, Smart L, Boden JM (1999) Relation of Threatened Egotism to Violence and Aggression: The Dark Side of High Self-Esteem. In: Baumeister RF (ed) The Self in Social Psychology. Key Readings in Social Psychology. Psychology Press, Philadelphia, P. A., S. 240–284 (zit. Becker 2002)
Beck U (1990) Die irdische Religion der Liebe. In: Beck U, Beck-Gernsheim E: Das ganz normale Chaos der Liebe. Suhrkamp, Frankfurt/Main, S. 222–266
Becker P (2002) Gewalttätige. Zur Persönlichkeitsstruktur von Gewalttätigen: Eine Untersuchung mit dem Trierer Integrierten Persönlichkeitsinventar (TIPI). Report Psychologie 27: 550–555
Beigel HG (1951) Romantic Love. American Sociological Review 16: 326–334 (zit. Leupold 1983)
Berger R (1984) Übereinstimmungen und Unterschiede zwischen Ehepartnern. In: Glatzer W, Zapf W (Hrsg) Lebensqualität in der Bundesrepublik. Wissenschaftliche Buchgesellschaft Darmstadt. Campus, Frankfurt/Main, S. 307–322
Berger PL, Kellner H (1965) Die Ehe und die Konstruktion der Wirklichkeit. Soziale Welt 15: 220–235

Literatur

Bierhoff HW (1993) Heterosexuelle Partnerschaften: Entstehung, Aufrechterhaltung und Auflösung. In: Auhagen AE, von Salisch M (Hrsg) Zwischenmenschliche Beziehungen. Hogrefe, Göttingen, S. 175–194

Bierhoff HW, Grau I, Ludwig A (1993) Marburger Einstellungs-Inventar für Liebesstile (MEIL). Hogrefe, Göttingen

Bischof N (1985) Das Rätsel Ödipus. Piper, München

Bösch J (1988) Sind Verliebtheit, Symbiose und Idealisierung für den Aufbau einer Paarbeziehung wichtig? Familiendynamik 13: 116–126

Bösch J (1995) Paar- und Sexualtherapie mit älteren Menschen. In: Jovic N, Uchtenhagen A: Psychotherapie mit Älteren. Fachverlag, Zürich, S. 296–309

Bowlby J (1975) Bindung. Kindler, München

Bradbury TN, Fincham FD (1990) Attribution in Marriage: Review and Critique. Psychological Bulletin 107: 3–33

Brähler E, Richter H-E (2000) Das psychologische Selbstbild der Deutschen im Giessen-Test zur Jahrhundertwende. In: Decker O, Brähler E (Hrsg) Deutsche – 10 Jahre nach der Wende. Psychosozial 80: Gießen: Psychosozial-Verlag, S. 47–51

Bräutigam W (1991) Bindung und Sexualität in psychoanalytischen Theorien und in der Praxis. Psychotherapie, Psychosomatik, Medizinische Psychologie 41: 295–305

Buehlman K, Gottman JM (1996) The Oral History Coding System. In: Gottman JM (ed): What Predicts Divorce? The Measures. (OHI1–OHI118). Erlbaum, Hillsdale, N. J. (zit. Saßmann 2001)

Burgess EW (1926) The Romantic Impulse and Family Disorganization. Survey 57: 290–294 (zit. Leupold 1983)

Burkart G (1997) Lebensphasen – Liebesphasen. Vom Paar zur Ehe zum Single und zurück? Leske und Budrich, Opladen

Burkart G (1998) Auf dem Weg zu einer Soziologie der Liebe. In: Hahn K, Burkart G (Hrsg): Liebe am Ende des 20. Jahrhunderts. Leske und Budrich, Opladen, S. 15–49

Burkart G, Kohli M (1992) Liebe, Ehe, Elternschaft. Piper, München

Cirillo S, Di Blasio P (1992) Familiengewalt. Ein systemischer Ansatz. Klett-Cotta, Stuttgart

Clement U (2001) Systemische Sexualtherapie. Zeitschrift für Sexualforschung 14: 95–112

Cöllen M (1997) Paartherapie und Paarsynthese. Lernmodell Liebe. Springer, Wien

Cohn DA, Silver D, Cowan CP, Cowan PA, Pearson J (1992) Working Models of Childhood Attachment and Couple Relationship. Journal of Family Issues 13: 432–449

Der Spiegel (2000) Die neue Zweisamkeit. Sehnsucht nach der Beziehungsidylle. Nr. 43, 23. 10. 2000, S. 300–316

Dicks HV (1967) Marital Tensions. Routledge und Kegan Paul, London (Neudruck 1993 und 2000 Karnac, London)

Dux G (1994) Geschlecht und Gesellschaft. Warum wir lieben. Die romantische Liebe nach dem Verlust der Welt. Suhrkamp, Frankfurt/Main

Ebbecke-Nohlen A (2000) Systemische Paartherapie – Das Balancieren von Gemeinsamkeiten und Unterschieden. Psychotherapie im Dialog 1(2): 21–28

Eiguer A, Ruffiot A (1991) Das Paar und die Liebe. Psychoanalytische Paartherapie. Klett-Cotta, Stuttgart

Finzi SC (1988) Die Affaire. Familiendynamik 13: 160–164

Fooken I (1995) Geschlechterdifferenz oder Altersandrogynität? Zur Beziehungsentwicklung in langjährigen Ehebeziehungen. In: Kruse A, Schmitz-Scherzer R (Hrsg.) Psychologie der Lebensalter. Steinkopff, Darmstadt, S. 231–239

Frankfurt HG (2000) Vom Sorgen oder: Woran uns liegt. In: Thomä D (Hrsg) Analytische Philosophie der Liebe. Mentis, Paderborn, S. 195–224

Freud S (1904/05) Drei Abhandlungen zur Sexualtheorie. GW V, S. Fischer, Frankfurt/Main, S. 27–145

Freud S (1910) Beiträge zur Psychologie des Liebeslebens. GW VIII, S. Fischer, Frankfurt/Main, S. 65–91

Freud S (1914) Zur Einführung in den Narzißmus. GW Band X, S. Fischer, Frankfurt/Main, S. 137–170

Freud S (1930) Das Unbehagen in der Kultur. GW XIV, S. Fischer, Frankfurt/Main, S. 419–506

Fromm E (1982) Die Kunst des Liebens. Ullstein, Frankfurt/Main (Original: The Art of Loving. Harper und Row, New York, 1956)

Gambaroff M (1984) Utopie der Treue. Rowohlt, Reinbek

Gibran K (1994): Der Prophet. Walter-Verlag, Solothurn, 29. Aufl. (Original: The Prophet. A. Knopf-Verlag, New York)

Giddens A (1993) Wandel der Intimität. Sexualität, Liebe und Erotik in modernen Gesellschaften. S. Fischer, Frankfurt/Main (zit. Koppetsch 1993)

Golden GK (1991) Coupling: Contracts, Attachment and Love. in: Brothers BJ (ed) Coupling ... What Makes Permanence? The Haworth Press New York, London, Sydney, S. 63–70

Goldner V, Penn P, Sheinberg M, Walker G (1992) Liebe und Gewalt: geschlechtsspezifische Paradoxe in instabilen Beziehungen. Familiendynamik 17: 109–140

Gottman JM (ed) (1994) What Predicts Divorce? Erlbaum, Hillsdale, N. J.

Gottman JM (2001) Die 7 Geheimnisse der glücklichen Ehe. Marion von Schröder Verlag, München

Gottman JM, Krokoff LJ (1989) Marital Interaction and Satisfaction: A Longitudinal View. Journal of Consulting and Clinical Psychology 57: 47–52

Greenberg IS, Johnson SM (1988) Emotionally Focused Therapy for Couples. Guilford Press, New York

Grunebaum H (1997) Thinking about Romantic/Erotic Love. Journal of Marriage and Family Therapy 23: 295–307

Guggenbühl-Craig A (1985) Die Ehe ist tot – lang lebe die Ehe. Schweizer Spiegel Verlag, Raben-Reihe, Zürich, 3. Aufl.

Guggenbühl-Craig A (1992) Vom Guten des Bösen. Über das Paradoxe in der Psychologie. Schweizer Spiegel Verlag, Raben-Reihe, Zürich

Guggenbühl-Craig A (1994) Kinderlose Paare gibt es nicht. In: Schultz HJ (Hrsg) Kinder haben? Entscheidung für die Zukunft. dtv, München, S. 196–208

Guggenbühl-Craig A (1999) Liebe im Alter und das Hohelied. Familiendynamik 24: 409–418

Hahlweg K (1986) Partnerschaftliche Interaktion. Empirische Untersuchungen zur Analyse und Modifikation von Beziehungsstörungen. Gerhard Röttger Verlag, München

Hamilton G (1929) A Research in Marriage. Boni, New York

Halford WK, Kelly A, Markman HJ (1997) The Concept of Healthy Marriage. In: Halford WK, Markman HJ (eds) Clinical Handbook of Marriage and Couples Intervention, Wiley, New York, S. 3–12 (zit. Schneewind 1999, S. 134)

Haug W (2001) Tristan und Lancelot. Das Experiment mit der personalen Liebe. In: Meier H, Neumann G (Hrsg) Über die Liebe: Ein Symposion. Piper, München, S. 197–233

Hazan C, Shaver PR (1987) Romantic Love Conceptionalized as an Attachment Process. Journal of Personality and Social Psychology 52: 511–524

Hazan C, Shaver PR (1994) Attachment as an Organizational Framework for Research on Close Relationships. Psychological Inquiry, 5: 1–22

Heekerens HP (1995) Die Emotions-Fokussierte Paartherapie – Behandlungsansatz – Wirksamkeitsprüfung und Prozeßerforschung. Zeitschrift für Klinische Psychologie, Psychopathologie und Psychotherapie 43: 308–324

Hochschild A (1989) The Economy of Gratitude. In: Franks DD, McCarthy ED (eds) The Sociology of Emotions. Jai Press Inc., Greenwich/London (zit. Koppetsch 1993)

Imber-Black E, Roberts J, Whiting RA (1998) Rituale. Rituale in Familien und Familientherapie. Carl-Auer-Systeme, Heidelberg, 3. Aufl.

Jellouschek H (1989) Die Froschprinzessin. Kreuz-Verlag, Zürich

Jellouschek H (1992) Die Kunst als Paar zu leben. Kreuz-Verlag, Zürich

Jellouschek H (1995) »Warum hast Du mir das angetan?« Untreue als Chance. Piper, München

Jung CG (1925) Die Ehe als psychologische Beziehung. In: Graf Keyserling H (Hrsg) Das Ehebuch. Niels Kampmann Verlag, Celle, S. 295–307 (in: GW 17, Walter Verlag, Olten, 7. Aufl. 1993, § 324–345)

Kämmerer A, Kapp F (2002) Emotionale Stiefkinder therapeutischen Handelns: Zum Beispiel Vergebung. Psychotherapie im Dialog 3: 184–187

Karney BR, Bradbury TN (1995) The Longitudinal Course of Marital Quality and Stability: A Review of Theory, Method, and Research. Psychological Bulletin 118: 3–34

Kast V (1982) Trauern. Phasen und Chancen des psychischen Prozesses. Kreuz-Verlag, Zürich

Kast V (1984) Paare. Kreuz-Verlag, Zürich

Kernberg OF (1974) Mature Love: Prerequisites and Characteristics. Journal of the American Psychoanalytic Association 22: 743–768 (zit. Grunebaum 1997)

Kernberg OF (1992) Aggression und Liebe in Zweierbeziehungen. Psyche 46: 797–820

Kernberg OF (1998) Liebesbeziehungen. Normalität und Pathologie. Klett-Cotta, Stuttgart (Original: Love Relations. Normality and Pathology. Yale University Press, New Haven, London, 1995)

Kobak RR, Hazan C (1991) Attachment in Marriage: Effects of Security and Accuracy of Working Models. J Pers Soc Psychol 60: 861–869

Koppetsch C (1998) Liebe und Partnerschaft: Gerechtigkeit in modernen Paarbeziehungen. In: Hahn K, Burkart G (Hrsg): Liebe am Ende des 20. Jahrhunderts. Leske und Budrich, Opladen, S. 111–129

Kriebel A, Tress W (1987) Liebe und Partnerschaft im Erwachsenenalter: Fortbestehen oder Korrektur frühkindlicher Erfahrungen? Z Psychosom Med Psychoanal 33, 276–293

Krokoff LJ (1984) The Anatomy of Blue-Collar Marriages. Unpublished doctoral dissertation. University of Illinois at Urbana-Champaign (zit. Saßmann 2001)

Kuster J (1998) Wie häufig folgen auf Eheberatung/-therapie Trennung und Scheidung? Untersuchung am Klientel einer ärztlich geleiteten Eheberatungsstelle. Med. Diss., Universität Zürich

Laing RD (1978) Liebst du mich? Kiepenheuer und Witsch, Köln (Original: Do you love me? Pantheon Books, New York, 1976)

Lee JA (1973) The Colors of Love. Englewood Cliffs, NJ: Prentice-Hall

Lee JA (1974) The Styles of Loving. Psychology Today 8: 44–51

Leisi E (1983) Paar und Sprache. Quelle und Meyer (UTB 824), Heidelberg

Lenz K (1998) Romantische Liebe – Ende eines Beziehungsideals? In: Hahn K, Burkart G (Hrsg) Liebe am Ende des 20. Jahrhunderts. Leske und Budrich, Opladen, S. 65–85

Leupold A (1983) Liebe und Partnerschaft: Formen der Codierung von Ehen. Zeitschrift für Soziologie 12: 297–327

Luhmann N (1982) Liebe als Passion. Zur Codierung von Intimität. Suhrkamp, Frankfurt/Main

Luhmann N (1984) Soziale Systeme. Suhrkamp, Frankfurt/Main

Madanes C (1997) Sex, Liebe und Gewalt. Auer, Heidelberg

Literatur

Maschino MT (1996) Lügt, aber lügt gut. in: NZZ Folio, Zeitschrift der Neuen Zürcher Zeitung, Nr. 9

Masters WH, Johnson VE (1970) Die sexuelle Reaktion. Rowohlt, Reinbek (Original: Human Sexual Response. Little & Brown, Boston, 1966)

Masters WH, Johnson VE (1973) Impotenz und Anorgasmie. Zur Therapie funktioneller Sexualstörungen. Krüger/Stahlberg, Frankfurt/Main (Original: Human Sexual Inadequacy. Little & Brown, Boston, 1970)

Meyer-Holzapfel M (1940) Triebbedingte Ruhezustände als Ziel von Appetenzhandlungen. Die Naturwissenschaften 28: 273–280 (zit. Bischof 1985, S. 175f.)

Montaigne M de (1953) Essais. Manesse, Zürich

Notarius C, Markman H (1996) Wir können uns doch verstehen. Reinbek, Rowohlt (Original: We Can Work It out. Making Sense of Marital Conflict. GP Putnam's Sons, New York 1993)

Otscheret E (1988) Geschichte und Interpretation der menschlichen Zwiespältigkeit. Asanger, Heidelberg

Person E (1990) Lust auf Liebe. Rowohlt, Reinbek (Original: Dreams of Love and Fateful Encounters. The Power of Romantic Passion. WW Norton and Company, New York 1988)

Platon (o. J.) Das Gastmahl. Felix Meiner Verlag, Hamburg

Platon (o. J.) Phaidros. (zit. Specht 1977)

Retzer A (1993) Die Gewalt der Eindeutigkeit – die Mehrdeutigkeit der Gewalt. Zum Verhältnis von Liebe, Vernunft und Gewalt. Familiendynamik 18: 223–254

Retzer A (1993) Die Geburt der Gewalt aus dem Geiste der Liebe. In: Schweitzer J, Retzer A, Fischer HR (Hrsg) Systemische Praxis und Postmoderne. Suhrkamp: Frankfurt/Main, S. 297–329

Retzer A (2002) Das Paar. Eine systemische Beschreibung intimer Komplexität. Teil I: Liebesbeziehungen. Teil II: Partnerschaften. Familiendynamik 27: 5–42; 186–217

Revenstorf D (1999) Wenn das Glück zum Unglück wird. Psychologie der Paarbeziehung. Beck, München

Revenstorf D (2000) Liebe und die empirische Forschung. Gottmans Versuch, das Unfaßbare faßbar zu machen. Familiendynamik 25: 50–54

Riehl-Emde A (1998) Die Liebe – eine vernachlässigte Dimension in Paartherapie und Eheforschung. Untersuchung zur Qualität und Stabilität von Ehen mit Hilfe eines neu entwickelten Fragebogens an »normalen« Paaren und an Paaren in Paartherapie. Habilitationsschrift, Universität Zürich

Riehl-Emde A (2000a) »Kann denn Liebe Sünde sein?« – Paarforschung und Paartherapie entdecken ein neues Gebiet. Psychotherapie im Dialog 1(2): 76–80

Riehl-Emde A (2000b) »Paartherapie als Trennungsbegleitung«. Kontext 31: 139–155

Riehl-Emde A, Willi J (1997) Sich verlieben und die große Liebe. Eine Fragebogenaktion und Überlegungen aus paartherapeutischer Sicht. Psychotherapeut 42: 85–91

Ritter J, Gründer KV (Hrsg) (1980) Historisches Wörterbuch der Philosophie. Band 5, Schwabe & Co AG, Basel, Stuttgart

Ruffiot A (1991) Das Paar und die Liebe. Klinische und psychosoziologische Überlegungen. In: Eiguer A, Ruffiot A (1991) Das Paar und die Liebe. Psychoanalytische Paartherapie. Klett-Cotta, Stuttgart, S. 151–160

Sager CJ (1981) Couples Therapy and Marriage Contracts. In: Gurman AS, Kniskern DP (eds) Handbook of Family Therapy. Brunner und Mazel, New York, S. 85–130

Saner H (1999) Über die Liebe zu außermenschlichen Objekten und ihre Folgen für das Leben. Familiendynamik 24: 383–394

Saßmann H (2001) Die Beziehungsgeschichte: Das ewig gleiche Lied – oder der kleine Unterschied? Reliabilität, Validität und praktische Eignung eines Paar-Interviews zur Beziehungsgeschichte. Verlag für Psychotherapie, Münster

Saßmann H, Braukhaus C, Hahlweg K (1997) Paar-Interview zur Beziehungsgeschichte (PIB). Kodiermaterial. Unveröffentlichtes Manuskript. Christoph-Dornier-Stiftung für Klinische Psychologie an der Technischen Universität Braunschweig, Braunschweig (zit. Saßmann 2001)

Schellenbaum P (1994) Ehe ohne Kinder – gewollt, ungewollt. In: Schultz HJ (Hrsg) Kinder haben? Entscheidung für die Zukunft. dtv, München, S. 209–222

Schmidt G (1995) Über den Wandel heterosexueller Beziehungen. Zeitschrift für Sexualforschung 8: 1–11

Schmidt G (1998) »Wir sehen immer mehr Lustlose!« Zum Wandel sexueller Klagen. Familiendynamik 23: 348–365

Schmid W (2000) Schönes Leben? Einführung in die Lebenskunst. Suhrkamp, Frankfurt/Main

Schnarch D (1991) Constructing the Sexual Crucible. Norton, New York

Schnarch D (1997) Passionate Marriage: Love, Sex and Intimacy in Emotionally Committed Relationships. Norton, New York

Schneewind KA (1999) Familienpsychologie. Kohlhammer, Stuttgart, 2. Aufl.

Schweitzer J, von Schlippe A (2000) Paartherapie – Gemeinsamkeiten und Unterschiede. Psychotherapie im Dialog 1(2): 81–83

Sennett R (1977) in: Birnbaum (ed) Beyond the Crisis. Oxford (zit. Baumann 1992)

Sennett R (1983) Verfall und Ende des öffentlichen Lebens. Die Tyrannei der Intimität. S. Fischer, Frankfurt/Main, 3. Aufl.

Sennett R (1998) Der flexible Mensch – die Kultur eines neuen Kapitalismus. Wissenschaftliche Buchgesellschaft, Darmstadt

Simmel G (1906) Psychologie der Diskretion. In: Aufsätze und Abhandlungen 1901–1908, Bd. II, Gesamtausgabe Band 8, Suhrkamp. Frankfurt/Main (1993), S. 82–86 (zit. Burkart 1998)

Simmel G (1907) Fragmente aus einer Philosophie der Liebe. In: Dahme HJ, Köhnke

KC (1985) (Hrsg) Schriften zur Philosophie und Soziologie der Geschlechter. Suhrkamp, Frankfurt/Main, S. 183–186
Simmel G (1921) Fragment über die Liebe. In: Dahme HJ, Köhnke KC (1985) (Hrsg) Schriften zur Philosophie und Soziologie der Geschlechter. Suhrkamp, Frankfurt/Main, S. 224–283
Simon FB, Clement U, Stierlin H (1999) Die Sprache der Familientherapie. Ein Vokabular. Klett-Cotta, Stuttgart, 5. Aufl.
Simon FB, Weber G (1990) Keins von beiden. Über die Nützlichkeit der Neutralität. Familiendynamik 15: 257–265
Singer Kaplan H (1981) Hemmungen der Lust. Enke, Stuttgart
Smith TE (1991) Lie to Me no More: Believable Stories and Marital Affairs. Family Process 30: 215–225
Specht EK (1977) Die psychoanalytische Theorie der Verliebtheit – und Platon. Psyche 31: 101–141
Stein RM (1983) Coupling – Uncoupling: Bindung und Freiheit. Gedanken über die Entwicklung des Ehe-Archetyps. Analyt Psychol 14: 1–14
Stendhal (d. i. Henri Beyle) (1822) De l'Amour. Deutsch von Walter Hoyer: Über die Liebe. Insel Verlag 1975, 1. Aufl.
Sternberg RJ (1986) A Triangular Theory of Love. Psychological Review 93: 119–135
Stierlin H (1971) Das Tun des Einen ist das Tun des Anderen. Eine Dynamik menschlicher Beziehungen. Suhrkamp, Frankfurt/Main
Stierlin H (1997) Verrechnungsnotstände: Über Gerechtigkeit in sich wandelnden Beziehungen. Familiendynamik 22: 136–155
Terman LM (1938) Psychological Factors in Marital Happiness. McGraw-Hill, New York
Thomä D (Hrsg) (2000) Analytische Philosophie der Liebe. Mentis, Paderborn
Thompson TE (1985) Extramarital Sex: a Review of the Research Literature. Journal of Sex Research 19: 1–22
Tyrell H (1987) Romantische Liebe – Überlegungen zu ihrer »quantitativen Bestimmtheit«. In: Baecker D, Markowitz J, Stichweh R (Hrsg) Theorie als Passion. Suhrkamp, Frankfurt/Main, S. 570–599 (zit. Lenz 1998)
Vaillant CD, Vaillant GE (1993) Is the U-Curve of Marital Satisfaction an Illusion? A 40-Year Study of Marriage. Journal of Marriage and the Family 55: 230–239
von Matt P (1999) Die Liebe in der Literatur. Zur Dramaturgie einer Himmelsmacht. Familiendynamik 24: 369–381
Wallerstein JS, Blakeslee S (1996) Gute Ehen. Wie und warum die Liebe dauert. Quadriga, Weinheim, Berlin (Original: The Good Marriage: How and Why Love Lasts. Houghton Miffling Company, Boston, New York 1995)
Weishaus S, Field D (1988) A Half Century of Marriage: Continuity or Change. Journal of Marriage and the Family 50: 763–774

Welter-Enderlin R (1992) Paare, Leidenschaft und lange Weile. Männer und Frauen in Zeiten des Übergangs. Piper, München

Welter-Enderlin R (1996) Deine Liebe ist nicht meine Liebe. Partnerprobleme und Lösungsmodelle aus systemischer Sicht. Herder, Freiburg

Willi J (1975) Zweierbeziehung. Rowohlt, Reinbek (13. Aufl. 2001)

Willi J (1985) Koevolution. Die Kunst des gemeinsamen Wachsens. Rowohlt, Reinbek

Willi J (1991) Was hält Paare zusammen? Rowohlt, Reinbek

Willi J (2000) Koevolutive Aspekte der Paartherapie. Psychotherapie im Dialog 2: 29–36

Willi J (2002) Psychologie der Liebe. Persönliche Entwicklung durch Partnerbeziehungen. Klett-Cotta, Stuttgart (5. Aufl. 2002)

Wynne LC (1985) Die Epigenese von Beziehungssystemen: ein Modell zum Verständnis familiärer Entwicklung. Familiendynamik 10: 112–145 (Original: The Epigenesis of Relational Systems: A Model for Understanding Family Development. Family Process 1984, 23: 297–318)

Wyss D (1988) Lieben als Lernprozeß. Vandenhoeck und Ruprecht, Göttingen, 3. Aufl.

Personenregister

Abraham, G. 107
Ainsworth, M. D. S. 93
Alberoni, F. 12
Arentewicz, G. 197
Assmann, J. 187

Baber, R. 43
Bauer, J. 235
Baumann, Z. 236
Baumeister, R. F. 206
Bauer, J. 235
Bayley, J. 235
Beck, U. 28, 37
Becker, P. 206
Beigel, H. G. 48
Berger, P. L. 86
Berger, R. 23, 234
Bierhoff, H. W. 78, 94
Bischof, N. 242
Blakeslee, S. 89f., 229
Bösch, J. 16, 216
Bradbury, T. N. 66, 185, 234
Brähler, E. 30
Bräutigam, W. 194
Buehlman, K. 183, 235
Burgess, E. W. 43
Burkart, G. 12, 27–29, 33, 35, 233

Camus, A. 235
Cirillo, S. 207
Clement, U. 194, 198 f.
Cohn, D. A. 68, 94
Cöllen, M. 12

de Montaigne, M. 227
de Staël, Mme. 236
Dicks, H. V. 86, 229
Dux, G. 45

Ebbecke-Nohlen, A. 99
Eiguer, A. 12, 54
Etienne, C.-G. 235

Field, D. 90
Fincham, F. D. 185
Finzi, S. C. 235
Fooken, I. 90
Frankfurt, H. G. 71
Freud, S. 54, 59, 60, 61, 234
Fromm, E. 77

Gambaroff, M. 235
Gibran, K. 17
Giddens, A. 48
Golden, G. K. 210
Goldner, V. 207
Gottman, J. M. 14, 95, 183, 229, 235f.
Greenberg, I. S. 180
Gründer, K. V. 77
Grunebaum, H. 78, 167, 172, 175f. 193
Guggenbühl-Craig, A. 101–103, 107f. 175, 193, 223

Hahlweg, K. 14
Halford, W. K. 25, 235
Hamilton, G. 13

Personenregister

Haug, W. 31
Hazan, C. 68, 92, 94
Heekerens, H. P. 180
Highsmith, P. 234
Hochschild, A. 46

Imber-Black, E. 215

Jellouschek, H. 86, 99, 193, 195, 197, 235
Jesenka, M. 234
Johnson, S. M. 180
Johnson, V. E. 197, 235
Jung, C. G. 17, 86, 101, 108, 224

Kafka, F. 234
Kämmerer, A. 213
Kapp, F. 213
Karney, B. R. 66, 234
Kast, V. 16, 85, 160
Kellner, H. 86, 234
Kernberg, O. F. 86, 120, 203, 229
Kohli, M. 27, 28
Koppetsch, C. 43, 47–49
Kriebel, A. 68
Krokoff, L. J. 95, 183
Kuster, J. 110

Laing, R. D. 10
Lee, J. A. 78
Leisi, E. 234
Lenz, K. 32–34, 36, 38, 234
Leupold, A. 31, 41, 43, 48, 49, 190, 218, 234
Luhmann, N. 29, 32 f., 37, 40–42, 47, 219, 234, 236

Madanes, C. 206
Marx, G. 234
Maschino, M. T. 220

Masters, W. H. 197, 235
Meyer-Holzapfel, M. 194

Otscheret, E. 226

Person, E. 54, 76f., 175, 205f., 229
Platon 54, 57f., 62, 73f.

Retzer, A. 12, 40, 42, 86, 103, 175, 208f., 212, 220, 222
Revenstorf, D. 12, 15
Richter, H.-E. 30
Riehl-Emde, A. 9, 25, 30, 85, 110, 168, 185, 193, 202, 222, 233
Ritter, J. 77
Ruffiot, A. 54, 159

Sager, C. J. 65
Saner, H. 72, 221
Saßmann, H. 185, 235
Schellenbaum, P. 223f.
Schlegel, F. 234
Schleiermacher, F. 234
Schmid, W. 230
Schmidt, G. 191, 193f., 197
Schnarch, D. 198f.
Schneewind, K. A. 87f., 105, 180
Schweitzer, J. 15
Sennett, R. 30, 218, 219
Shaver, P. R. 92
Simmel, G. 41, 51, 107, 187, 216–218, 234
Simon, F. B. 91, 227f.
Singer Kaplan, H. 197, 235
Smith, T. E. 235
Spark, N. 116, 235
Specht, E. K. 54, 57f., 61f., 73
Stein, R. M. 231
Stendhal 52, 54, 107
Sternberg, R. J. 80–82, 84, 166

Stierlin, H.   27, 40, 91, 101, 235

Terman, L. M.   13
Thomä, D.   12
Thompson, T. E.   235
Tress, W.   68
Tyrell, H.   36, 234

Vaillant, G. E.   90
von Matt, P.   188
von Schlippe, A.   15

Wallerstein, J. S.   89f., 229
Weber, G.   227f.
Weishaus, S.   90
Welter-Enderlin, R.   16, 66, 68, 86, 98, 168, 197, 207, 215, 219
Willi, J.   12, 29, 30, 66, 68, 78, 85, 86, 98f., 186, 196, 226, 233
Wynne, L. C.   87, 92f., 95–97, 105, 178–180, 200, 229, 235
Wyss, D.   69–71, 76, 98

Sachregister

Altersehe 90f., 99, 119, 195, 216
Ambivalenz 129, 130, 142, 170
– entwicklungsförderndes Potential 97, 225
– Freiheit von 52, 64, 84
– Grundprinzip seelischen Lebens 64, 225
– interpersonelle Aufteilung 227f.
– der Liebesbeziehung 69–72, 83, 108, 200, 208, 226
– Pathologie 170, 225, 236
– Ritualisierung 120
– zeitliche Aufteilung 227f.
Ambivalenzfreiheit als Ideal 208
Ambivalenzkonflikt 64, 228
Ambivalenztoleranz 236
Aristophanes-Mythos 62, 85
asynchrone Entwicklung 111, 148, 171
Außenbeziehung 122, 130, 162, 165, 167–170, 235
Austausch im Gespräch 23, 25
Austauschverhältnis 44f.

Bedingungslosigkeit der Liebe 44
Betrug 167
Beziehungsarbeit 99f.
Beziehungsgeschichte 218
– Exploration 183–186
Beziehungsmodi 91–96
Beziehungsvision 99f.
bikulturelle Ehe 112, 143f.
Bindung 68, 78, 92–94, 97, 176, 194f., 231, 236
– inzestuöse Bindung 195
Bindungsfigur 93, 210

»Degenerationsprozeß der Liebe« 217
Demokratisierung 26f., 40
Desillusionierung 98
Desorganisationsthese 48
Destruktivität 84, 169, 203, 209
Diskretion 216f.
EFT (»Emotionally Focused Marital Therapy«) 180
Ehe
– als psychologische Beziehung 86, 224
– als Individuationsweg 98
– Familien-Ehe 28
– Gründe für die Eheschließung 29, 103
– »gute Ehe« 229
– Heils– oder Wohlfahrtsanstalt 102, 104
– psychologische Aufgaben in der Ehe 89f.
– Schicksal 104
– Wahlmöglichkeit 104
eheliches Burnout 216
Ehephilosophie 183, 185
Ehequalität und Ehestabilität 87f.
– Prädiktoren 234
Eigeninteresse vs. Selbstlosigkeit 46f., 71f.
Ekstase 234
Elternschaft 32, 39
emotionaler Normalzustand 63, 98
Enthusiasmus 234
Entidealisierung 65

Sachregister

Entlieben 54, 148, 159, 171
Entromantisierung 38
Enttäuschungen in der Liebe 71, 98, 217
Entwicklungsmodell 87–89
Epigenese 91–96
epigenetisches Modell 178, 200
Eros 62
Erstgespräch 112, 123f., 141f., 162f., 174
ethische Implikationen 172
existentielle Sehnsucht 70f.

Forschungsstand zur Ehequalität und Ehestabilität 87f.
Fragebogen zur Qualität und Stabilität der Beziehung 9
Freiheit 231

Gabentausch 44
»Gastmahl« 54–57
Gegenseitigkeit 91f., 95–97, 105
– negative 179, 235
Geheimnis 122, 169, 216f., 219
gemeinsames Unbewußtes 86
Gerechtigkeit 44, 121
Geschlechtsrollen 90
Geschlechtsunterschied 90
– Bereitschaft zu Intimität 96
– Liebe und Gewalt 203–205
Gewalt 176, 205–210
– Ausdruck von Ambivalenz in Liebesbeziehung 208
Gleichberechtigung 44
Glück 103, 229f.
– der Fülle 230
glückliche vs. unglückliche Paare 283f., 235
Gottman-Konstante 229, 236
gute Beziehung 89, 93

Handlungslogik von Liebe 43–47, 121, 211f.
Handlungslogik von Partnerschaft 43–47, 121, 211f.
Haß 64, 203, 229
Herrschaftsfreiheit 44
Hingabe 45
Humor 15

Idealisierung 52, 64
Identifikation mit der Partnerschaft 23f.
Imagination 51, 107
Individualisierung 26f., 40
Individualität 33, 37
Individuation 101, 106
– bezogene Individuation 91, 101
– Verbindung der Gegensätze 101, 229
Individuationsweg 102–105, 189, 199, 231
– der Ehe 98
– mögliche Individuationswege 102
interaktionelles Verhalten 68
Intimität 80–82, 96f., 105, 176, 178f.
– »Tyrannei der Intimität« 218
– vs. Sexualität 97
Irrationalität 44

Kind 32, 221–224
– Archetyp des Kindes 223
kinderlose Paare 223f.
Koevolution 86
koevolutive Paartherapie 186
Kollusion 66, 207
Kommunikation 25, 94
Kommunikationscode der Liebe 41–43
Kommunikationscode der Partnerschaft 48
Kommunikationsfertigkeiten 14, 235
Kommunikationssystem 40
Komponenten der Liebe 80–84

Konflikt 64, 98
Konfliktfähigkeit 226
Kontrollverlust 83, 209
Kosten-Nutzen-Analyse 27
Kristallisation 52–54, 107

Langzeitehen 90f.
Lebenszyklus 88
Leidenschaft 32, 70, 75, 80–82, 166f., 192f., 197
Liebe 75–78, 176, 201–209, 229
– Beschreibung 20, 73–78, 83f.
– Definitionsversuch 9, 16–20, 73, 131
– »dunkle Seite« 202f., 206, 227, 231
– Entstehung 52f.
– Entwicklungsanstoß 98
– Erscheinungsformen 73–78
– exklusive Funktion 44, 47, 122, 196, 201
– Gestaltungskategorie 41, 51, 107
– Handlungslogik 43–47, 121, 175, 211f.
– im Alter 103, 106–109, 114
– Kommunikationscode 41–43
– Komponenten 80–84
– Lebensthema 169, 182
– Prädiktor für Wohlbefinden 30
– romantisches Liebesideal 28, 32–34, 39
– Spielarten 82
– Thema im Ausbildungskontext 11
– Thema in der Paartherapie 11f., 15, 111, 115, 121, 140, 176
– und Religion 177f., 233f.
– vernachlässigte Dimension 10
– vernünftige Liebe 35, 37
– Widersprüchlichkeit 39, 83
– Zeitverlauf 80f., 106
– zwiespältige Natur 69–72
– zu außermenschlichen Objekten 72f., 221
– zu Kindern 176, 221

Liebesbeziehung 47, 68, 106, 112, 164f., 166f., 224
– Exploration 183–186
– Phasen 99
Liebesehe 37
– Geschichte der Liebesehe 31
– literarisches Ideal 31, 34, 37
Liebesformen 75–78
Liebesgeschichte 181f., 186–189
– als Ressource 182
– Konstruktion 182
Liebesheirat 28f., 35, 192
Liebeslogik 40, 217
– irrationale Grundsätze 44, 211
Liebesstile 78–80
– State vs. Trait 78f.
literaturwissenschaftliche Analyse 188–190
Lüge 167, 220

Macht 23, 201–203
– Machtmittel 203–205, 219
– mächtigere Position 150, 171, 202
Marburger Einstellungsinventar für Liebesstile 78
Mythos 57, 61, 159, 186
– Funktion 187f.

Nähe und Distanz 69–70, 140, 208
– Konflikt 228
– Balance 130, 139
– idealtypisch 99

Objektwahl nach dem Anlehnungstyp 59–61
Objektwahl nach dem narzißtischen Typ 59, 61f.
Obsession 54, 83
Ökonomie 26f.
Offenheit 168f., 216–221

Sachregister

OHI (»Oral History Interview«) 183–185, 235

Paarbeziehungstyp 89
Paardiagnostik 174, 183
Paarforschung 13
paartherapeutische Praxis 10
Paartherapie 86, 168, 174, 230f., 233
– Anmeldegründe für Paartherapie 110f.
– Botschaften für die Paartherapie 83–85, 105f.
– entwicklungsorientierte Ansätze 86, 98
– und Trennung 148f.
– Utopie 230f.
Paradoxien der Liebe 39, 69–72, 83, 99, 189, 217, 226
Partnerschaft 10, 224
– Handlungslogik 43–47, 121, 175, 211f.
– Kommunikationscode 48
– Reziprozität 45
Partnerschaftslogik 40
Partnerwahl 99
»Passion des Entliebens« 159f.
Persönliche Entwicklung in der Partnerschaft 23, 98, 100
Persönlichkeit 66–68
– und Beziehungsentwicklung 66–68
»Phaidros« 54, 57–59
philosophische Lebenskunst 229f.
Problemlösen 14, 25, 94f.
Projektion 65f., 181, 207
Projektionsfläche 116
Pseudogegenseitigkeit 179f.
Psychopathologie 67
Psychotherapeuten 172
– beschreiben die Liebe 16–19

Qualität der Beziehung 21, 89, 233f.

Rekonstruktion der Vergangenheit 24
Religion 25, 29, 47, 233f.
Ressource 15, 88, 182
Ritual 209f., 217f.
romantische Liebe 48, 84
romantisches Liebesideal 28, 32–34, 39, 84, 227
– Bedeutungssteigerung 28, 37f.
– Niedergang 29, 37–39
– Realisierungsstufen 34f., 38
Scheidung 179, 183
Schuld 122, 136
Schuldzuweisung 216
»Schutzzonen der Unaufrichtigkeit« 219
Sehnsucht 70f.
Selbstlosigkeit vs. Eigeninteresse 46f., 71f.
Sexualität 38, 84, 101, 190–199
– Gütesiegel der Beziehung 190
– Individuationsweg 199
– Reduktion 190–197
– vs. Intimität 97
Sexualtherapie 197–199, 235
sexuelles Begehren 198
Sinnangebot von Beziehungen 44f.
– funktionsspezifisch 44
– funktionsunspezifisch 47
Soziologie der Liebe 40f.
Spannungsverhältnis von Liebe und Partnerschaft 47–50
spiritueller Weg 100
Stabilität der Beziehung 21, 233f.
Stressoren 88
strukturelles Rahmenmodell 87, 105
Systemmodell der Familienentwicklung 87

Täuschung 167
Thematisierung der Liebe in der Paartherapie 11f., 15, 113, 111, 121, 140, 176
therapeutische Beziehung 174, 200

Sachregister

Therapieauftrag 142, 174
Therapieerfolg 183
Trauerprozeß 160
Traum 109, 114, 116f.
Trennung 171, 210
Trennungsprozeß 148, 157
Trennungstherapie 112
Typologie der Liebesstile 78–80

Untersuchung zur Qualität und Stabilität von Paarbeziehungen 233
Utopie 28, 181, 197, 231
– der Paartherapie 230f.

Verbindlichkeit 80–82, 166
Verbundenheit in Liebe 23f., 202
Vergeben, Vergebung 122, 211f.
– Prozeß der Vergebung 213f.
Verliebtheit 15, 52, 54–63, 73–75, 85f., 93, 113, 193
– Häufigkeit 85f.
– mythologisches Erklärungsprinzip 54–59
– nach dem Anlehnungstyp 59
– nach dem narzißtischen Typ 59
– psychoanalytisches Erklärungsprinzip (Freud) 59–63, 234
»Verrechnungsnotstände« 27, 210, 212
Versöhnung 215f.
– Versöhnungsritual in destruktiven Beziehungen 209
Verwitwung 179
Verzeihung 121, 170
Vision 65f., 99f., 181, 230–232

Wahrheit 220
Wiedergutmachung 121
Wohlbefinden 21, 30

Zuneigungsbeziehung 84, 171, 182, 192
Zusammenhalt des Paares 21

Eleanor E. Maccoby:
Psychologie der Geschlechter
Sexuelle Identität in den verschiedenen Lebensphasen
Aus dem Amerikanischen von Elisabeth Vorspohl
444 Seiten, gebunden, ISBN 3-608-94183-5

Was bedeutet es eigentlich, von den anatomischen Unterschieden einmal abgesehen, Junge oder Mädchen, Mann oder Frau zu sein? Wie wird jeder von uns durch sein Weiblich- oder Männlichsein geprägt? Die renommierte Psychologin Eleanor Maccoby untersucht hier, wie Individuen ihre sexuelle Identität in verschiedenen Lebensabschnitten zum Ausdruck bringen. Ein Buch über Sexualität im weitesten Sinn, das Antworten darauf gibt, wie das Geschlecht unsere Entwicklung von der frühesten Kindheit über die Adoleszenz bis ins Erwachsenenalter beeinflußt.

Jürg Willi:
Psychologie der Liebe
Persönliche Entwicklung durch Partnerbeziehungen
328 Seiten, gebunden, ISBN 3-608-94336-6

Zweisamkeit ist immer ein Weg, denn eine Liebesbeziehung ist immer auch eigennützig und spannungsgeladen, nie nur harmonisch und selbstlos. Liebespartner sind einander die kompetentesten Kritiker und unerbittlichsten Herausforderer. Und doch bleibt zwischen Liebespartnern immer ein Rest von Fremdheit und Geheimnis. Und das ist so etwas wie der geheime Motor langer Liebe.
»Nichts stimuliert die persönliche Entwicklung stärker als eine konstruktive Liebesbeziehung. Nichts schränkt die persönliche Entwicklung stärker ein und nichts verunsichert sie stärker als eine destruktive Liebesbeziehung. Der Mensch benötigt andere Menschen, allen voran den Liebespartner zur Entfaltung seines persönlichen Potentials.«

Sachregister

Therapieauftrag 142, 174
Therapieerfolg 183
Trauerprozeß 160
Traum 109, 114, 116f.
Trennung 171, 210
Trennungsprozeß 148, 157
Trennungstherapie 112
Typologie der Liebesstile 78–80

Untersuchung zur Qualität und Stabilität von Paarbeziehungen 233
Utopie 28, 181, 197, 231
– der Paartherapie 230f.

Verbindlichkeit 80–82, 166
Verbundenheit in Liebe 23f., 202
Vergeben, Vergebung 122, 211f.
– Prozeß der Vergebung 213f.
Verliebtheit 15, 52, 54–63, 73–75, 85f., 93, 113, 193
– Häufigkeit 85f.

– mythologisches Erklärungsprinzip 54–59
– nach dem Anlehnungstyp 59
– nach dem narzißtischen Typ 59
– psychoanalytisches Erklärungsprinzip (Freud) 59–63, 234
»Verrechnungsnotstände« 27, 210, 212
Versöhnung 215f.
– Versöhnungsritual in destruktiven Beziehungen 209
Verwitwung 179
Verzeihung 121, 170
Vision 65f., 99f., 181, 230–232

Wahrheit 220
Wiedergutmachung 121
Wohlbefinden 21, 30

Zuneigungsbeziehung 84, 171, 182, 192
Zusammenhalt des Paares 21

Eleanor E. Maccoby:
Psychologie der Geschlechter
Sexuelle Identität in den verschiedenen Lebensphasen
Aus dem Amerikanischen von Elisabeth Vorspohl
444 Seiten, gebunden, ISBN 3-608-94183-5

Was bedeutet es eigentlich, von den anatomischen Unterschieden einmal abgesehen, Junge oder Mädchen, Mann oder Frau zu sein? Wie wird jeder von uns durch sein Weiblich- oder Männlichsein geprägt? Die renommierte Psychologin Eleanor Maccoby untersucht hier, wie Individuen ihre sexuelle Identität in verschiedenen Lebensabschnitten zum Ausdruck bringen. Ein Buch über Sexualität im weitesten Sinn, das Antworten darauf gibt, wie das Geschlecht unsere Entwicklung von der frühesten Kindheit über die Adoleszenz bis ins Erwachsenenalter beeinflußt.

Jürg Willi:
Psychologie der Liebe
Persönliche Entwicklung durch Partnerbeziehungen
328 Seiten, gebunden, ISBN 3-608-94336-6

Zweisamkeit ist immer ein Weg, denn eine Liebesbeziehung ist immer auch eigennützig und spannungsgeladen, nie nur harmonisch und selbstlos. Liebespartner sind einander die kompetentesten Kritiker und unerbittlichsten Herausforderer. Und doch bleibt zwischen Liebespartnern immer ein Rest von Fremdheit und Geheimnis. Und das ist so etwas wie der geheime Motor langer Liebe.
»Nichts stimuliert die persönliche Entwicklung stärker als eine konstruktive Liebesbeziehung. Nichts schränkt die persönliche Entwicklung stärker ein und nichts verunsichert sie stärker als eine destruktive Liebesbeziehung. Der Mensch benötigt andere Menschen, allen voran den Liebespartner zur Entfaltung seines persönlichen Potentials.«